起業に向けての「心」「技」「体」

イノベーティブな生き方へのステップ

嶋根政充
清水敏行 [編著]

有吉徳洋
河合克仁
笹川祐子
佐藤浩史
田中勇一
永田豊志
萩原扶未子
日野佳恵子
星野善宣
堀口智之
森元憲介

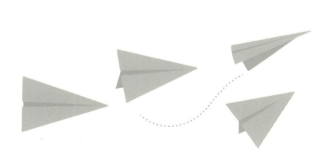

泉文堂

はしがき

「今後10年で変わらないものは何でしょう？」

　もしそれがわかれば，ビジネス戦略が時を経ても揺るがないものに基づいて構築できるはずです。そのキーワードとなるのが"イノベーティブ"です。

　本書での「"イノベーティブ"であるということ」とは，「新たな方向に問題解決の着地点を発見し，周囲の状況・情勢をみながら実際に課題を解決し，新たな付加価値をもたらす意志と能力，および認知資源を活用して行動できること」と定義します。

　本書の特徴は，「心」をどのように「かたち」として現実化していく，そのためのヒントを多く含むものです。いわば，「心の創業」を重点におきます。自らの「志」がある，それをどのようにかたちにしていくかということです。

　タイトルの「心技体」とは，相撲をはじめスポーツ界ではよく使われる，精神力（心）・技術（技）・体力（体）の総称のことですが，本書では，「体」は「体験で覚える」程度で理解していただければと思います。

　本書は，"心"を軸にしながら，具体的な"技"を現実のものとし，"体"で成功事例を参考に学習することになります。すなわち"心"「マインドセット」，"技"「スキルセット」，"体"「ツールセット」，ですが，"心""技""体"は，厳密に分けられるものではなく，相互に関連・影響しながら，"起業"という行為をつくり出しています。そこで本教材は，三部構成として，3つの観点から「心の章」，「技の章」，「体の章」のパートを設けます。それぞれ，「マインドセット」（心），「スキルセット」（技），「ツールセット」（体）の3点から整理されたものです。そのうえで，それぞれの章ごとに起業家による短文のコラム欄を設けることにします。

　基本は，"Theory" And "Practice"，つまり「理論と実践」です。そこで本書は，考えるための考え方である事業経営に必要な経営理論や経営管理手法を修得するとともに，具体的なケーススタディ（どのような判断や行動をして，

2

その結果どうなったのか）もふんだんに盛り込みました。

　いずれにせよ，３つのパートはそれぞれ独立した部から成り立ちつつ相互に関連しあっており，それぞれオーバーラップしながら，共鳴・共振して全体を構成している目印（ランドマーク）になっています。

　ただ，「心」「技」「体」を同時に冠した書籍は他になく多様な要素が盛り込まれておりますので，一体感に欠ける印象を持たれるかもしれません。

　また，読む順番によって本のもつ印象も変わるかもしれませんが，自分の読みたいパートから入っていくのもいいでしょう。単独の部だけで利用することも可能です。「心」「技」「体」の章は独立した部からなっているオムニバス形式になっていますので，どこからでも読んでいただいても支障はないのです。「心」「技」「体」それぞれ別々に捉えるのもよし，三位一体として捉えてみても構いません。

　例えば，実際の成功した経験の学習をしたい場合は「体」の章から入ればよし，起業のテクニカルな面を中心に学習したいという方であれば，「技」の章から入るのが宜しいかと思います。未だ，「起業」を意識していらっしゃらない方であるならば，「心」の章から入って，今後の「起業」に向けての意識を高めていくのも一つの方法でしょう。

　こうした「心」「技」「体」の編集能力は，読者自身で決定して下さい。それこそが本書の意図するところです。ただ，「技」を磨くには情熱が不可欠ですし，「体」験から能力が開花していくのですから，相互に関連していることは言うまでもありません。スタンフォード大学のキャロル・ドゥエックが，心の持ち方次第で人生が変わると，「しなやかなマインドセット」（成長マインドセット）の重要性を指摘しているように，特にマインドセットである「心」のパートに関しては，最後にもう一度読み直して確認していただきたい内容だと思っております。

　何といっても本書の売りは，若手からベテランまでの多くの起業家，起業家教育の最前線に立つ方々，中小企業診断士や行政書士といった実務家が多く参加していることです。起業家の方に実際の経験やビジョンの視点から語ってい

ただき，実務家（中小企業診断士・行政書士）の方々には，実際の起業，事業化に向けた手順の進め方など「技」としての様々な手法が紹介されます。また「社会起業」「女性」の観点からの実践，そして日本証券取引所グループの「起業家教育」の取り組み等，具体的に現在進行している「ベンチャー」育成のための教育について紹介していただきます。

最後に，ご協力いただいた執筆者の皆様には感謝の気持ちでいっぱいです。当初の企画時から2年が経過して出版予定を1年近くずれこんでしまい，関係者には大変ご迷惑をおかけいたしました。

当初の予定を1年オーバーしたのは，多くの執筆者の原稿をまとめる私たちの手際の悪さも手伝ったこともありますが，いくつかのアクシデントに見舞われたことにも起因しています。一つは，編集担当の佐藤様の交通事故。しかし，これにもめげず，ここまで完成にこぎつけていただいたのは，佐藤様があってのことです。佐藤様には私どものいろいろな注文に黙って応えていただき，感謝の念に堪えません。

もう一つは，筆頭編者の嶋根の父の原因不明の病気の対応でそちらから手を離すことができず，最後の段階で出版の延期を余儀なくさせられたということで，執筆者各位にご迷惑をかけてしまったことを深くお詫び致します。

執筆に長く時間をかけることは，テーマの"ベンチャーらしいスピード感がない"とのお叱りを受けるかもしれませんが，マイナス×マイナスはプラスとポジティブに捉えれば，この間「何が本質で変わらないのか」「何が変化していくものなのか」について，ある面じっくり観察することができ，他の良書を含めて学習する機会に恵まれました。それらを踏まえて，"起業"の変わらない本質や要素を見い出した書籍ができたのではないかと思っております。

嶋根政充　　編者
清水敏行

目　　次

はしがき

プロローグ

　"心の創業"に向けて〜イノベーティブな生き方の創造のために ……… ⅰ

Ⅰ　「心」の章

志をかたちにする
　キャリアとしての起業 ……………………………………………………… 4

1　志を抱く
　チャレンジスピリットとアントレプレナーシップの重要性 ………… 4

　1　自分の姿を鏡で見てみよう …………………………………………… 6

　2　「志」を抱くということ，「使命」を感じるということ ……………… 8

　3　イノベーションとアントレプレナーシップ ………………………… 9

　4　リスク回避志向の強い日本と日本企業 ……………………………… 11

　5　未来をつくる〜起業社会に向けて ………………………………… 14

　　コラム1　内省と内観法 ………………………………………………… 16

2　未来をデザインする思考 ……………………………………………… 17

　1　プロローグ ……………………………………………………………… 17

　2　"知っていること"と"できること"は違う ……………………… 18

　3　クランボルツ博士が提唱する計画的偶発性理論とは ……………… 19

　4　皆さんにとっての10年前は？ ……………………………………… 20

　5　達成した未来からの逆算をデザインする …………………………… 21

　6　誰と一緒に時間を過ごすか …………………………………………… 22

　7　なぜ，未来を描くことが重要なのか ………………………………… 23

　8　引き上げられる起業家になれるか …………………………………… 24

9 誰に相談するのかで，未来が変わる。 ………………………… 25

10 終わりに ………………………………………………………… 26

コラム2 起業において，なぜチームビルディング・
ファシリテーションが重要なのか？ ……………… 30

コラム3 起業家としての女性のキャリアと
リーダーシップ ………………………………… 33

3 未来のストーリーを描く
クリエイティブソリューションとブランディング ……………… 36

1 まずは，ブランディングって？ ……………………………… 36

2 ブランディングを考えてみよう ……………………………… 37

3 クリエイティブソリューション ……………………………… 42

コラム4 顧客の『不』を発見して，試作品を
ぶつけてみる ……………………………………… 47

4 心の眼を磨くアントレプレナー的思考法
カオスから企画・設計へ ………………………………………… 49

1 発想法のタイプ ………………………………………………… 49

2 発想法の形式例（ブレーンライティング法） ……………… 51

3 物事の現象を捉える思考法：問題解決の発展のために ……… 52

コラム5 ジョブズの禅とマインドフルネス ……………… 78

目　　次　**3**

Ⅱ　「技」の章

1　起業家精神の養成 ……………………………………………… 83

　1　起業家精神の養成 ……………………………………………… 84

　　コラム6　黄金の人脈作り …………………………………… 91

2　起業の意義と課題解決 ………………………………………… 95

　1　起業の意義 ……………………………………………………… 96

　2　社会課題とは …………………………………………………… 96

　3　情報収集と観察 ………………………………………………… 97

　　コラム7　ニッチ市場のつくり方～自身の経験から ……… 99

　4　課題解決の方法～アイデア創出，仮説検証 ………………… 103

　　コラム8　ビジネスモデルキャンパス …………………… 107

3　起業の具体化1　ビジネスアイデアを考える ……………… 109

　1　起業の具体化1～ビジネスアイデアを考える～ ……………… 110

　　コラム9　ブレーンストーミングによるアイデアの創出
　　　　　　　KJ法でアイデアをまとめる …………………… 113

4　起業の具体化2　ビジネスと事業コンセプトの決定 ……… 115

　1　起業の具体化2～ビジョンと事業コンセプトの決定～ …………… 116

　　コラム10　フランチャイズチェーンへの加盟 …………… 119

5　起業の具体化3　提供する商品・サービスを考える ……… 121

　1　起業の具体化3～提供する商品・サービスを考える～ ………… 122

　　コラム11　ペルソナマーケティング ……………………… 125

6　起業の具体化4　SWOT分析を行い，事業戦略を
　　　　　　　　　　決定する ……………………………………… 127

　1　起業の具体化4～SWOT分析を行い，事業戦略を決定する～ …… 128

　　コラム12　ブルー・オーシャンとレッド・オーシャン …… 132

7 起業の具体化5　販売・仕入・経費計画の策定 ……………… 133

　1　起業の具体化5〜販売・仕入・経費計画の策定〜 ……………… 134

8 起業の具体化6　資金計画・収支計画の策定 ……………… 139

　1　起業の具体化6〜資金計画・収支計画の策定〜 ……………… 140

　コラム13　クラウドファンディングによる資金調達 ……… 146

　コラム14　ニッチビジネスの資金集めに対する考え方 …… 150

9 起業の具体化7　事業形態の選択 ……………………………… 153

　1　起業の具体化7〜事業形態の選択〜 ………………………… 154

10 起業のまとめ ……………………………………………………… 159

　1　起業のまとめ ……………………………………………………… 160

11 起業の実践1　法人設立の仕方 ……………………………… 171

　1　起業の実践1〜法人設立の仕方〜 …………………………… 172

　コラム15　青色申告はこんなにオトク …………………… 177

　コラム16　株式公開　ベンチャーキャピタル（VC）……… 178

12 起業の実践2　営業開始準備 …………………………………… 179

　1　営業開始に向けて …………………………………………… 180

　2　広告・宣伝 …………………………………………………… 182

　3　開業記念企画 ………………………………………………… 184

　4　営業開始時のチェック ……………………………………… 185

　コラム17　フェイスブックの活用 ………………………… 186

　コラム18　フェイスブックとツイッター ………………… 187

　コラム19　ソーシャルメディアの普及がもたらす変化 …… 188

13 まとめ　プレゼンテーション ………………………………… 189

　1　プレゼンテーションとは ………………………………… 190

　2　ビジネスプランの作成 …………………………………… 191

　3　ビジネスプランの全体構成 ……………………………… 192

　コラム20　HPとSEO対策 ………………………………… 199

　コラム21　クラウドソーシングの活用 …………………… 200

Ⅲ 「体」の章

1　社会に貢献する起業 ……………………………………… 203

1　社会起業家とコミュニティビジネス ……………………… 204

2　女性起業家とワークライフバランス ……………………… 216

3　「起業教育」をテーマにする産学官連携の新潮流 ………… 225

4　3社の事例と起業家的思考法
　　ベアーズ／アースライト／浜野製作所 …………………… 240

　コラム22　承継と第二の創業 ………………………………… 252

　コラム23　"セレンディピティ"と
　　　　　　　"エフェクチュエーション" ………………… 254

5　グループ・ワークの実践中継 ……………………………… 259

6　自社のPRをしてみよう！
　　イマジンプラス／ソーケン／パートナーオブスターズ／和から … 264

エピローグ〜本書をさらに発展させるために ……………………… 271

おすすめの書籍・情報源等〜さらに学習したい人のために〜 …………… 285

編著者紹介・執筆者一覧（五十音） ………………………………… 289

プロローグ

"心の創業"に向けて～イノベーティブな生き方の創造のために

(1) 起業という選択－リスク感覚から脱皮しよう！

　21世紀型の経済の時代の流れは，アイデアエコノミー・経験経済，共感経済の時代に入ったといわれます。一言でいえば，「アイデアを想像して，実際にやってみて，みんなで納得して商品やサービスを提供していく」経済の仕組みが必要とされている時代です。しかし，我々のキャリアの意識のなかには，まだまだかつての右肩上がりの経済成長の時代の志向があって，その時代の生き方の選択や管理の方法が抜け切れていません。

　他方で，「人生100年時代」というキーワードのもと，リンダ・グラットン氏の著書「LIFE SHIFT」やテイラー・ピアソン氏の「THE END OF JOBS 僕たちの20年戦略」という書籍が人気を博し注目されました。

　そのなかで著者のテイラー・ピアソン氏は，テクノロジーやグローバル化の急激な進展は，無数の革新を生み出した結果，「従来型の雇われ仕事の終焉（THE END OF JOBS）」が到来し，付加価値を生み出す存在としての「起業家的な働き方」が求められるようになったといいます。危機に無自覚でキャリアルートもこれまでどおりで，人生の選択に迷うことがなかった時代ではなくなりつつあります。

　そこには，その「起業家的な働き方」について，「ビジネスや人，アイデア，プロセスからなるシステムを，結びつけ，創造し，発明することである」と述べられています。

　また近年では，働き方改革によって"副業解禁"や"ネット起業""週末起業"といった，いわば"第2の職業"の機運も高まって推進する職場も増えてきました。そこでは違った生活形態が生まれ，新たなマーケットを創造したり，職場内の活性化や労働者にとっての職務充実につながることが指摘されるよう

になってきました。

日本では，これまで起業が少ないとされてきましたが，こうした動きが大きな転機となって，新たな大きな転機となる時代の可能性もはらんでいます。リスクを取りにくい環境ではなく，安心して（寧ろ積極的に）新たな事業を自分自身で展開できる状況が生まれるかもしれませんが，それは私たち次第です。

制度的には1円で会社を起ち上げることができ，以前に比べればはるかに起業のしやすい時代に入っています。しかるに現在，一時期よりも起業が活況を呈しているとはいえ，他国に比しては期待したほど伸びているという感覚はまだありません。

起業家というキャリアを選択して足を踏み入れる世界は，言葉の通じぬ異国が如く，外部から眺め，知識として持っていることからは想像できない要素に溢れているように見えるのかもしれません。

大学生に対しても，就職をする際に大企業に就社をするのか，自ら会社を興して新たな事業を立ち上げるのかということになりますが，日本の大学生の多くは"起業"には関心があっても，とりあえずは就職を目指すと話すでしょう。親からも，そして大企業への就職率を競う大学からも，起業は奨められないかもしれません。

大学教員の指導でも，"大企業に就職せよ"とか，"公務員を目指せ"ということを指導するケースが多いと思います。"ベンチャーを起こせ"と指導するのはなかなか勇気の要ること。大学のパンフレットに著名な大企業の名前や就職先の公務員先名を出すことで，学生が親の目を意識しながら大学選びを行うわけですが，本当にそれでいいのかを自問させられることがあります。しかも，現代の日本の若者では，社長志願が減っています。

そもそも"起業"は決して会社を興（おこ）すだけではありません。スタートアップで下積みする，一筋縄でいかない新たなプロジェクトの責任者になる，企業内で新商品やこれまでにないサービスを提供しようというときや，貧しい発展途上国の人々のために何か新たな取り組みをしようということも，いわば広義の"起業"です。こうしたことにチャレンジをすることは，社会の様々な

プロローグ　**iii**

問題・課題を解決するための手段の一つなのであり，企業に就職するのと同じくらい自然なことです。したがって，大企業にもベンチャー精神が必要ですし，一人ひとりの個人ももちろん同様です。社会人になってからは，「自分の頭で考えて主体的に提案し行動する」ということが日常化していくからです。

　そのヒントは，「起業家のように考え，起業家のように行動し，起業家のように生き抜く」ことにあります。本書に多くの起業家の方々が参加しているのはそのためであり，起業家の意思決定力・判断力のパターンを学習することにも一つの目的があります。

　経営者は，日々意思決定をする状況にさらされています。そこには，経営者一人ひとりの価値観や考え方，ビジネスを行ううえでのビジョンがありますし，ビジネスの視点や人生の優先順位もおかなければなりません。経営者の発想は，私たちのような研究者や一般の人たちにはわからない点が数多く存在します。

　では，起業家はわれわれとは異なる思考回路なのでしょうか。

　スティーブ・ジョブズは，「人生を突っつけば，実際に反対側から何かが飛び出してくるとわかったとたんに，人生を変えたり，形づくったりできるようになる。それこそが一番大事なことなのだ」ということを述べています。そして，「目標を追求する勇気と忍耐力さえあれば，大胆な目標を叶えられる」と考えていました。

　また，"ユニクロ"ブランドで有名なファーストリテイリングの柳井正は，『経営者になるためのノート』（PHP研究所，2015）において，「失敗の中から経営の原理・原則を考えながら，実践を繰り返し，またそこから実践していくこと」が，ここまで成功できた法則であるといいます。

　志（ミッション）をもとに起業し，事業を創造することは，人としての生き方に通じるものです。「志をかたちにする」ことは，キャリアとしての起業の心理的基底を具現化していくプロセスであるともいえます。例えば，ソフトバンクグループの創業者である孫正義の弟でパスドラで有名なガンホーの孫泰蔵は，"クラウドサービスの普及"を掲げ牽引力として，地方創生の事業でも志がかたちとなって実現しています。

iv

(2) 臨床としての"起業"・総合経営学としての"起業"

　したがって，まずは"心"「マインドセット」。活動の基盤となるモノの見方や感情，行動様式が重要です。そこでは，なぜ事業を興すのか，それはどんなものなのか，どのような心構えで進めていくべきかについて明らかにしていくことです。もしも行動に結びつかない場合は，どのように行動を変えていくかの思考変容・行動変容を進めていくことになります。

　次に"技"「スキルセット」。これは，「頭」を使って，起業に向けて何をすればいいか，具体的にどのようにすればいいか，それについてどのようなトレーニングが必要なのか，あるいは実際の事業創造にいたるまでのプロセス・手続き，具体的な事業を起こすためのステップ，起業に向けた一連の流れを記述しています。これにはスキルや手続き的なことも含まれますが，何よりも事業自体を具体化し，それを実現するためのフレームワークを提供するものです。新たな付加価値を生み出し，どのように頭を使ってビジネスを描き築いていくか，起業家の体験をコラムに盛り込みながら，具体的な流れにそって記述してあります。そして，起業のためのノウハウやテクニックに属する観点として，ビジネス手法や現実化するためのマインドを含めて，具体例を挙げながら手順に落とし込んでいます。事業を起こすまでは，「どこに出店するか」「どのような商品やサービスをどのような顧客層をターゲットに提供していくのか」「これらを実行するためのパートナーや調達ルートをどのように切り拓いていくのか」といった観点が重視されるでしょう。全国の商工会議所で開かれている『創業塾』などは，本編の「技」が中心であると思われます。

　"体"「ツールセット」は，具体的なケースを取り上げ，経験や実行するのに必要な道具，成功するための環境条件を考えます。つまり，実行するために必要な道具や環境を，自ら創出していくことにあります。創業初期の活動を通じて学習するなかで，いわば"起業感覚"を体得していただくことになります。イメージしてみて下さい。自分自身が活動していく「場」を考えることです。どのような方法を取った企業が成功したのかの着眼点，そのポイント，ノウハウを学習します。そして，過去の他社（あるいは他者）の経験をどのようなか

たちで活かしていくのかを参考にしながら，ベンチマーキング（優れた実践方法を基準にして自己のケースに活かすこと）として学ぶ必要があるでしょう。

これらの起業を現実化するに当たっての，成功した経営者の成功体験，失敗経験をベンチマークするか否か（モデルケースとして模範とする基準におくかどうか，参考となる事例）は，自社の状況次第です。実際の「体験」から自分自身で咀嚼（そしゃく）し，噛（か）み砕いてマネジメントを行っていく必要があります。しかし，気持ちがあっても，技能があったとしても，実際にやってみなければわからず，自分自身で制度を活かしたり，道具を使って有利な環境を導き出すことができなければなりません。ロールモデル（見本となるモデル）はあくまで模範事例であって，同じケースの模倣ばかりでは全国規模で横並びの企業ばかりが増えてしまいます。100社あれば100通りのケースがあるべきであり，事例を自社に持ってきてどこを取り入れてどこを取り入れないのか，そのイメージを描き切る材料を提供するのが，「体」のパートです。この「体」の章では，"社会起業"，"女性起業家"，"起業家教育"といったトピックや，実際に起業家教育を行っている事例（ケース）についても取り上げています。また，ニュービジネスのケーススタディに関しても利用できるようになっています。

また本書は，多くの起業家や実務家，コンサルタントによって執筆されています。具体的には，執筆者紹介の担当個所をご覧になっていただきたいと思いますが，そうした意味で各パートごと・各章ごとに個性があるかもしれません。それも前向きに捉えて利用していただければと思っております。

また，本書はエリート起業家や零細中小企業でもない，「普通のお店を持ちたい」とか，「ちょっとした新たな発想を思いついたのでビジネスを展開したい」といった方の参考書としても利用できます。そもそも，誰でも，壁なく気軽に起業ができるようにするためのテキストとして出そうと思ったのが動機です。起業のハードルが低過ぎるのでもなく，高過ぎるのでもない，初心者や学生といった層，副業で初めて起業しようと思っている若手サラリーパーソンが気軽に事業を興したい，そうした層を狙いました。起業とは，「ゴールを設

定した，"同士""同志"をつくること」であるということもいえるでしょう。「考え」や「思い」がきちんと相手に伝わり，そこから「共感」が生じ，それが拡散していくという循環です。そこには，個人の力だけではない，"人的ネットワーク"の構築がカギとなります。

　いうなれば，"起業"とは，「社会の課題と向き合い，想定する顧客や自分と対話し心を紡ぎつつ，新たな付加価値を生み出す作業」です。そこで私は，起業においては，心理臨床分野の手法が有効であると考えており，臨床用語は参考になりますし，現場での臨床的センスが必要となります。

　そのためには，様々な起業家や実務家の体験を活かしながら，今度は育ててもらった起業家が，助言を活かして新たな起業家を創造する，「ヒト・モノ・カネ・情報・技術」の対人援助の循環が必要であるということも，合わせて指摘しておきたいと思います。

　また本書では，「女性起業家のリーダーシップやメンタリング」や「女性と男性の起業家育成方法の違い」など，女性の視点やジェンダーの視点も入れました。シニア起業も取り上げたかったのですが，本書のターゲットは，とりわけ学生や社会人になりたての初期キャリアの若い人の，いわば起業初心者が対象になっていることから，若手で初めて起業しようとするステージに焦点を当てて初期キャリアまでを軸に構成しています。

　この他にも，IPO＝上場，M&Aルート＝合併・買収，ライセンシング（発明・知財・特許），ビジネスマッチング，大企業とベンチャーの連携，大学発ベンチャーや産学連携に関しても取り上げたかったのですが，これらは事業発展のステージということで，スタートアップにいたる段階に焦点を当てていますので，本書ではほとんど触れられていません。

　このように本書は，起業家教育の道しるべとなり，起業家教育のための"教材"，ガイドブック"とならんことを願って上梓しました。しかし，初心者向けのカタログ的な見本市のような書籍であるということは，その分，掘り下げ方や突込みが足りない面もあることでもあります。この点につきましては，この書籍を利用しようという方々各位が，例えば「用語」から書籍検索やネット

検索をして，各自それぞれの利用の目的や起点となる目標に応じて「補助線」を引いていただくことで，内容を膨らませて課題をつくり，学習の幅を拡げていただければと思います。そして，点から線へ，線から面へとケースを含めた追加の学習を展開し，各自深掘りしていただければ，編者としてつくり甲斐があったと考えます。

「心」「技」「体」が断片的には扱われている教材は多数存在しますが，日本で体系的な教材はほとんど見当たりません。本書は「起業家教育の全体像を押さえる」ことが目的ですが，起業家教育のツールとして，高校・大学・大学院関係者をはじめとした起業家教育のガイドブックとして利用することをお奨めします。これからの日本で起業家教育を行う教員の不足も指摘されていますが，少しでもお役に立てればという気持ちも込めております。このこと自体，"起業"が特殊なキャリアとしての日本の現状を映しているのではないでしょうか。

最後に研究・学会や行政の現状についても触れさせていただきます。"起業"はどちらかというと，キャリアや心理の視点でというよりは，とかく戦略やマーケティングの分野の派生した分野として扱われがちです。実際，起業系の学会とキャリア・労働系の学会の交流が少ないということもあります。起業・起業家系の学会はスモールビジネス系の学会との交流が多く，逆にキャリア・労働系の学会は人材や組織をめぐる学会との交流が中心です。さらには，関連学会として，別に地域創生と起業を絡めた地域系の学会も存在しますし，CSR絡みで倫理として社会起業が捉えられたりもします。起業の真実は，"経営の総合学"といっても過言ではありませんので，もう少し注目されてもいいはずです。

縦割りなのは，行政・役所も同様で，文部科学省では『就業力』高等教育局専門教育課，『学士力』や，いわゆる起業絡みの『EDGEプログラム』は科学技術・学術政策局　産業連携・地域支援課，経済産業省では，キャリア絡みの『社会人基礎力』とは，同じ経産省でも部局が経済産業政策局　産業人材政策室と経済産業政策局　新規産業室（霞ヶ関），それに関東経済産業局（さいたま新都心）と場所も別になっています。

viii

　本書が，一人ひとりが（実際に起業しなくても）起業家のような思考で人生を歩み，一人で主体的に自立して意思決定する力をもつことにつながっていく，ちょっと後ろから押すことのできる書籍であれば幸いです。

　さあ，それでは皆さんも，成功者の思考回路を身につけて，事業や人生の成功に向けてイノベーティブな生き方を目指しましょう！

I 「心」の章

悩んでいるみたいだね？
相談に乗ってあげるよ！

やる気はあるのですけど，これから何をやりたいかわからないので悩んでいます。人生はどのように築いていったら良いでしょうか？

まずは自分の姿を見つめてごらんね！

志をかたちにする
キャリアとしての起業

1 志を抱く
チャレンジスピリットと
アントレプレナーシップの重要性

　私たちの人生はどのように築いていったらよいのでしょうか。皆さんは自分の人生をどんな人生にしたいですか。無限の可能性があると同時に，リスクを取ることによる失敗への恐れはないでしょうか。

　その前に，自分が子供の頃はどうだったかを考えてみて下さい。自営であった家庭やスポーツ選手，芸術家など輩出している家庭を除いて，ご両親から「将来は大企業や安定した公務員を目指すように」と言われたことはないでしょうか。大学からも「起業は不安定だから一般企業，とりわけ大企業に就職しましょう」と促されたことも少なくないでしょう。

　アデコグループによる，6〜15歳を対象としたアジアの子どもの「将来就きたい仕事」に関する調査（2016）によると，日本の子どもの将来就きたい仕事の1位は男子が「会社員」，女子が「パティシエ」で，女子も3位が「会社員」となっています。また公務員は男子が4位，女子が6位で，他のアジアの国・地域（韓国，香港，台湾，シンガポール，タイ，ベトナム）でみてもトップ3に「会社員」が入ったのは，例外的な存在となっています。

　公務員や大企業のサラリーパーソン志向の強い社会では，ただでさえ起業家は生まれにくいのです。よくわからない世界に踏み込むのを躊躇（ためら）う

日本人が多いということでしょうか。

　また日本では，"起業" というとハードルが高い，とか，"リスク" が高いとか，"周囲に起業をしている人がいない" とか，いろいろ言われます。世界的な規模での起業に関する調査「Global Entrepreneurship Monitor」（グローバル・アントレプレナーシップ・モニター）によれば，調査時点の2012年の各国の起業活動率を比較した場合，イタリアと並んで，日本は67カ国中最下位に低迷しています。また，起業家になることを「良いキャリア選択」と評価する比率が50％を割るのは59カ国中３カ国にすぎません。

　経済産業省の委託で野村総合研究所が2015年に実施した『起業・ベンチャー支援に関する調査　起業家精神に関する調査』によると，日本の成人全体で，起業後３年半未満の人と起業する予定の人を会わせた総合起業活動指数（TEA）は4.8％となっており，調査対象国61カ国中で57位でした。同じ調査で「あなたの国の多くの人たちは，新しいビジネスを始めることが望ましい職業の選択であると考えている」という記述に賛成する成人人口の割合で，日本（26.8％）は，プエルトリコ（16.7％）に次いで低く，日本の水準は一貫して他国を大きく下回っており，この傾向は最近も続いています。日本では，多くの人が起業家という職業を肯定的に見ていないのです。続いて起業家の社会的な地位に対する評価について，「あなたの国では，新しくビジネスを始めて成功した人は高い地位と尊敬をもつようになる」という記述に賛成する成人人口の割合でも，日本の半数程度の成人は，新しくビジネスを始めて成功しても高い地位や尊敬が得られないと感じているのです。

　日本は起業，創業が世界的にみて少ない理由として，マネックスグループの松本大代表取締役社長CEOは，「欧米と違い日本では起業家へのリスペクトが社会的に低いのが一因だと思います。日本では一流大学を出て大企業に勤める人とベンチャー企業を起こす人では，前者のほうがリスペクトされる。これは欧米では考えられません。欧米では起業して成功した人を社会が賞賛する文化があります。『よく起業した』と。新しく事業を立ち上げ，雇用を創出したわけですから，リスペクトされて当然という文化なんです。でも日本では，これ

が "よく就職できた" となる」(2015年1月日経ビジネスONLINE) と，社会のリスク許容度と合わせて起業家に対する尊敬，リスペクトがないことを挙げています。

まとめると，

① 起業への意識に向かない環境が人生のなかで形成されてきた（過去）
② 起業自体のリスクが高いために進められないという（将来）
③ 起業に関心があるが，方法がよくわからないので二の足を踏んでいる（現在）

ということになるでしょうか。

しかし，環境変化が早く，将来の不確実性が増し，問題が複雑になるなか，将来のビジョンをどのように築いていったらよいかは困難さを極めます。

1 自分の姿を鏡で見てみよう

まずは，自分自身の観察から始めてみましょう。自分自身を観察することは自分自身のキャリアを意識することです。そして，それを発展させて他者（二人称）を観察し，他者のニーズ・欲求・考えをつかむことは，マーケットの創造につながることでもあります。

"自分で自分自身の姿を鏡でみる" ということは，自分自身のキャリアを築くヒントになりますが，他者の反応を通して自分自身を見つめることもそれへの顕在化につながります。

アメリカの社会学者クーリー（1864〜1929）は，人間が他者の反応に対する自我の反応として形成される **"鏡に映った自我"** という概念を提示しています。これは，人が他者をどのように自己を評価しているかを，他者との相互作用を通じて知ることになるということです。彼は他者が自己を映し出している鏡と捉え，他者が鏡で，その鏡に映った自分が鏡に映った自我なのであると主張します。

「人間は自分の顔や姿を自分では分からないが，鏡に映すことによってわか

志をかたちにする：キャリアとしての起業　**7**

るようになります。それと同じように，人間の自我は鏡としての他者を通じて知ることができるのです」。

　これに関連して，"ジョハリの窓"という有名な心理学のコミュニケーションツールがあります。ジョセフ・ルフトとハリー・インガムが考案したモデルなので，2人の名前をとってジョハリの窓と呼ばれています。「自分が知っている自分」，「他人が知っている自分」を4つの窓（カテゴリ）に分類して理解することで，他人とのコミュニケーションが円滑になっていくというのです。

図表1　ジョハリの窓

		私に	
		わかっている	わかっていない
他人に	わかっている	1　開放	2　盲点
	わかっていない	3　隠している 隠れている	4　未知

　このことは，自分自身のキャリアの可能性を見つけ出すと同時に，新たな商品開発やサービスにつながる「他人の知らない他人を知る」ことにも役立ちます。つまり，他人の"ニーズ"に関しても"ジョハリの窓"を応用できます。実際の現場に立って，試してみる機会があれば試してみましょう。そして，後述する"デザイン思考"によって，「心」をかたちにしていく方向へ深めていってほしいと思います。

　さて，そこで，他人の観察をする前に自分自身を鏡の前に立って観察してみましょう。

　映っている鏡像はさかさまに見えると思います。しかし，それはさかさまの自分を見ているだけで，本当の自分（相手から見た自分）は見えていないのかもしれません。それでは，自分自身のなかにある自分自身について，目をつぶって見つめてみましょう。そうすると，自分自身が見える瞬間があるかと思います。「今の自分は十分に力が発揮できているだろうか？」「何かまだ可能性があるのではないだろうか？」「他に何か心からやりたいことはないだろうか？」「人間関係や人脈はどうだろうか？」「これからの人生の方向性は何か」

と。このようなことを，心理学では「メタ認知」と呼びます。それでは，「メタ認知」（自分で自分を見る），つまり自分自身の心の眼で自分自身を洗い直し，自分自身の気持ちを確認して自己の「志」や「使命」を認識し，次なるキャリアにつなげていくためには何が必要かを考えてみましょう！

2 「志」を抱くということ，「使命」を感じるということ

　「志」を抱くということは，自分自身の未来を意識するだけでなく，社会や周囲の環境をどのように変革していくかの視線が重要になってきます。そのためには，一人だけではなし得ないことに気付かされます。我々は「関係」によって成り立っています。そして，その先にあるのは「信頼」です。「信頼」をどのように築いていくかということ，「信頼」はどのように生まれ持続していくかということは，「相手」の立場に立って，「相手」の気持ちに寄り添いながら，長期間にわたって積み重ねられた「誠実さ」と他者に対する「共感」がカギとなるでしょう。もちろん，自分自身の志が成就するかどうかは，様々な外的要因や運に左右されることもあるでしょう。ことビジネスということになれば，経済環境や市場，技術や競争相手との関係もあり，思った通りにはいかないこともあるかもしれません。しかし，挫けず何度も何度もチャレンジする意欲や粘り強さが成功につながった経営者はたくさんいます。パナソニックの創始者松下幸之助は，「失敗の多くは，成功するまでにあきらめてしまうところに，原因があるように思われる。最後の最後まで，あきらめてはいけないのである。」と名言を残され，「自分に失敗が少ないのは，最後の最後まで諦めないためである」と述べられています。「志」は貫徹して実現するものだということをあらわしているものだといえましょう。

　自分自身の将来のキャリアを考える際に，なぜ我々は「志」を抱くのでしょうか。「将来『〜』になりたい。だから，このように勉強したい」，「このような資格を取りたい」といったパターンです。そうした目標を最終地点に定め，そこから逆算して何をすべきなのかを考えていくべきなのでしょうか。バック

ミラーの自分，5年後，10年後などの先の自分を想定して，今の自分を考えていくことでしょう。これをバックキャスティングといいます。

「医者になりたい」「俳優になりたい」「サッカー選手になりたい」といった心の働きは，もちろん家庭環境を含めた周囲の環境や，社会での認知度が大きく影響されているのは言うまでもありません。

「夢」と「志」は厳密な意味では全く違うものです。「志」のなかには，例えば「社会を良くしたい」「地球環境を守りたい」といった使命感（ミッション）がつきものですが，「夢」は「宝くじに当たる」に代表されるように，単なる自己の欲望を満たすためのものも含まれます。単なる「夢」ではなく，「志」を大切にしていって欲しいものです。

したがって，まずは，社会を良くしたいという“パッション”“情熱”であり，“志”であり，“使命感”でしょう。正に意志の力が問われることになるかと思います。これが「心」ということになりますが，しばしばこれまでの自分の持っている常識である，枠内にとどまりがちになります。

3 イノベーションとアントレプレナーシップ

そのせいか，日本人にはチャレンジスピリットがあまりなく，企業家精神（アントレプレナーシップ）が弱いと言われることがあります。

米倉・清水は，この中でアントレプレナーシップ（起業家精神）は，個人（あるいは組織）が現状でコントロールしている経営資源にとらわれることなく，機会を追求するプロセスであると定義しています（『経済界』2013年9月3日「大企業のアントレプレナーショップを上げるには」より）。そして，単なる精神論だけでなく，ビジネスの機会を開拓していくプロセスにおいて，必要となる能力をスキル化することだと言及しています。

ピーター・ドラッカーが『イノベーションと企業家精神』（1985）において，「アントレプレナーシップとは，イノベーションを武器として，変化のなかに機会を発見し，事業を成功させる行動体系のこと」と定義しました。イノベー

ションの父とたたえられたシュンペーターは『経済発展の理論』(1977) のな
かで，アントレプレナーシップを「変化と冒険，困難を好み，新結合を遂行す
る行為」と捉えました。ここでいう "新結合" とはイノベーションを意味し，
(1)新しい財貨，(2)新しい生産方法，(3)新しい販路の開拓，(4)原料あるいは半製
品の新しい供給源の獲得，(5)新しい組織の実現，の５つの生産手段の組み替え
が含まれるとしています。

　シュンペーターがイノベーションを当初 "新結合（直接には関係なさそう
な事柄を結びつける思考）" と表現しましたのは，一握りの革新的な企業家が
"創造的破壊" によってイノベーションを起こし，経済の成長分野を変化・移
行させるものだと捉えていたことにあります。しかし他方で，「起業家自身の
役割は異なる機能を新しく組み合わせることにあり，原則的には全くのゼロか
ら新しいものを創造するという役割を果たす創案者ではない。エネルギーと強
烈な個性を通じて周囲に刺激を与え前に進めることであり，必ずしも新しいア
イディアを創造することではない」といった側面も指摘しています。馬と車輪
という旧来の組み合わせではなく，石炭と蒸気機関の組み合わせが産業革命に
つながったというのです。スティーブ・ジョブズは，「未来を見て，点を結ぶ
ことはできない。過去を振り返って点を結ぶだけだ。だから，いつかどうにか
して点は結ばれると信じなければならない。」という言い方をしているのとも
共通しています。

　また，しばしばシュンペーターと対比されるカーズナーが，『競争と企業家
精神』(1985) において，「諸機会に対して機敏な」企業家像を描いていること
は，リスク志向ではない機会志向を重視するドラッカーの "起業家精神" に関
する見解とも重なっています。

　"アニマルスピリッツ" という言葉を聞いたことがあるでしょうか。文字通
りであれば "動物の精神" ですが，英国の経済学者のケインズは『雇用・利子
および貨幣の一般理論』(1936) において，人は経済活動を行うにあたって常
に合理的な行動をするのではなく，血気や野心，動物的衝動からしばしば予測
不能で，不合理な行動をする心の働きを "アニマルスピリッツ" と表現しまし

た。これこそが企業家によるイノベーションの源泉であり，経済の発展に重要な役割を果たすものとして我々の生活を変化させていくのです。

さらには，ビジネスの機会を開拓していくプロセスにおいて必要となる能力をスキル化していく必要があるでしょう。

4 リスク回避志向の強い日本と日本企業

これまで，いろいろな人がいろいろな分析をして言い尽された観がありますが，時間的にも空間的にも，わが国日本は起業社会になっていないといえます。

JMR生活総合研究所のグローバル比較調査（2001）の結果では，インターネットによる10カ国（対象国：米，英，仏，独，伊，中国，台湾，インド，シンガポール，日本）によると，日本は調査した10カ国の中で最もリスク回避の志向が強くなっていたことから，これが起業へのリスク回避志向にもつながっていたと考えます。

こうしたこともあって，ベンチャーエンタープライズセンターの「起業家精神に関する調査」（2014）によれば，「失敗が怖くて起業を躊躇している人」は46.9%，米国は37.8%，中国は36.0%であるといいます。「3年以内に起業の計画がある」と回答した比率は7.1%，中国・米国（共に16.6%）と比べてみてもかなり低いのです。

産経新聞の2017年4月28日の記事に次のような記述がありました。「2016年版の『アムウェイ・グローバル起業家精神調査レポート』によると，起業願望や実行に移す意欲など『起業家精神』を独自のスコア（世界平均値＝50）で算定した結果，日本は26にとどまり，同数で並んだブルガリアとともに45ヶ国中最下位だったことがわかった」。そして，「若者の起業意識を探ろうと，2015年に実施した調査（日本，米国，インド，フィンランドの18〜29歳男女計900人対象）の結果も明らかにされ，日本は若いうちから起業への関心が低く，野心や向上心，自信のなさも目立つことが判明した。」との記事が掲載されていました。世界最下位です。

I 「心」の章

　中小企業白書（2014）によれば，その前年の「Entrepreneurship at a glance 2013」（OECD）「自営と会社員のどちらを選ぶか」という問いに対して，米国人は50.9％が前者を選びますが，日本人は対象5ヵ国中最低で22.8％に過ぎず，後者を選好することになります。

　起業家というキャリアを選択して足を踏み入れる世界は，言葉の通じぬ外国のようなもので，外部から知識として持っていることから想像するだけではわからない不安な要素に溢れています。悲観主義の日本人，楽観主義の米国人との意識の反映です。

　こういった現象は，「日本でなかなかイノベーションが生まれなくなってきた」ということとも関係しているようです。リスクを取れない，あるいはリスク許容度が低いといったことは，安心ばかり求める意識ともつながっているともいえます。

　そして，"経済成長し続けることで豊かで幸せな社会が実現する"という高度経済成長の時代にはある種の"ストーリー"，"物語"が，"アニマルスピリット"を呼び起こし，経済成長を後押ししてきました。かつての日本企業は，ソニーやホンダ，任天堂のように"ワクワクするような商品やサービス"を生み，チャレンジングスピリットにあふれていました。焼け野原のゼロの状態から何かを生み出し，それを日本の発展につなげていこうという気概のある企業家が高度経済成長を引っ張っていました。今は大企業であっても，元々はベンチャー企業だったのです。今や主役はアップルやダイソンといった海外の企業になっています。

　しかし，グローバル化やICT（情報コミュニケーション技術），経済のサービス化等の進展は，これらの神話を壊し，漠とした不安だけが残りました。そのため，"安全"に基づいていても，行き過ぎた"安心"や過剰な"機能"を商品やサービスに求めるようになりました。過剰品質や過剰コンプライアンス，過剰な安心を求める，内向きの人間のバイアス（同調性バイアス，現状維持バイアス，代表性バイアス・ヴァージンバイアスなど）が，リスクを取ろうとしない行動習性を生んでいて，環境が変化することを好まない志向が蝕んでいる

といえます。例えば，確証バイアスでは，起業は危険であるという理由ばかりを見い出し，なかなか行動に踏み切れないということを生むでしょう。また，目先のことを追う傾向，現在バイアス（遠い将来のことには我慢強いが，短期的な利得を選ぶ）が強いと，変化は起きにくいかも知れません。

　人間には，意思決定する際に過度に楽天的になる傾向（過剰楽天的バイアス）や自信過剰になるという傾向（自信過剰バイアス）があり，それで起業してビジネスを営もうとしている人たちは，そうした認知バイアスが強いのかもしれませんので，日本では一層その傾向が強いと言えるでしょう。逆にいえば，日本人経営者は，世界でも起業家の「自信過剰バイアス」，「過剰楽天的バイアス」が高いがために起業を行っているともいえるわけですが，実際にスタートアップから起業後にベンチャー企業の生き残りや，さらなる成長に関しての弊害となりうるともいえるのです。そのため，３年経たないうちに10社のうち３社しか生き残れない厳しい世界となっているのです。ちなみに１年以内が30〜40％，「新しく起業した会社の９割以上が５年後には残っていない」といわれていて，起業した会社の10年後の生存率はわずか５％です。それらのバイアスを除去し，「事業機会の認識」をどのように高めていくかがキーとなります。

　そこで起業を増やすためには，「不確実性の認識とリスクを減らすということ」と「事業機会の認識」を同時に進めていかなければなりません。

　前者に関しては，先のJMR生活総合研究所のグローバル比較調査（2001）「仮に手元に100万円あったとして，１年後に150万円になる確率が50％，50万円になる確率が50％の金融商品があるときどうするか」という質問をしました。選択肢は「100万円すべて投資する」「50万円投資する」「１円も投資しない」の三択です。10ヵ国における主流は100万円の半分の50万円を投資するスタイルです。日本は「１円も投資しない」が６割を超えました。これは中国のリスク志向（「投資する」が87％）と対照的です。日本人がいかに安全志向でリスク回避型であるかがうかがえるデータです。日本よりも失業率が高く，格差化が進んでいる国々に比べ，日本人のリスク回避志向は明らかに過剰なものといえます。

経済の発展に重要な役割を果たすとされるのは，リスクを取らないことがリスクという時代にあっては一層，人間の経済活動は，予測不能で不合理な行動が求められるわけですが，とはいっても，そこには想像を抱かせるような何らかの筋道のあるストーリーがなければならないでしょう。

環境が豊かであればあるほど，起業家に向かう可能性は低くなります。しかし，こうしたバイアスの生じる原因を取り除くことによって，"アニマルスピリット"は生まれてくるのでしょうか。それだけでは不十分です。それには，それらのバイアスを除去するだけでなく，「事業機会の認識」をどのように高めていくべきでしょうか。

これまで，日本は「不確実性」をいかに縮減（小さく）するのかに力を入れてきた結果，世界で稀にみるような"安全・安心社会"が実現しました。しかし，「不確実性」は「可能性」でもあり，「不確実性」のなかにある「可能性」を現実化していくこともこれからの社会の発展には不可欠なのです。

そこで，「志」をもって起業する，事業を興すことの重要性が指摘されています。しかし，仮に「志」を持っていたとしても，「志」をかたちにするために，「実際に何をするのか」，「どのように起業をするのか」がわからないと「起業社会」は実現しません。

「日本が，起業社会になるためには何が必要でしょうか」という問いを立てたとすると，まずはやはり「志」であるといえるでしょうが，次には不確実性やリスクに対する認識や態度であり，いかにしてそれを変化させて具体的に実現していくかなのです。

京セラ，第二電電（現KDDI），JALの経営で成功を収めた稲盛和夫は，「楽観的に構想し，悲観的に計画し，楽観的に実行する」という至言を残していますが，起業とはそのようなものでしょう。

5　未来をつくる〜起業社会に向けて

PC（パーソナルコンピュータ）という言葉と概念を提案したアラン・ケイは，

「未来を予想する最善の方法は，未来を発明することである」と述べています。ドラッカーは，「成功への道は自ら未来をつくることにより切り拓くことができる。自ら未来をつくることにはリスクが伴う。しかし，自ら未来をつくろうとしないほうが，リスクは大きい。」と述べています。ビジョンを描ける人間こそが世界を変えていくのです。未来とは，意志・志であり，今に囚われない未来予想図＝「視覚」や「風景」の他に「想像力」を描くということ，「未来とは創造する」ということになります。

　「どのような社会・世界をつくりたいのか」という未来創造には，「自らが自分自身で意思決定をし，それを実現するのを魅力的である」と感じることです。情熱と勇気，そして，あなたが一番楽しく感じることは何ですか？

　その際にドラッカーは，経済活動は不確実性とリスクを冒してでも現在の資源を将来の期待のために使うことだといいます。そして，リスクに対する見方をコップのなかの水を例に取り，コップに「半分も入っている」のか，コップに「半分しか入っていない，半分空である」のかという認識が大きく影響していると考えるのです。

　また起業は，"ヒト"の存在が重要になります。金銭的支援者・パトロンであれば，エンジェル（個人投資家）や，「技」の部で触れるクラウドファンディング，ノウハウの支援であれば，創業時のインキュベーター（アニマルスピリットを評価し，経営アドバイス，資金調達へのアクセス提供，企業運営に必要なビジネス・技術サービスへの橋渡しなどを行う事業者），拡張時のアクセラレーター（成長し始めた事業に対し爆発的に成長・加速させるために必要な資金投資やサポートをする事業者）といった，メンター（指導者・助言者）の存在，人的ネットワーク（人脈）が大きな成功につながっていくことになります。

コラム①

内省と内観法

　内省，あるいは内観とは，内なる自分を見つめ，自分の考えや行動などを深くかえりみることです。特に，これまでの自分の仕事を振り返り，あるいは鏡に映すように自分の姿を見つめ直すことで，過去の仕事を感情に流されずに，客観的に振り返ることができるようになります。つまり内省は，「あの時（過去）は○○と思って行っていたが，今思うと△△だった」などと冷静な気付きを得られ，それは未来の行動にプラスに働くことができるようになります。

　また現在，組織の一体感が希薄である，コミュニケーションが難しくなった，セルフコントロールできない人が増えているといった，仕事を進めるうえで困難な状況が増えてきています。こういった状況を変えていくには，一人ひとりがまず自分を知り（すなわち「内省」すること），その上で他人を知ることが重要となります。

　内観法は，自分自身で己の心または精神の働きを観察する過程，自分の心理過程をみずから観察・考察して意識的に経験の知識を得ようとする臨床心理学の手法で，クライエントは，自分は一人きりで生きているのではなく，他人に生かされ，受容されているのだということに気づくようになる心理療法です。浄土真宗の"身調べ"という修行法からヒントを得て，過去に体験した，「お世話になったこと」「世話をして返したこと」「迷惑をかけたこと」という３つの点について内省する，内観に根差した手法を用いるのが特徴です。その結果，自己受容や自己理解，他者受容や他者理解が進んでいきさらに，「意欲の向上」も見られるようになります。そして，自己や他者を重層的，多面的，歴史的に理解し，自己理解や他者理解が深まることで，より意欲的に，社会に適応した行動が取れるようになります。

　自分の仕事をただ経験するだけではなく，現場から離れて客観的にその経験を振り返ることで，人は自分がやったことの意味や意義に思い至ることができ，仕事への深い理解につながっていくのです。日々変化する社会の中で，今確かに有益なものが，明日同じように有益であるかはわかりません。そこで，自分の仕事に客観的な意味づけをし，自分の業務への捉え方を見直していきます。有能なビジネスマンやリーダーシップのある人は，刻一刻と変わる時代の流れを読み，「今自分にとって一番大事なのは何だろう」と自分の立ち位置を振り返って次はどうあるべきかと常に内省し，そして新たな方向性，あるべき姿を見つけていくことが求められます。

　内観法は，関連しますが，後述の"マインドフルネス"と合わせて，企業研修に組み込む企業も少なくありません。

2 未来をデザインする思考

1 プロローグ

"2011年度アメリカの小学校入学者の65％は，大学卒業時に今は存在していない職業に就く。"

これは，2011年の8月にアメリカ合衆国のデューク大学教授であるキャシー・デヴィドソン氏が発表したものです。すさまじいIT技術の進化が，このような状態をもたらすと言われています。ATMの普及，自動改札化，セルフレジを導入するスーパーや飲食店の増加など，身の回りの生活にも変化が起こっています。今後も私たちの生活の中にIT技術の進歩は更なる変革を産み出していくことでしょう。

このような変化に富んだ現代において，起業家である我々はどのようなことを考え，ビジョンを描き，日々の事業を推進していけばいいのでしょうか。事細かな事業計画を立てて進むべきなのか，それともまず実行をすべきなのか。

私は，"成し遂げたい未来の世界観を描く時間を取る。そして，そこを描けたら日々の出来事に集中にして，予期せぬ出会いや縁を大切に進んでいく。"このことを繰り返すことが，結果的に未来を「デザインしていくことへと自然と繋げられることであると信じています。」

皆さんはなぜ起業しようと思ったのでしょうか。何を達成できたら，そして，どのような状態になれたら，"起業をして良かった"，と心から思えるのでしょうか。

この章では，起業を志した皆さんがなぜ，未来を描く必要があるのか，そし

てどのように，何を描いていけばよいのか，その効果性や具体的な手法について
お伝えしていきます。

　私もまだ起業３年目と，この書籍の著者の中でも起業を志す皆さんに最も近
い存在でしょう。

　この１，２年で経験してきたこと，特に数多くの失敗を通して学んだこと，
気が付いたことなどを土台に，"これならば喜んでもらいたい人たちに喜んで
もらえる"と確信を持てた"未来を描くきっかけづくり"と言ったテーマで，
皆さんの起業にお役立てできれば嬉しいです。

２ "知っていること"と"できること"は違う

　今日に至るまでの日本の教育は「記憶すること，決められたことをいかに正
確に早く行うのか」といったことが重要視されてきました。私も，このような
環境の中で育ってきて，"一度しかない人生，自分の可能性を試してみたい"
という思いに駆られて起業して一番初めにぶつかった壁が，この"未来を描
く"と言う事でした。

　大学卒業後は８年間，新卒で人材教育コンサルティング会社に入社し，コン
サルタントとして働いていました。会社の理念に共感し，また，尊敬できる上
司や同僚，クライアントにも囲まれてとても充実した毎日でした。そのような
個人・法人のお客様の"目標達成の支援"を人材採用や育成といった側面から
サポートをする仕事でとてもやりがいがあり，今の自分の基礎の考え方や力に
なっていることもこの１社目の経験があったからこそでした。このような仕事
の中で，クライアントに伝えてきたことをそのまま行えば，全ては上手くいく
と"できるつもり"であったことが，初めにつまずいたことの一つでした。

　どのようなサービスをつくるのか。誰を対象にするのか。そのサービスの価
格設定は？自社の就業規則から，自分の給与まで，ある程度のルールはあるも
のの，基本的には全て経営者自身が決めることになります。180度違うことを
言われながらも，大きな成功をおさめられている方々がたくさんいらっしゃり，

志をかたちにする：キャリアとしての起業　**19**

"正解を求めてしまったこと" が一番の失敗の原因であったことに気が付くまでには，意外と時間が掛かってしまいました。

"自分のことが一番わかっていない" 自分の話す姿をビデオに撮られて，それを見る時に恥ずかしい想いをするような，今振り返ればそんな創業当初でした。

そんな中で，知っていたつもりになっていた書籍を読み返したり，今まで数多くの経営者から経営や人生について教えてもらったメモを引っ張り出したりしていた際に，ハッとする言葉に再開できました。

"未来を予測する最善の方法は，それを発明することだ"

これは，アメリカの計算機学者であり，教育者のアラン・ケイ氏の言葉です。いつもクライアントに問いかけていたハズなのですが，改めて自分に質問をした言葉が，モヤモヤした気持ちをクリアにしてくれました。そして，現実の延長で未来を考えるのではなく，「心から成し遂げたい未来から逆算して今どう生きるか」を考える思考にシフトすることができたのです。

3　クランボルツ博士が提唱する計画的偶発性理論とは

経営をしていると，どれだけ緻密な事業計画を立てたとしても，予定外のことが起こることは常ですし，むしろ，想定外の事の方が圧倒的に多いと実感しています。特に起業したての頃は，計画よりも実行と改善こそが次へのステップに繋がると実感しています。

この時期に特に有効な考え方が，この "キャリアの８割が予期しない出来事や偶然の出会いによって決定される" という，「計画的偶発性理論」であるのではないでしょうか。

本当に大切な２割のこと。それが，理念であり，価値感であり，成し遂げたいビジョン，世界観です。だからこそ，その方向性だけはしっかりと描き，そ

20　Ⅰ　「心」の章

の他のことは下記の5つの項目を参考にしながら，柔軟に対応していけると良いのではないでしょうか。

---

(1)　「好奇心」：たえず新しい学習の機会を模索し続けること

(2)　「持続性」：失敗に屈せず，努力し続けること

(3)　「楽観性」：新しい機会は必ず実現する，可能になるとポジティブに考えること

(4)　「柔軟性」：こだわりを捨て，信念，概念，態度，行動を変えること

(5)　「冒険心」：結果が不確実でも，リスクを取って行動を起こすこと

(参考：ジョン・D・クランボルツ，A.S.レヴィン著・花田光世ら訳『その幸運は偶然ではないんです！』ダイヤモンド社，2005年)

　正にこの5つのテーマは，起業時に求められるものであると私は感じています。このようなチャレンジ精神と，臨機応変力を発揮するためにも，進むべき方向性と成し遂げたい世界観を描き，そこに向かう道筋やステップはこだわり過ぎることなく，目の前に現れたチャンスを肯定的に捉えて，その経験を糧として前進し続けることこそが，起業家に求められる力ではないでしょうか。

４　皆さんにとっての10年前は？

　"10年後，皆さんはどのような活躍をしていますか。"

　このように質問されたら，皆さんはなんと答えますか。ひょっとしたら，具体的に答えられる方は少ないかもしれませんね。今の年齢に10歳を足した年齢。生活環境も家族構成も大きく変わり経済の状況ももちろん変わっているでしょうから，「そんなことわからないですよ」と言ってしまいそうですよね。

　では，少し視点を変えて，"皆さんはどんな10年前を過ごしていましたか？"だったら，どうでしょうか。また，その10年前の時点で今の生活スタイルや出逢う人々，仕事の内容やどんな人と共に働いているのか。多くの人は創造していなかった"今"なのではないでしょうか。なぜか。それは，10年前の時点で

考えた自分自身の"思考"だからです。経験値が少なければ少ない中で予測を立てます。経験値を積めば積むほど，「あんなことやこんなことができるのではないか。」と，想像を膨らませることができ，イメージする世界観は広がります。

5　達成した未来からの逆算をデザインする

このような思考の仕組みになっているのであるならば，"今から未来"を考えるのではなく，"達成した未来から今"を考え，"もし，10年後に○○な状態であったのならば，10年前に当たる今日はどのような過ごし方をしていたのだろうか"と自分に質問してみて下さい。すると，"達成した自分であるならば，このような意思決定をした，コミットメントした"とストーリーを描きやすくなります。慣れてきたら，より鮮明なストーリーを描くようにしましょう。上手くいった結果だけでなく，どんな苦労があったのか。その苦労をどのようにして乗り越えたのか。なども，ストーリーに入れ込んでいくと，そのイメージの鮮明度は格段に増します。脳は鮮明にイメージをすればするほど，そのことが達成されている／いないに関わらず，あたかも達成した前提で情報を処理していくようです。

壮大なビジョンを掲げ，宣言し，そして成し遂げられるという点では，最も有名な経営者の一人である孫正義氏の有名なエピソードがあります。創業時には「売り上げを豆腐のように1兆，2兆と数える」とミカン箱の上で宣言しました。創業当初，ボーダフォン，スプリント，そしてARMを買収するという具体的な事案はなかったのではないでしょうか。しかし，強烈なビジョンと世界観にコトが引き寄せられてきた結果，2014年3月期には，売上ではなく，"営業利益"で1兆円を超え，創業33年で営業利益1兆円越えは日本企業の最速達成し，2015年3月期も売上9兆円を超える大躍進を続けているのではないかと考えています。

具体的であるに越したことはありませんが，仮に漠然としていたとしても，

現実の延長線上に夢を描くのではなく，心から成し遂げたい世界観を描き，そこから逆算して今を生きること，是非皆さんにも試して下さい。

6 誰と一緒に時間を過ごすか

"あなたは最も多くの時間を共に過ごしている5人の平均である"

先日，この記事を読んだ時に，直感的にその通りだな，と感じることがありました。皆さん，いかがですか。自分の周りにいる人が，自分の考え方や行動，意志決定のポイントなどの言動が自然と似てくるものです。潜在意識の研究結果によると，我々が意識して変化されることのできる行動は，わずか数％に過ぎないとも言われています。

携帯電話の着信履歴を見直してみたり，メッセージのやり取りをしている頻度のカウントしてみたりと調べる中で，コミュニケーションの頻度が高い人はどのような方でしょうか。年齢や性別に関係なく，その人から学んだり，刺激を受けたり，何よりお互いを高め合える関係になっていますか。

意識する，しないに関わらず，共にした時間が長い人たち同士は必ず影響を与え合います。皆さんが心から成りたい姿を定め，その姿を成し遂げられている方，また，成し遂げるために皆さんの前を進んでいる方との時間をどのように取らせて頂くのか，を考えてみましょう。

きっとその方々は周りの人たちから求められることも多く，そんなに簡単には時間をつくってもらえないかもしれません。しかし，どんな方でも移動はしますし，食事も摂ります。ただただ，ご一緒させて下さい，学ばせて下さい，の一点張りではなく，その方にとって自分自身はどんなことができるのだろうか。また，その方が望まれていることは何なのだろうか。そのことに対して，少しでも力になれることはあるのだろうか。と言うことをストレートに質問してみましょう。そして，そのことを実行することを心がければ，必ず他の人よりも時間を取っていただけるはずです。

人は誰もが自分を応援してくれたり，協力しようとしてくれたりする人に好

意を抱きます。とってもシンプルで当たり前なことですが，実践できていますか？と質問すると，100％やり切れている，と言える人は少ないのではないでしょうか。また，自分自身が成し遂げたい世界観，また，未来を語ることもシンプルですがとても大切であり，人の心を動かすことに繋がるでしょう。

　起業したての皆さんが多く持っているコトがあります。それは何か。ずばり，時間です。その時間を，生きていくために切り売りして時給を稼ぐのではなく，未来の自分から見ても本当に成し遂げたいことに繋がる方々との時間を，是非とも確保することを意識してみて下さい。

7　なぜ，未来を描くことが重要なのか

　どのようなゴールを目指すのか。経営者として何をどのように成し遂げられたら充実感を得られるのでしょうか。

　例えば日常生活の中で，このような経験をしたことはないでしょうか。車，時計，カバン，靴など，絶対に欲しいと気持ちが決まった途端，その物をテレビCMや雑誌などで良く見かけるようになるような現象。正にこのような"意識"とリンクすること，これこそが，未来を描くことにとって重要性なのです。

　脳はリアルにイメージできればできるほど，それは既に達成している現実なのか，目指している最中であるのか区別がつかなくなるとも言われています。未来からの逆算の話も先にお伝えしましたが，正に，達成した未来からの逆算で物事を考えると，自然と"今の自分"の意思決定ではなく，"未来の達成した自分"からの意思決定に近づけると信じています。

　また，未来を描くという言葉を聞いてどのようなイメージを持ちましたか。恐らくチャレンジしてみたいこと，成し遂げたい事業イメージなど，ワクワクするキーワードが多かったのではないでしょうか。この"ワクワク感"は，あらゆる活動においてとても重要な要素になっていると信じています。なぜならば，このワクワク感も，真逆の悲壮感もコミュニケーションを取っている周りの人たちへ伝わるものだからです。

大切なことは，"今，どのような状況にあるのか"，ではなく，"将来，どのようになっていきたいのか"，そして，"どのようになっていきそうなのか"，です。

採用活動においても，営業活動においても，起業したばかりの会社に入社することや，取引をすることは普通に考えればリスクの方が大きいはずです。しかし，そのような状況でも入社してくれる新入社員，お取引をして下さるクライアントの方々がなぜ，みなさんと契約を結んでくれたのか。

それは，皆さんの想いに共感したり，アウトプットした提案や企画，商品に魅力を感じて下さったりしたからに他なりません。できている／できていないが重要なのではなく，どうなって行きたいのかが最も重要です。

今の会社，今の状態をPRするのではなく，皆さんの事業が社会にどのようなインパクトをあたえるのか，どんな社会の問題を解決するのかを広げ，そこに共感した仲間を集め，ファンやお取引先を広げていきましょう。

8 引き上げられる起業家になれるか

たった1年先に起業した私であっても，今振り返ればここをもう少しこのようにできたな，と言うことは数え切れないほどあります。逆に，細かなことは気にし過ぎることなく，ココのポイントだけ押さえておけば大丈夫だよ，と言ったこともたくさんあります。

そして，アドバイスをもらった先輩はじめ，皆さんが尊敬する方々といかに多くの時間を過ごせるのかを考えましょう。また，考えるのみならず，どうしたら一緒に時間を共有していただけますか。私にも何か○○さんに喜んでいただけること，お力になれることはございませんでしょうか。と質問してみましょう。

今，成功を収めている起業家であっても，誰も初めから成功した人はいません。成功の状態にたどり着くプロセスにおいて，多くの方々の応援を受けて，今日に至っていることは誰もが口を並べて伝えて下さる事でしょう。だからこ

志をかたちにする：キャリアとしての起業　**25**

そ，自分が受けた恩を後輩はじめとする，成長を貪欲に求めてくる人たちに共有しよう，という，貢献心が強い方も多いでしょう。

　そして，現在，私が出した結論は，そんな尊敬する方々に喜んでもらえる場づくりを追求した結果，上場企業経営者の異業種勉強会を企画するまでになりました。私自身が最も学ばせてもらいながらも，参加して下さる方々も大変喜んでいただけています（今回の執筆も，この勉強会のメンバーのお一人の経営者の方に推薦していただいたことがご縁です）。

　居心地が良い環境に身を置き続けるのではなく，少し緊張してしまう，何を話したら良いのだろう，でも，〇〇さんのようになりたい，と言う人たちとの時間を少しでも増やしていくこと，また，物事を否定的に捉えるのではなく，プラスの側面を見つけて，主体的に生きている人たちとの時間を圧倒的に増やすことで，自然とプラスの循環の中に身を置きましょう。

　偉大な経営者であればあるほど，その方々の若かりし頃も多くの出逢いの中で，応援者が現れ，今日の状態を築きあげて来られたことでしょう。皆さんも些細なことからで良いと思いますので，"何か私にできることはありますか。"と投げかけてみて下さい。コツコツと続けることで，いつか想像を超えた高い景色が見えてくるかもしれませんね。

9　誰に相談するのかで，未来が変わる。

　起業においても，誰に相談を持ちかけるかは，とても大切なコトになります。成功している人に質問することと，失敗が続いている人に質問するのでは，返ってくる答えも全く違う，なんてことはあるかもしれませんよね。

　ここは最も重要なポイントの一つです。起業時は特に不安が付きまとうものです。初めての起業であるならば，尚更ですよね。法人登記をはじめとするペーパーワークと，手続き。私自身も今，1年前を振り返ればどうってことはないのですが，当時は本当にこのやり方で良いのか，どのようにすることが，最も効果的かつリスクを抑えることができるのか，など，あれこれ頭の中を

巡っていました。そのような時に，あなたは誰に相談しますか。もちろん，フランクに会話ができる友人は，あなたの心の支えになってくることでしょう。しかし，"誰に質問したら，最高のスタートが切れる方法を教えてもらえそうか？"と考えるといかがでしょうか。それは，最高のスタートを切った先輩経営者に質問することです。また，皆さんそれぞれが尊敬する先輩起業家に思い切って時間を取ってもらうことを強くお勧めします。

10 終わりに

　先日，デザイン思考のメッカとも言われるスタンフォード大学 d. schoolに伺わせて頂く機会がありました。"完璧な環境よりも，少し物足りないくらいの環境の方が良いアイデアが生まれやすい"というポリシーに基づいたコンクリート打ちっぱなしの壁に囲まれた建物がとても印象に残っています。様々なバックグラウンドを持った人たちが大きなテーブルを囲んでそれぞれの視点から一つの物事を議論することを重んじている発想は，ある著名な新商品開発者が新しい提案をつくる時に，社外からも専門家を呼んで議論を白熱させる"異種混合チームこそが新しくて斬新なアイデアを産み出す"と言われたことも繋がり，そのことが新たなアイデアを産み出すきっかけになることを再認識する機会でした。

　起業家になること，はじめの一歩は勇気がいるかもしれませんが，ITの進化，特に近年はクラウド型の経営支援システムの充実や，シェアリングエコノミーの浸透によって，近年においても起業しやすい環境になっています。

　また，起業に関心があるからこそこのような書籍を手に取ったこと，仮に今すぐに起業することがなかったとしても，その姿勢がこれからの社会に求められる力であると私は確信しています。なぜならば，これからは一つの正解に向けて誰が一番早くたどり着けるのか，また，いかにたくさんの正解を記憶しているのか，ということよりも，そもそも何が課題なのか，その仮説の課題に対してどのように取り組んでいくのか，と言うことの方が重要になっているから

です。

　起業して創業者になることだけが"起業家"ではなく，一人ひとりが感じる違和感や課題感，また，成し遂げたいこと，ワクワクすることに一歩踏み出して取り組む人が溢れる社会になれば，皆さんの周りにも笑顔の人が増えることでしょうか。

　皆さん自身が未来を描き，その描いた未来に自分自身が期待して取り組めば，自然とその期待感が溢れて，周りの仲間や未来のお客さんにも伝播していくことでしょう。今すぐに一つの答えを出して，その答えに縛られる方法ではなく，常に描き続け，アウトプットし続けることを繰り返して，より未来の姿に磨きをかけて，皆さんとみなさんの周りの方々の笑顔が増える事業を成し遂げていかれることを，心から応援しています！

【参考資料】
■大切なコトを描くための５つの質問

① あなたはなぜ起業したのですか。

⇒何をしよう，どうしたらいいのか，と言った【やり方】を求めがちですが，そもそもの根っこにある"起業理由"こそ，長期的に最も大切なポイントです。高い建物を建てようとすればするほど，土台が重要になります。まず行うことは，地下深くを堀り，あらゆる事態に備えた"足元"を固めますよね。皆さんが大きな挑戦をして行こうとすればするほど，この"起業理由"が大切になってくることでしょう。

② もしあなたの会社が無くなってしまったとしたら，誰が悲しむか。なぜか。

⇒私たちは，"足し算"で物事を考えることが多いのではないでしょうか。しかし，一度，全てをまっさらにした上でゼロから考えることは，原点を見つめ直すことにとても効果的です。起業前の方々が多いでしょうから，"皆さんが描くビジネスが"とテーマが良いかもしれませんね。もし誰も悲しまなかったり，困らなかったりするのであれば，それはあなたが取り組むべきテーマではないかもしれません。誰一人同じ人生を生きている人はいませんから，必ずあなただからこそ感じる課題感を解決するべくビジネスドメインがあるはずです。是非，見つめ続け考え続けてみて下さい。

③ もし何の制限もなかったら，どうなりたいのか。

⇒人は現実の延長線上で未来を考えがちです。しかし，先にも伝えた通り，未来は創造することができます。その為にはある意味での皆さんの既成概念を取っ払う必要があ

ると私は考えます。実行レベルでは勝算を見据えた戦略は欠かせませんが，事業の構想段階では，大きすぎると感じるくらいのビジョンがちょうどよいのではないでしょうか。そのスケールを小さくすることはいつでも，そして直ぐにできます。建築物の例でも同じですよね。足場を固めた上で，その建物の高さを低くすることは可能ですが，当初の構想の2倍，3倍の建物を建てようとするならば，そもそも土台から全てやり直さなければなりません。想像できないことを実現することは難しいですから，描けるだけの絵を描くこと，また，定期的に描く時間を確保して，心から成し遂げたいと思える絵を描き続けましょう。

④　自分だからこそ力になれるコトとは何でしょうか。

⇒人は誰もが"人生の宿題"を持っているような気がします。生い立ちや出逢った友人，先生，地域など，誰一人として全く同じ人生を歩んだ人はいません。そんな違いがあるからこそ，興味関心も人それぞれでしょうし，あなただからこそできる事業は必ずあるはずです。漠然と社会の役に立ちたい，何か大きなことを成し遂げたい，という思いよりも，原体験からくる，固有名詞や助けたい人たちの顔が思い浮かぶくらいに焦点を絞ったテーマから未来を描くことの方が，より具体的で実現しやすく，また，共感も得やすいのではないでしょうか。

⑤　あなたの活躍を通して，誰にどんな気持ちになってもらいたいですか。

⇒これも，最も恩返しをしたい人，お世話になった人，応援してくれている人，笑顔になってもらいたい人を具体的に書き出してみて下さい。そうすると，今後，事業を描いていくときにも成し遂げたい世界観からぶれ難くなるでしょう。そして，この方々の存在こそ皆さんが事業を起こし，成功しなければならない理由になるでしょう。定期的に事業の進ちょくを報告したり，時には意見を求めたりすることで，事業も加速するでしょうし，何よりも皆さんの起業の原点に立ち返る機会になります。この原点の気持ちを持ち続けることができれば，必ずや今の皆さんの想いは成し遂げられると信じています。

■まとめ

・なぜ未来をデザインする必要があるのか

　　具体的にイメージできればできるほど，そのイメージに近づく行動を取れる。

　　"今の自分から未来の達成した姿"を描くよりも，"未来の達成した自分から今の自分"を見直した方が，"できる方法"を考えやすい。

・計画的偶発性理論とは：

　　個人のキャリアの8割は予想しない偶発的なことによって決定される。

５つのキーワード：

(1)「好奇心」：たえず新しい学習の機会を模索し続けること
(2)「持続性」：失敗に屈せず，努力し続けること
(3)「楽観性」：新しい機会は必ず実現する，可能になるとポジティブに考えること
(4)「柔軟性」：こだわりを捨て，信念，概念，態度，行動を変えること
(5)「冒険心」：結果が不確実でも，リスクを取って行動を起こすこと

(参考：ジョン・D・クランボルツ，A．S.レヴィン著・花田光世ら訳『その幸運は偶然ではないんです！』ダイヤモンド社，2005年)

・未来を考えるには，過去を振り返ってみよう

過去に想像できなかったことで，今実現できていることをまとめてみよう。
⇒まだ見ぬ未来は描きづらかったとしても，過去を振り返ることはできる。

・現実延長線上ではなく，理想の未来の状態からの逆算を描こう

今は想像できなかったとしても，"もし何の制限もなかったら…"という質問で，自分自身の思考の枠組み（パラダイム）を取っ払おう。

その状態が達成できた時の"感情"を思い描こう。

"考えること"よりも"感じること"の方が，より強力にその状態に近づけてくれる。

・誰と過ごすか？

人は環境によって，変化や成長を遂げていく。

"このような人になりたい"という人たちと一緒に時間を過ごせば過ごすほど，憧れの人に自然と近づける。

達成経験が豊富な人ほど，周りから応援され，引き上げられてきた人である可能性が高い。そのような人は，自然と情熱を持って，使命に挑む人を応援してくれる可能性が高い。居心地がいい人と一緒にいる時間を増やすのではなく，目指すべき姿を達成している人たちとの時間の共有を大切にしよう。

30　I　「心」の章

コラム2

起業において，なぜチームビルディング・ファシリテーションが重要なのか？

株式会社アクティビスタ
河合克仁代表取締役からのメッセージ

　起業して事業をスタートする際，仮に一人でのスタートであっても"チーム"をつくることは必須です。なぜか。チームとは，雇用契約書を結んだ従業員との関係のことを指すのみでなく，事業に関わる全ての人や企業との関係性全てを指すと私は考えているからです。私たちも現在はフルコミット社員（いわゆる正社員）のみならず，強みの異なるプロフェッショナルな方々とプロジェクトごとにチームを組んで事業を進めることがとても多くあります。

　2つのキャリアを同時に走らせる"パラレルキャリア"や，"副業禁止"の緩和など，これからの起業のスタイルは，益々この傾向が強くなると考えられます。

　社内外のチームでは強みを生かしあえる半面，意思決定の背景や根っこの価値観を共有できていないと，真のコラボレーションは生まれにくく，このチームをつくり，一人ひとりの強みを生かしつつ，弱みを補い合う環境を整える"チームビルディング"はより重要になってくることでしょう。

【チームビルディングの命運を分ける4つの視点】

	上手くいくケース	上手くいかないケース
判断基準	ミッションやビジョン	利害の一致
注力すること	強みを伸ばす	弱点を改善する
振り返り方	どうしたらもっとよくできたのか	なぜうまくいかなかったのか
コミュニケーション	双方向・多方向	一方通行

　これは，数多くのチームを見て来て，また，自分自身も様々なチームに所属し，何がチームとしての成果を分けたのか？と振り返った際に感じた共通点をまとめました。

■判断基準

　つい"即戦力となるか？"，"どのようなメリットをもたらしてくれるのか？"といった観点で共に働くメンバーを考えることが多いのではないでしょうか。短期的には成果を出せたとしても，長期にわたって高いパフォーマンスを発揮しているチームに共通していること，それは"ミッションやビジョンがどれだけ共有できているのか"といった

ことです。

　利害関係が中心の判断基準だと，更に良い条件があれば，そちらに気持ちが揺らいでしまう事でしょう。しかし，"何の為に，そしてどこを目指すのか？"を共有できているチームは，そのゴールに向かい続けている限り，とても強い結束力と推進力で事業を進めていくことでしょう。

■注力すること

　企業も人も，目立つことは強みよりも欠点である。このようなことは皆さんも感覚的に共感してもらえるのではないでしょうか。つい気になることは他社の強みで，自社の弱みの改善すべきこと。もちろん，弱みをそのままにしても問題がないというわけではありません。しかし，優先すべきことは，まず，お客様が求めていていながらも，他社は提供できない，しかし，自社ならば提供できる"強み"を伸ばすことです。元々得意なことですし，成功体験も多いでしょうから，どうすれば顧客が喜んでくれるのか，を考えやすいでしょう。同じように，チーム内のメンバー一人ひとりに対しても，弱み改善のリクエストよりも，強みを伸ばすアプローチを心がけることは，チームビルディングにおいてはとても重要なことです。強みにフォーカスして，それを生かし合いながら，弱みをカバーし合えるチーム作りを目指しましょう。

■振り返りの手法

　調子が良くない時ほど，つい"なんで上手くいかないのか？"という言葉を自分自身に対してであったり，組織に対して投げかけてしまったりすることがあるのではないでしょうか。原因究明で止まってしまうのではなく，その改善案を考え，実行し，そしてまた改善するというサイクルをどれだけ早く回していけるかが成功の秘訣です。ゴール設定も重要なポイントです。地域で一番目を指すのか，日本一を目指すのかで，改善案はもちろん，そこに挑む準備やメンバーそのものまでが変わってくることでしょう。また，その一番も質なのか，量なのか，スピードなのかによっても改善案は全く異なってきます。心から成し遂げたい未来はどのような状態なのか。どうしたら，その状態になれるのか，を経営者自身が自分自身，そしてメンバーに問いかけ続け，目指し続けることから新たなアイデアやブレークスルーを起こすきっかけが生まれてくることでしょう。

■日々のコミュニケーション

　皆さんが思い描く理想のチームとはどのようなチームでしょうか。どのような空気感のチームで，メンバー同士でどのような関わりができていたとしたら，日々の業務も楽しみながら取り組めるのでしょうか。OECD（経済協力開発機構）がまとめた，21世紀の教育におけるスキル面での重点施策の一つにも"コミュニケーション"という項目が盛り込まれました。チームを活性化するコミュニケーションは，必要最小限だけの指示や依頼を一方的に伝えるのではなく，双方向・多方向に向けた，対等の立場で取り交わされる交わりそのものなのでしょう。特に先輩や上司に当たる人が，後輩，部下に当たる人に対して話しやすかったり，質問しやすい空気を作ったりすることも重要です。強

い口調で，先輩に"分かったか"と聞かれて，"いいえ"とは，たとえ思っていても伝えづらかった経験，皆さんもあるかもしれませんね。相手の立場に立ったコミュニケーションを常に心がけましょう。

☆事例：自社での大切にしていることと，チーム作りの取り組み

【事例共有】

"何をするか？" < "誰とするか？"
"どこにいるか？" < "どこを目指すか？"
"どうやるか？" < "なぜやるのか？"

　これは，私たちがメンバー同士で共有している価値観（クレド）の一部です。このようなものの制作から，メンバーと共に考え，アイデアを出し合うような時間を先にスケジュールをおさえて取り組むようにしています。グッド＆ニュー（24時間以内に起こった嬉しかったこと，新しかったこと）をチームメンバーに共有してから，ミーティングを始めます。また，業務や数字の事のみならず，それぞれの人生背景を共有すること，メンバーで協力をして何かを成し遂げるキャンプや登山など，業務から離れた場所でもお互いが人と人としてのコミュニケーションを深める場を大切にしています。

【終わりに】
　私自身，起業してまだ3年目です。"成功"を語ることはできませんが，数多くの失敗から得た教訓と，素晴らしい先輩経営者はじめとする大切な方々から学ばせてもらったことを皆さんに共有させて頂きました。夢の実現や社会の問題解決を，起業を通して成し遂げられるように，志高く，として，創業の原点を大切にしながら，自ら主体的に考え，発言し，言動によってチームにプラスの影響力を発揮する"ラーニング・オーガニゼーション（学習し続ける組織）"づくりに共に励んでいきましょう。
　メリット・デメリットのみで繋がる何十人もの社員や，一度交換しただけの名刺の束にメールを送りつける営業活動よりも，たった一人，たった1社であったとしても心から信頼し合え，この人たちの為に，また，このクライアントに喜んでもらいたい，と思える社内外の"チーム"の存在は，時に孤独と戦う起業家人生のスタートアップにおいて，心強い存在になることをメッセージに添えさせて頂きます。

コラム3

起業家としての女性のキャリアとリーダーシップ

株式会社ハー・ストーリィ
日野佳恵子代表取締役からのメッセージ

起業家の道を振り返ってみると，もっとも必要な能力は，1に健康，2にタフなメンタル，3に挑戦する意欲の維持である，と感じています。

創業は1990年。29歳のときに起業しました。既婚女性の視点を企業に届けるマーケティング事業が生業です。当時の自分は，したいことが頭の中で膨らみ，こんなことをこんな風にしたい，というわくわくする想像と行動が優先し，起業家とは何なのか，どんなことが必要とされるのか，そしてどんな人生コースの選択者になるのか，ということはまったくわかっていなかったし，想像もできませんでした。

起業前に，数人の起業された先輩経営者に話を聞きに行きました。これはこれでとても参考になりましたが，聞くのと現実では100倍，いや1000倍の違いがあります。起業家の先輩のすべてが「大変だ」「山あり谷あり」「ジェットコースターだ」など表現は違えども，「大変な道のり」であることを教えてくれました。それでも最後はみな「自分で未来を決められる」「もう会社員には戻れない（いい意味で，人の下で働けない）」「大変だからこそ責任はすべて自分だから面白い」「ビジネスはゲームや博打に近い」「体験できない体験を多数できる」など，挑戦やチャレンジの楽しさを語り，「大変」といいながらも表情は充実していて，「後悔はしていない」という言葉に，背中を押されたのが一歩でした。

さて，「女性である」，ということは強みと弱みがあると思います。とくに私は，既婚者で子どもが小さいときに起業しました。男性や独身の女性よりは，「ビジネスに使えるタイムが短い」という決定的な物理的違いは弱点であるなと，起業してすぐに納得しました。もちろん想像はしてましたが，乳児があるということは想像以上に突発的な出来事で時間をとられることがわかっているようでわかってはいませんでした。つまり「仕事と家庭の両立のタイムマネジメント」という点では，想像以上にかなり過酷な日々だったのです。何より子どもには母親が必要な時期に接触時間が少なすぎた，という後ろめたさは，母親はその後，一生引きずっていくものだということも後に知ることとなりました。

リーダーとして，とか経営者として，という話以前に，女性であり母親の起業家として，自分の状態をどうやって人並みの起業家の体制に整えるのか，という方が，人一倍，時間がかかりました。もちろん会社員の夫はよく手伝ってはくれましたが，母親業をすることは意識の中で，自分の役割の比重に対しては常に負い目が引きずりながらも，始めた仕事はやめなかったし，やめたいとは思いませんでした。それは，私の事業そのものが，私のような女性たちが働き続けられる社会にするのだ，そのためのケーススタ

34　I　「心」の章

ディを創り，社会に経験を返すのだ，という強い信念を持っていたからです。

　創業から今日の途中には，男女共同参画や男女雇用機会均等，そして女性活躍やダイバーシティと，世の中は明らかに女性の労働力や能力を認める動きや環境づくりに向かってきましたが，私の会社，私の起業は，それ以前の存在としてはパイオニアだったと思います。当時，すでに会社の中では既婚女性が多く働き，テレワーク（内職に近い在宅ワーク）を行い，タイムシェアを実践し，社内には子どもが遊ぶ部屋があり，保母資格者が面倒をみてくれていました。それもこれも既婚女性たちが働くために欲しいことを，ただ自然に知恵を出して助け合い，工夫して行ったに過ぎませんでした。今のように社会全体での大げさな動きではなく，ただ「子育てしていても仕事したいよね。キャリアもったいないものね」「じゃ，みんなで仕事する会社つくろう」，そんな感覚でした。

　振り返ってみると，子育てと会社，子育てと組織は似ていたように思います。これは大きな発見だったかもしれません。会社を生み出す，人を採用し育成し社会人として一人前にする，などは，乳飲み子を社会人にしていくプロセスとまったく同じでした。女性起業家の利点は，「結婚している」，「していない」，「子どもがいる，いない」に関わらず，「母性」があることの強みだろうと思います。父性のようなパワーはありません，が，母性はあきらめずに愛情をもって相手に付き合える忍耐と，相手の気持ちを感じながらコミュニケーションをし，状態に沿ったマネジメントは得意な気がします。

　30代の私は，まさに会社も家庭も怒涛のような…で，理屈や計画通りになどはとんでもありませんでした。ただ，弊社に限らず計画が計画通りにいくことなどビジネスは本当に少ないことは，コンサル業をしている今，他社事例をみていても思っています。採用した人が辞める，不正をする，事故がある，顧客が倒産する，資金が回らない，人材が育っていない…などなど数値では作れない事件が降ってきます。もちろん売上がどんどん上がり，利益が出て，支店を出し，入りたい人が増え，活気ある職場になっていき，自分自身も気持ちが大きくなり拡大思考になり，何でもできる成功者気分になった時期もありました。ただそんなことは長くは続かず，リーマンショック，震災などを経て，自分の意思ではどうにもならないことがあることにも備えていくことが経営者だということも知ってきました。

　今は，経営者とは，リーダーとは，夢を与えながら，アクシデントがあっても揺るぎない，動じない存在であることだと思っています。たとえば飛行機に乗ったときに大きなアクシデントがあってもキャビンアテンダントは，最後まで，「大丈夫です」「安全ですからご安心を」と伝えることが最大の仕事だといわれます。「部下を不安にしない」，「周囲のモチベーションを下げない」，そうでなければ復活ではないからです。

　そして，今回のテーマでもありますが，私自身の「心」がめげないことです。45歳を過ぎたときにリーマンショックとぶつかり，会社が最大の危機になったことがあります。そのとき年齢的にも更年期という経験したことのない健康不調と重なって精神不安が襲いました。うつ症状にあったと思います。そして会社は，経営者の意欲と心身が健康かつ健全であることとイコールであることを痛感しました。

　経営者になった後悔はありません。創業当時，先輩たちが話していたことと同じ気持

ちです。いいこと，悪いこと，辛いこと，悲しいこと，喜び，感動，出会い…数えきれない体験をしてきたし，今もしています。濃度が濃く，起業していなければ得られなかっただろうことは，やっぱり1000倍だと思えます。

　後ろめたいと思って育てた娘も，今，私の会社にいます。「母親としてはダメダメだけど，仕事をする女性として最高に尊敬している」と言ってくれます。彼女の道の未来の選択は本人任せ。複雑な時代，AIの時代，テクノロジーの時代。私の創業した頃とはこの先は，あまりにも別世界。だから，彼女たちの未来に求められる経営者，リーダーは別の能力が必要かもしれません。それも含めて私は私，彼女は彼女と考えています。

　私は，これからもさまざまな形で現役を貫きたいと思っています。起業家はアスリートのトレーニング人生のようだから，健康のためには続けていったほうがいいと思っています。

3 未来のストーリーを描く
クリエイティブソリューションとブランディング

　起業後，ビジネスを展開していくと様々な「壁」にぶつかります。マーケットの変化，技術革新，環境の変化（法規制，景気等），自分たちでコントロールできない要因がある中でも決断して，自らのビジネスを成長させていかなければなりません。そんな中，乗り越える力となるのが"クリエイティブソリューション"と"ブランディング"の考えです。ブランディングにきちんと取組むと，不明確なマーケットの中でビジネスの判断にブレがなくなりますし，お客様とのリレーション構築にもつながるので，価格競争などの望まない施策に落ち込むことも避けることができます。本章では，主にブランディングについての考え方，取組みについてご紹介して，その表現としてのクリエイティブソリューションについてご説明します。

1 まずは，ブランディングって？

　"ブランディング"って言われたって，よくわからない方も多いかと思います。なんだか聞いたことはあるけど，あえて聞かれるとわからない，そんな感じではないでしょうか？いろいろと説明はされていますが，ここではブランドの起源から考えて，ビジネスの視点に展開してみたいと思います。

1）　ブランドの起源

　ブランドの起源は，牧場主などが自分の家畜に「焼印」を付けたことからきています。焼印は，牧場主が家畜が自分の所有物であることを示すことが目的でした（英語では"burned：焼かれた"の派生語とされています）。ここから

も分かるようにブランドとはまず，類似した商品から目的商品を他商品と識別するための目印となるものです。その構成要素は，ロゴ，デザイン，色，ネームなど目につく要素から，音，香り，イメージ，品質，価格，希少性，価値観などの目には見えない要素などが複合して構成しています。大切なのは，ブランドは商品／サービスそのものからだけではなく，対象相手／顧客との関連性から認識されるということです。

2) ブランディングを簡単に言うと

ブランドについての有名な言葉で，
「ブランドは工場の中ではつくられない。お客様の心の中でつくられる」
という，言葉があります。

これは，商品が製造された時にブランドが生まれるのではなく，その商品がお客様に認識された時に生まれるということを意味しています。

では，このブランドを育てるブランディングはどうすればいいのでしょうか？

2 ブランディングを考えてみよう

ブランディングでやることをあえて一言で表現するならば，**「とんがりを刺しこむ」**です。ターゲット／マーケットに対してとんがりを深く刺しこんでいくことこそが，ブランディングで行っていくことです。頭の中で「とんがりを刺す」ところをイメージしてみて下さい。このイメージを詳細かつ，具体的にしていくステップがブランディングです。

「とんがりを刺す」には，いったい何をしなければならないでしょうか？
・とんがりを固く，鋭くする
・どこに刺すかをハッキリさせる
・どのように刺すかを決める

・刺したとんがりを倒れないように，深く刺しこむ

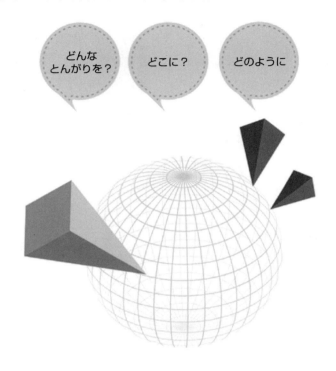

こうイメージすると単純ですね。

　実際の商品／サービスで，このとんがりを刺していくのがブランディングです。複雑なことではありません。突き詰めて，キチンととんがりを刺すことができるかどうかで，本物のブランドにすることができるかどうかは決まります。

1）　3つのブランディングアプローチ

　実際にブランディングのアプローチを紹介していきます。ブランディングでは大きく3つのアプローチがあります。「インターナル・ブランディング」「エクスターナル・ブランディング」「エンゲージメント・ブランディング」です。

　"インターナル・ブランディング"は，企業，商品といった内側に目を向け

たブランディング（要素：コアバリュー，ビジョン，特性，コミットメント，etc.）です。どういったブランドにしたいかを自ら決めます。：「とんがりを固く，鋭くする」

"エクスターナル・ブランディング"は，ターゲット，ポジショニングを決めて，発信情報，実際にコンタクトするポイントの設計，外向けに行っていくブランディングで，：「どこに刺すかをハッキリさせる」「どのように刺すかを決める」

"エンゲージメント・ブランディング"は，戦略，コミュニケーション，マネジメントなどの要素が関係してきます。インターナル，エクスターナルをガッチリ結びつけていくブランディングです。エンゲージメントは，関係性の構築，認知の共有，ブランド体験のマネジメントなど様々な対策において，徹することで強化していくことができます。：「刺したとんがりを倒れないように，深く刺しこむ」

ブランドを磨き，相手を知り，そして両方の認知を共有していく。ブランディングでは，この3つのアプローチのどれもおろそかにしてはいけません（※ブランディングが上手くいかないケースでは，この一部だけに偏ってしまっていることが多いです）。

2） ブランディングのポイント集

① ブランドはどうやって認知されるのか？

「ブランドは工場の中ではつくられない。お客様の心の中でつくられる」という言葉を紹介しました。心の中でつくられるには，まず認知されなくてはなりません。お客様は自分の経験を通して，ブランドを認知します。高いサービスを受けている人にとっては，それより劣るサービスであれば，やはり「サービスが悪い」と感じてしまうでしょう。

（そのサービスが，たとえ業界標準以上だったとしてもです。）

「相手がそのサービスを，何と比較して判断するのか」も，考えなければブランドは思った通りには認知されないということです。

40   I 「心」の章

　そして，「ブランドと出会うのは，一カ所ではない」という点も，注意が必要です。商品，サービスであれば，その商品を購入，使用したときに認識されるのはもちろんですが，ブランドとして考えると，その商品，サービスを

　　・他にどういった人が使っているのか

　　・実際に使っている人からの評判，噂

　　・商品，サービスそのものではなく，どこで購入できるのか。

　例）スーパー orデパートorコンビニ

　様々な経験から構築されるからこそ，シンプルであることが大切です。

　複雑では，人それぞれ，いろんな感じ方をされてしまいます。

② 見えるイメージを共有する

　"ブランディング"では，「見えるイメージ」を意識することも大切です。言葉だけでは，聞く人によって受け取り方が異なることもありますし，極端な場合，全く異なる言葉の意味として認知されることもあります。だからこそ，ブランディングを進める中では「図，イメージ」であらわすことを重視して，イメージのブレが少なくなり共通した認識を共有できるようにします。伝える技術としては単純ですが，効果は大きいです。難しく説明するのではなく，シンプルに根底にあるイメージを共有する。組織内部での共有はもちろん，外部に発信するものでも効果的です。

　ブランディングにおいてはイメージボードといったカタチで制作し，皆で共有していきます。

　難しい言葉でなく，シンプルな共有。このイメージボードは制作していく段階で，ブランドについていろいろと考えるきっかけにもなるので，まだない方は試してみて下さい。

③ プロダクトアウトorマーケットインどちらも正しいけど違いは？

　プロダクトアウト

　一般的には，商品／サービスを提供する側が「これはいい！」と考えて，

マーケットに投入していきます。「こんないい技術，サービス，考え方がある。きっと，求めるユーザーがいるはずだ！」

〜顕在化はしていないニーズに見つけて，マーケットに広げます〜

例）ウォークマン，携帯電話，mac，等。

マーケットイン

顧客が求めている・必要としている課題を解決するものとして提供するサービス／商品です。ターゲットを定め，サービス／商品をクリエイトします。

〜顕在化したニーズ／課題を深堀して，応える商品／サービスをマーケットに提供する〜

例）成熟商品／市場，車，訪問介護，業態変化，ITサービスによる切換え，等。

どちらも大切なアプローチですが，どちらを選択するべきなのでしょうか？

どちらを選択するかは，その商品／サービスブランドのコンセプトをどこにおくかで，決まります。"プロダクトアウト"では，コンセプトに「特有の技術」「独自の考え方」「新しい概念」など，クリエイティブを起源として，マーケットを創出します。革新的なサービス，技術はこういったアプローチから生まれることが多いです。"マーケットイン"はニーズ／課題解決型です。コンセプトが欲求，問題意識からスタートしており，事業モデルの切換え，変革といった商品／サービスが多いです。どちらが正解でも，間違いでもなくポイントは，このコンセプトの違いです。この違いによって，ブランドの発信の仕方，考え方，訴求の仕方も違ってきます。

あなたの事業は，どちらをコンセプトからサービスを開発していますか？

④ ポジショニング戦略

ポジショニングは，ブランド戦略構築において肝になります。

```
──＜ポイント＞─────────────────
 1） ポジションを絞込み，No.1になるものでなければならない。
 2） 顧客にとってシンプルで明確にすること。
 3） 決める覚悟をすること。
```

この3点を押さえることが，ポジショニング戦略では大切です。

それぞれについて，ご説明します。

1) ポジションは絞込み，No.1になるものでなければなりません。No.1を目指さないポジションであれば，決める意味はありません。他と横並びや，類似で2番手となるポジションではブランド力は弱くなります。何でも1番は知っていても，2番目を覚えてはいませんよね。ターゲットにとって，どういったニーズを満たすNo.1になるのかを追求しましょう。スタートから1番でなくても，少なくとも1番を目指せるポジショニングを見つけることが必要となります。

2) 顧客にとってシンプルかつ明確にすること。

複雑なコンセプトは勘違いされますし，刺さりません。記憶に残り，ポジションにグサッと刺さるコンセプトが大切です。No.1になるには磨きこんで，シンプルに「○○と言えば，○○」と表現されることを目指してみましょう。

3) 決める覚悟をすること。

ポジショニングを実現するには覚悟が必要です。ポジションを確立するには，余計なことは重視しない（捨てる）覚悟をしなくてはなりません。「自分の商品を買ってくれる可能性がある人はみんなターゲットです」と平気で言ってしまう方も多くいます。それでは，結局誰からも選ばれない商品になってしまいます。絞り込むのは勇気がいりますが，覚悟を決めて，ポジションに深く刺すことが結果，熱狂的なファンを獲得できます。

ポジションを確立するには，この3点を徹することです。単純ですが，簡単ではありません。

3 クリエイティブソリューション

本章ではブランディングについてご説明してきました。この考え方を理解した上で実際にマーケットに届ける時に大きな要素を占めるのが，クリエイティブです。ブランドの考えを体現するクリエイティブ，それは，デザイン，メッ

セージ，表現，音，質感など多岐にわたります。物が溢れる現在，自らの商品／サービスが選ばれるには，ブランドとしてカタチに表現するクリエイティブが非常に重要になっています。これはウェブの世界でも同様です。溢れるサービスの中で使い続けてもらうには，シンプルであり，使い続けたくなる愛着を持ってもらわなくてはなりません。

1）　感覚的ではないクリエイティブ

　クリエイティブという言葉を使うとデザイナーのセンスで作られるもの，かっこいい，おしゃれで印象に残るデザインなど，感覚的な表現のイメージをもたれる方も多いかもしれません。しかし，ビジネスにおけるクリエイティブは，ターゲットであるお客様にしっかりコンセプトを伝えることができ，意味のあるクリエイティブである必要があり，感覚的というよりは論理的なことです。そのクリエイティブとなる理由があるからこそ，売上が伸びないときや，おかしいと感じたときに改善することもできますし，良い悪いの判断もすることができます。ビジネスでは，感覚的というだけではダメなのです。こういった理由からも，近年注目されている考え方に「デザイン思考」というものがあります。

2）　デザイン思考

　デザイン思考は，アメリカのデザインコンサルティングファームIDEO社のコンサルティングノウハウから発展した考え方です。IDEOのCEOであるティム・ブラウンによれば，「実行可能なビジネス戦略にデザイナーの感性と手法を用いて，顧客価値と市場機会の創出を図る」ものと定義されています。顧客を中心に製品・サービスを開発するためのプロセスのひとつとなります。デザイン思考から生まれた事例として有名な商品・サービスはアップルのiPod，ITサービスではLINEなどです。デザイン思考は，ターゲットとなるお客様を中心として，商品・サービスを設計していく手法です。ヒューマン（人）に焦点を絞ることで，より深い洞察，課題，隠れたニーズを仮説し，そこからクリ

エイティブに落とし込んでいきます。そのため，一般的になってしまっている「思い込み」から外れ，イノベーティブな発想につなげることになります。

3) ブランディングからのクリエイティブソリューション

最後に私の会社で利用しているフレームワークを用いて，ブランディングの考え方とクリエイティブソリューションをあわせた考え方をご紹介します。ブランドマネジメントフレームワーク【C-STAR】です。これはブランドマネジメントに用いるフレームワークですが，デザイン思考を反映しています。

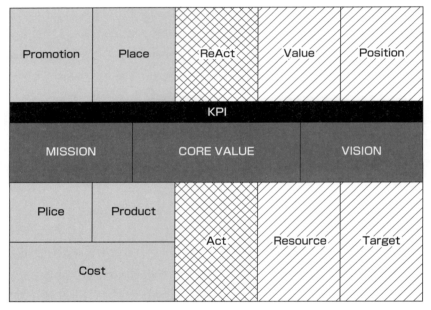

中心の紫の水平ライン（■■■）がブランディングにおけるコアとなります。そこに人に焦点をしぼって青色部分（▨），どういったお客様（ターゲット）に，どういった価値のナンバーワン（価値，ポジション）となるかを，自分たちのリソースを磨きながら深堀していきます。さらに水平ライン赤色部分（▨）（Act／ReAct）の検証を繰り返していくことが，デザイン思考でのブランド力の強い商品・サービスをクリエイティブすることになります。

志をかたちにする：キャリアとしての起業　**45**

【基本的なC－STARの流れと手順】

1．C：コアの定義

　　ブランドのコアとなる，ミッション，コアバリュー，ビジョンを明確化します。
　　このコアは磨きこんで，ブランドを表現するシンプルな定義を目指します。

2．S：戦略構築

　　フレームワークの右部（青地部分）を構築します。チームメンバーと共有して，
　突き詰めて下さい。

3．T：戦術展開

　　フレームワークの左部（緑地部分）に展開します。
　　戦略，コアと検証しながら，クリエイティブに落とし込みます。

4．A：ACT／R：REACTによる検証サイクル構築（KPI：企業目標の達成度を
　評価するための主要業績評価指標の設定含む）

　　具体的にどのように行動していくのか，その行動に対してユーザー／顧客がど
　のような反応をとっているかを検証しながら，ブランドマネジメントを行ってい
　きます。

　　（C-STARについての説明サイト：http://partner-stars.co.jp/fremework/）

【ブランディング参考ノート】

　ブランディング事例）集客方法，リピート対策を模索するエステサロン

　　8店舗を展開して収益が上がっていましたが，激しい競争のなかリピーター維持
　ができずに，価格競争に陥っていました。

　　これまでの顧客開拓の流れ

　　　　割引のついた広告を出し，新規顧客が来店
　　　　　↓
　　　　利益の上がらないメニューでの新規顧客
　　　　　↓
　　　　数をこなすために，サービス効率化
　　　　　↓
　　　　結果，リピーターにならず，更なる広告と低価格サービス提供
　　　　完全に疲弊タイプモデルです。

【ブランディング対策の実施】

　　収益モデル変革に向け，サービスブランディングに着手しました。

　　サービスブランディング・ステップ

　　1．自分たちのコアバリューを確立
　　2．ターゲット顧客を設定
　　3．ターゲットが本当に必要としているバリューを検証
　　4．ターゲットバリューとコアバリューを融合し，自社コアサービスモデル構築

5．コアサービスに繋がる，顧客集客モデルを再構築（プロモーション，リーチ手法等）
6．リピーターに繋がるアフターフォローサービス構築
7．検証とサービス追求の継続
※　進行におけるポイント
　　業界における固定概念が強かったため，コア部分を削り込む際に大きなハードルがありました。深くつきつめて，他社との優位性として育てるボヤけないコアをまず確立することがポイントとなりました。磨き込んだコアを中心としてサービスを深堀りすることで独自のサービスとなり，戦略も決まります。

【結　果】
　ターゲットは，各店の商圏エリアを絞ったうえで自己投資に積極的な働く30,40代層に限定。集客方法も，手まきチラシ，おしゃれなカフェ，レストランへのチラシ設置と共に働く女性向けのイベントなどを開催してサービスの値下げ手法はとらないこととし，初回導入サービスとのスミワケを明確化しました。
　ただし，紹介制を強化して紹介者，紹介されてた双方にプラスになる制度を構築。完全予約制として待ち時間を減らすとともに，サービス基準を細部まで徹底することでリピート率を向上させました。
　　　　↓
　紹介者が増えるにつれて，一緒に受けたいとのニーズも出てきたため，個室で御友人と一緒に来て，お話しながらサービスを受けることができる体制も構築されました。
　どれも特殊なことではありませんが，一貫することで顧客満足度を向上し，リピーター，紹介による獲得に繋がりました。
　サービス業は，徹底することで商品そのものを変えなくても全く異なる認知のブランド構築（リブランディング）は可能です。それによって，同じものやサービスが全く違ったものとして認知されるわけです。
　※　デザイン思考に関する本は数多く出ています。クリエイターでなく，ビジネスを志す人にとっても大切な考え方になっていますので，関係ないと考えずに学んでみてください。

コラム④

顧客の『不』を発見して，試作品をぶつけてみる

株式会社ショーケース・ティービー
永田豊志共同創業者兼代表取締役副社長からのメッセージ

　株式会社リクルート時代の同期と一緒に共同で起業し（厳密にはお互いの会社を合併），9年目で東証マザーズ市場に上場，11年目で東証一部に公開しました。これだけ見ると，順風満帆のように思えますが，実態はまったく反対でした。

　株式会社ショーケース・ティービーがスタートした頃は，その社名（ティービー）にもあるように，企業に対するオンライン動画の配信サービスを提供していました。動画を流すだけでなく，オンラインならではの，訪問回数や検索キーワードなどユーザの行動に合わせて動画がパーソナライズドされるという先進的なサービスでした。時期的には，ちょうどユーチューブがスタートし，インターネットの回線速度も上がり，「動画元年」などと言われていましたので，私たちのサービスは広く受け入れられ，年を追う毎に，乗数的に飛躍するという事業計画を立てていました。

　しかし，実態はまったく違っていたのです。顧客企業のオンラインサービスは，現在に比較するとまだまだ費用対効果が低く，そこに対して100万円を超えるような動画制作費や毎月何十万円もする動画の配信費用は現実的ではなかったのです。なんだかんだいって，100本くらいは動画を作ったと思いますが，同時期に個人でも動画をたやすく作れる環境が整備されてくると，動画の制作費はものすごいスピードで値崩れし，私たちのサービスは利益を出すことが難しくなってきました。

　そんな折，ある顧客から申し込みフォームでの離脱が多いから，なんとかしてくれないかという相談が持ち込まれました。多くの個人情報を決められたフォーマットに合わせていれなければならないWebの入力フォームで，入力するユーザを補助し，負担を軽減するようなツールを作ってくれないかということでした。

　私たちは，非常にかんたんな試作品をつくり，実際に顧客の入力フォームにセットしてみました。すると，入力途中での離脱が激減し，サイトの申し込み数が大きく改善したのです。当時，どのWebサイトも，とにかく広告を打って，たくさん集客することに必死だったので，集客しないで今いるユーザを落とさないという逆転の発想での成果に非常に驚いたものです。

　結果，私たちはこのツールを商品化し，特許もとって，その後，大手の広告代理店や顧客に受け入れられ，ショーケース・ティービーの主要サービスとなったのです。

　現在は，いろんなスタートアップの相談に乗る立場でもありますが，多くの起業家が顧客をよく知らない，顧客の声を拾っていない，顧客を観察していないため，失敗しています。そういったことを十分やらないで，自分のアイデアに酔いしれ，全部製品を作ってしまい，販売したところで，自分の冒している間違いに気づくのです。

48 Ⅰ 「心」の章

　現在，私たちの会社ではいきなり商品を作ることは一切やりません。普段から，顧客の感じている「不満」「不安」「不信」「不便」などの「不」を集め，それを解消するアイデアが生まれたら，時間やお金をかけずに，ごくごくかんたんな試作品をつくり，それを元に見込顧客に評価してもらいます。「導入する価値のあるサービスですか？」もし，そうであればいくらなら買いたいですか？といったことです。こうしたアイデアに対する具体的なレビューを集め，本当に市場があると確信してから，商品開発に進みます。このプロセスでなくなるアイデアも山ほどあります。

　よく経営では，ゼロから1を作る人，1を100にする人とは異なる資質を求められると言われます。スタートアップにとっては，このゼロから1を作る能力が求められます。そのために必要なことは，顧客や市場がかかえている「問題」を発見する能力です。問題が明解であれば，答えは自ずと導き出されるでしょう。ぜひ，顧客に対する観察眼を養い，顧客の持つ「不」を解消，解決してあげるアイデアを考えてもらいたいと思います。

4 心の眼を磨くアントレプレナー的思考法
カオスから企画・設計へ

　“心”には，「知」「情」「意」があると言われますが，心理学では心を「認知」「感情」「行動」の３つの側面で捉えようとします。つまり，ものの見方であり，何かをなそうという思いや“わくわくする”気持ちであり，実際に行動しようと思う気持ち，意志ということになるかと思います。重要なのは，自ら変化をつくり出す力です。

　起業活動には，「情熱を仕組みに変える」という観点が欠かせません。

　そこで，起業の際に何らかのビジネスの種を活かして起こす際にも，既存の業種でビジネスを起こす場合においても“企画術”が重要になります。その際には，感覚（五感）と論理を組み合わせて，多様な人々の視点を統合してまとめ上げることが必要になります。右脳と左脳の回路をつなぐ作業と言い換えてもいいかもしれません。これまでにない非連続的な突拍子もないような発想は，そうそう発明されるものではありません。

　まずは，「右脳」的なひらめきも，発想法の訓練によって次第に経験知化されていくというところから始めましょう。

1 発想法のタイプ

　土曜日の深夜のBSフジで『小山薫堂東京会議』という番組が放送されています。

　その番組のなかで，くまモンの生みの親と知られる小山薫堂さんは，ある日，「お茶やお花が長い年月を経て『茶道』『華道』という文化になったのなら，お湯も今から道をつくれば400年後に立派な文化になるのではないか」と思い

ついたといいます。我々が何気なく使っているモノやサービスは，例えば外国人観光客が来日した時には驚きとして受け取られたり，別の用途で利用しようとすることで注目される場合もあります。例えば，日本の着物の生地を再利用し，イスラム教徒（ムスリム）の女性向けに仕立て直す，リメーク服を仕立てることが商品化されていることも，このことを示すものといえるでしょう。同じ目に入ってくるものであっても，空間や時間のなかで何らかの付加価値がついたり，見え方が異なったりすることで"ブランディング"が成立し，それが人間の心をつかんでいくことになります。小山薫堂さんは，「まず物事のとらえ方や視点を劇的に変えなければならない。例えば日本の伝統工芸からヒントを得るなど，本業とかけ離れたところに思いを巡らせてみてはどうか。」と提案しています（2013／1／9日経産業新聞）。そして，「どんな製品でも，まずは消費者の生活のワンシーンに置かれた場面をイメージしなければいけない。その上で，製品を前にした消費者自身が，こんな新しい利用法ができそうだ，と考えを巡らせるようなコンセプトを考える。製品に余裕や振れ幅を設けるといってもいいだろう」と述べられています。また，「埋もれているアイデアは世の中にたくさんある。そういうお宝に目を配る視野の広さを常に持てるかが肝心だ」とも指摘されています。

　他の分野で使われているものを自分の分野で応用する思考方法をはじめ，「全く異なる世界の事柄を思い浮かべて，それにまつわる様々な要素や特徴を挙げ，挙げられたものを一つずつ，半ば無理矢理こじつけて新しいアイデア発想のヒントにしようとする方法（焦点法）もその一つです。また，現実と逆張りで「『常識と考えている物事がもしなかったらどうするのか』という質問を自分へ投げかけ，それに答えるかたちで発想を拡げていく思考手法」（逆設定法）といった方法があります。さらには，「常識を意図的にひっくり返して非常識を生み，そこから新しいアイデアに至る発想法」（アナロジー法）などがあります。トヨタ生産方式は，「売れ行きに応じて必要な分だけ調達する」という，米国のスーパーマーケットをみて，大野耐一が焦点法的発想から生み出したのです。これに関しては，本書の「技」編につなぎ，また，こうした発想

法に関しては多くの書籍が出ているので，そこで学んでみて下さい。

> **（課題例）**
> 　今，目の前にあるもの，よく使うもので，同じものに関し，一つひとつのものを何か別の用途でできないかを考えてみて下さい。
> 　①　焦点法
> 　②　逆設定法
> 　③　アナロジー法
> 　まずは20程度挙げましょう。例えば，"コンサート"から発想します。それを新しい冷蔵庫の商品開発に活かします。
> 　最初にコンサートのイメージを書きます。"予約""非日常""芸術""アーティスト"…とかいろいろと思い浮かぶことでしょう。そこで，冷蔵庫だと，予約して温度調整ができるものにします。"冷凍室"にあったものを時間に合わせて解凍して調理に間に合わせることのできる"冷蔵庫"はそのヒントとなるでしょう。これが焦点法です。②次に冷蔵庫の特徴を挙げてみましょう。「冷やす」「温度維持」「鮮度」「動かない」…といった機能が浮かびます。その逆を考えます。「温める」「温度変化」「新鮮でない」「動く」といった機能が浮かび上がります。そうなると，温度変化の可能な（温めることも可能な）冷蔵庫とはいえない冷蔵庫，動く冷蔵庫といったことが浮かび上がります。これが逆設定法です。③アナロジー法は，まず，手順としてその商品の「常識」を列挙します。次に常識をひっくり返して非常識にします。ここまでは逆設定法と同じです。次に非常識の問題点を明確にします。そして，その問題点を解決するキーワードを考えます。その解決手段のためのそれに類似した対象を構想します。それをヒントにした新商品です。先の「冷蔵庫」の例ならば，「新鮮なものを食べられない」ということになります。それならば産地直送の当日便で動いて届くようにしたらどうでしょうか。宅配冷蔵庫はケース・バイ・ケースでしょうが，あり得ない話ではありません。

2　発想法の形式例（ブレーンライティング法）

　"ブレーンストーミング"はここでは触れませんが，それを応用した"ブレーンライティング法"について触れてみましょう。6人集まって3つのアイデアを5分間出し続けます。最初はみんながターゲット顧客の気持ちになって"こんなのあったらいいなあ"をイメージします。5分間が経過したら次の人に発想シートを渡します。受け取った人はその課題を解決するためのアイデアを出します。次の人はさらに具体的なアイデアを出します。これらは，ホリゲ

52　Ⅰ　「心」の章

ルによる635法とも言われます。

3　物事の現象を捉える思考法：問題解決の発展のために

　ここでは，発想を具体化するいくつかのモデルや理論を取り上げます。これらの考え方を掛け合わせることで，さらなるビジネスアイデアの創造や問題解決の発展が期待できます。

メンタルモデル：思考を変える

　対象が抱える本当の課題や問題，求めているものは何かを見つけ出し，モノの見方を変え，深層心理に根ざした新しい思考様式をプロトタイプ化してそこから問題解決をしていこうとするモデルです。

　例えば，Ｐ・ドラッカーによる次の有名なエピソードが挙げられます。ヨーロッパを旅行中，石工たちがレンガを積んでいる光景を目にしたドラッカーが三人の石工に「あなたは何をしているのですか」と別々に尋ねました。一人目の石工は「親方の命令でレンガを積んでいる」と答え，二人目は「レンガを積んで塀をつくっている」と答えましたが，もう一人の石工はこう答えたそうです。「私は，たくさんの人たちがお祈りに来る大聖堂をつくっているのです」と。つまり，何らかのミッションに共感して起こした仕事は，何よりも尊いという深層心理をついて問題を設定し直したことによって，共感を得たのです。

　目の前で問題が見えていても，視点をずらして，本質的課題に置き換える，この過程で問題のリフレーミング（課題の捉え直し）を行うことになります。つまり，「顧客が本当に欲しいものは何か」「人が求めている体験とは何か」といったことや，「自分たちが真に実現したいことは何か」ということを前提に，問いをつくり直していくことになります。

　図表１に見られるように，人間の認識フレームは，過去の経験や現在の環境，そして感情状態によって変化します。しかし，生まれて初期につくられた

図表1　人間の認知フレームとメンタルモデル

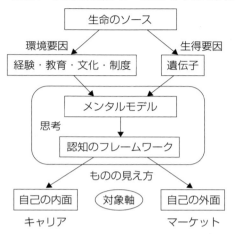

　フレームワークは変化しにくく，「フレームワーク理論」といって，認知心理学や発達心理学（特に，私たちの現実世界に対する認識・思考様式は，各々の知覚世界において構築されており，生涯を通じて発達するという構成主義心理学）の分野でも取り上げられているので，さらに深く学習したい方に紹介しておきます。

　イノベーションのためには，これまでの行動と経験・慣れを通した人間発達のステージのなかでの教育効果としての認知的な倹約（自分の持つ表象から推論し，自分に関係のない要素は情報処理の効率化のために無視すること）自体が障害となってきます。心の中のモデルとしての表象（シンボル）の書き換えが行われるケースとして，"危機"は成功体験を棄てて，「見えないものが見えてくる」「未来を創造する」よい機会であって，すべてを見直すための与えられた時間でもあるのです。

　周囲の資源を含む，環境や世界の見方を変えることによって，イノベーションのための能力を高め，このこと自体が不確実性の対処能力を高め，リスクを取ってでも複雑な環境・要求に対処する能力を高めていくことになるのです（後述のエピローグ274ページ参照）。

54　I　「心」の章

　これを鍛えるには，日ごろから「他人の立場に立つ」「対象に対して別の用途を考える」「視点を変えてみる」「なぜを繰り返して想像力を働かせる」といったことが必要となります。困難はチャンスだと捉え，積極的に視点を変えようとすることで，新たな視野と展開が開かれるようにすることが重要です。

　問題の枠組みを捉え直すテクニックとしては，

① 　明白な解決策から離れる。

② 　焦点や視点を変える。

③ 　真の問題を突き止める

④ 　抵抗や心理的な否定を避ける方法を探す

⑤ 　逆を考える

　それらに加えて，「自分を相手の立場に置き換える」「相手の立場に立って考えてみる」ことで共感を生めるマインドセットの土壌を創り出し，そのなかで思考過程を変え，行動変容につなげていくことが，未来を創造していくことにつながっていくのです。

デザイン思考（デザインシンキング）の進め方

　思考の道具として，近年着目されているのが"デザイン思考""デザインシンキング"です。米国のデザインファームIDEO社のCEOのティム・ブラウンは，2006年のダボス会議において，「デザインとは，ものをクールで美しく見えるようにするだけではない。未来を創造する手法としてデザイン思考を用いる企業があります」と述べて，注目をされ始めます。デザイナーのような思考法，デザイナーの感性や手法を体系化したもので，頭の中に浮かんだアイディアを形にしたり，調整することで，これまでの論理的な思考法（あるいはクリティカルな思考法）・マーケティング手法では生まれないような，新しいアイディアやイノベーションを生む機会を作っていくプロセス・手法と定義されます。IDEO社では，"デザイン思考"とはデザイナーの感性と手法を用いて，ユーザーのニーズと技術的な実現性，ビジネスとしての持続性を確保するため

の戦略を整合させていくことで，顧客価値をマーケット機会に変容させていく手法（discipline）であると表現されています。

デザイン思考は，プロダクトデザインやグラフィックデザインなど，狭義のデザインにとどまらず，経営やマーケティング・サービス開発，事業開発，社会開発等，幅広い領域において「デザイナー」のように思考するなかから，本質をつかんで新たな解を導き出すための，効率重視の企業のなかにあって，いかに創造性を発揮するかの取り組みとみることができます。

最終顧客を起点にして問題を抽出し，"人間中心のデザイン"で捉え，"共感"して"われわれが意識しようと行動を起こす"，その一連の解決プロセスを提供してくれます。エンドユーザー中心のデザイン，人間本位のデザイン（ヒューマニスティックデザイン）であるということです。これには，本質的な課題となる「正しい問題を見つける」ということと，形として表現しながら「正しい解を見つける」ということ。

それには様々な対象となる人々，ステークホルダー（利害関係者）が関わり，実際に経験して得られる顧客の真のニーズや欲求，感情に関して，相手の立場になって考える「共感」が重要となります。提唱者であるIDEO社のティム・ブラウンは，「つくるために考え，考えるためにつくる（"We Think to build, build to think."）」と述べていて，まず形から入り，いわば試作をして何度もつくり変えながら試すという作業をしていきます。そこでの失敗は織り込み済です。

「共感」とは，「自分の先入観を疑い，自分が正しいと思うことをいったん脇にのけ，本当に正しいことを学ぶことなのだ」とトム・ケリーとデイヴィッド・ケリーは述べています。通常の「共感」のイメージとは異なる点に注意が必要です。先入観にとらわれず本質を問い続けること，人間を中心に発想すること，そして，頭でわかった気にならずカタチにしながら考えること，といった姿勢がきわめて大切です。これには，観察力に基づいて仮説を提示し，それらを問題解決につなげていく一連の流れがあります。問題解決につなげるために，①ユーザーの分析，②共感，③本質的な問題の定義，④解決するためのア

56   I 「心」の章

イデアづくり，といった内容です。

1) まずは，「観察」（オブザーベーション）することです。自分ないし対象を徹底的に観察して下さい。行動観察は表面的なことだけでなく，「なぜ」「なぜ」を繰り返し，参加者の内面に関わる問題や顧客の深層心理もできれば観察し，インタビューをしていきます。「他人の人生の物語に触れることにより，自分の人生の物語が揺さぶられるのである」という，聞き上手になることが必要であります。「共感」を大切にするためには，「試行錯誤した試作品を市場に出し，問いを発し，注意深く観察し，熱心に耳を傾ける」ことが重要です。IDEO社の"デザインの思考過程"に関して，創業者の一人ビル・モグリッジは「インタラクション（相互作用）であり，人とモノ，人と情報，人と人，モノとモノといった関係を研究する」ことだといいます。

  もちろん行動観察の対象となるユーザーが自分自身であっても構いません。デザイン思考は，商品やサービスの開発の際に使われると思われがちですが，「人を中心」ということであれば，"キャリア"といった自分に向けられた事象に対しても求められることになります。

  これによって，「こうなったらこうなるはず」というメンタルモデルと，対象となるものの実装（実際のモノやサービス）との距離を縮めていく必要性があります。ここで"共感"が必要となりますが，「目的は何か」，「成果をどこに設定するのか」，複数の利害関係者（ステークホルダー）から反応を聞き出し，間主観（二人以上の人間において同意が成り立つ）状況をつくり出すことがカギとなります。

2) 対象が抱える本当の課題や問題，求めているものは何かを見つけ出す段階です。問題解決のためのユーザー分析（アナリシス），解決するべき問題の特定，構造化をし，イシューツリー（問題・課題の樹形図）を作成します。これには様々な書籍が出ているので，ホームページなどで参考にして欲しいのですが，マインドピースなどのソフトを使うのも一つの手です。複数で多様なメンバーの討議（ブレーンストーミング）によって，解決のためのアイデアを出していきます。これがアイデアの創出（アイディエーション）の流

れです。そして，1）から得られた課題やニーズから問題を定義し，仮説を
つくって下さい。

　仮説提示力のためには，"伝える"ためのストーリーが必要になってきま
す。そのためにもこのストーリーは，顧客の経験（UX）とコンテキストを
理解していくことが必要になるのです。

3）　さらには，このアイデアが本当に有効かを確かめるために「プロトタイピ
ング」をつくって何度もテストをしつつ，フィードバック・反復を繰り返し
ながら，より良いものに，スタイリッシュに不純なものを削ぎ落とす（リ
ファイン）していくことが必要になります。「プロトタイピング」とは，い
わば"試作品"です。得られた知見を基にコンセプトやモデル，理論を抽出
し，仮説を形成したプロトタイピングをつくります。プロトタイプを実験や
体験でリアルな環境におきながらテストし，アイデアの現実性を上げてい
くことになります。「こうしたらこうなるはず」というイメージ，すなわち
"メンタルモデル"は，実際にテストで経験したなかでカタチにしながら考
えることで，「未来からのシナリオ」が目に見え，それを現実につなげてい
く試みであるということになります。この一連の流れを感覚的に理解できる
ようになると，何度でも起業をしても失敗しないようになることになります。
未知の可能性の集合から情報を引き出す行為（専門用語で"アフォーダン
ス"という）にデザイナー的発想による，起業に向けた企画プロジェクト遂
行のための思考の道具であると理解できます。

　そして，提示された仮説を検証していきます。仮説の検証はアイデアの右
脳とロジックの左脳（「仮説−検証」の科学的思考）を交互に使いながら繰
り返しながら，実践していきます。

　これが，帰納法的に数少ない事業から全体像の仮説を立て，演繹的に仮説
が正しいのかを実行して検証する方法（アブダクション）です。ユーザーの
観察や分析，インタビュー等の活動を通して，顧客の理解や抱える問題に対
する理解を深めていき，そこでのテストにおける経験価値を共有し・共感し
て対象が抱える本当の課題や問題，求めているものは何かを見つけ出すわけ

ですが，ここで得られた重要な問題もあくまで仮説にしかすぎないという構造になっているわけです。

4) 1) 観察（Observation）／共感（Empathize）→2) 問題定義（Define）→3) 創造的考察（Ideate）→4) プロトタイプ（Prototype）→5) 検証（Test）を軸としたサイクルを進めて，実践と改善を短期間で繰り返して下さい。スタートアップまでは拡散志向，収束志向を繰り返すことになります。そしてこれらには，『ニーズからシーズへ』のバックとなる技術的可能性と持続可能性が問われることになります。

　『デザイン思考と経営戦略』（NTT出版，2012）のなかで，奥出直人によりますと，「デザイン思考は顧客を発見し，その顧客を満足させるために何を作ればいいか，つまりコンセプトを生み出し，そのコンセプトをどうやって作るのか，さらには顧客にどのように販売するのかまでを考えるビジネス志向の方法である」と述べています。

　またデザイン思考とは，人間中心デザインに基づいたイノベーションといえますが，一人の天才による大発明に替わり，チームプレイによりイノベーションを生み出すための一連の創造プロセスであるということもできます。

　しかしながら，デザイン思考の提唱者のティム・ブラウンは，「デザイン思考を推進する多くのデザインコンサルタントは，プロセスというトリックによって文化や組織に大きな変化をもたらしてくれるであろうと期待していた。デザイン思考のプロセスができた当初は，"クリエイティビティ（創造力）"という本当の産物を生む足場であった。しかし，ビジネス界でアピールするために，乱雑さ，衝突，失敗，様々な感情，議論の繰り返しといった創造を生むプロセスの一部を剥ぎ取ってしまった。企業のトップやマネージャーの理解がある数少ない企業でのみ，本当の意味でのデザイン思考のプロセスによって本当のイノベーションが起こっているが，その他多くの企業ではそうではない。デザイン思考の実践者として，またコンサルタントとして，今このデザイン思考のプロセスの成功例は非常に低い確率であると言わざるを得ない。」と警鐘も鳴らしています。

デザイン思考自体が導入の目的であってはなりません。デザイン思考は単なる手段でもありません。大事なのは、目的をはっきりさせ、事業の「ミッション」を形にするという意識です。そして、基本的にデザイン思考は、「問題解決」よりも「可能性の創出」に力点があるものでありますので、他の手法と掛け合わせることで、問題解決に向けた相乗効果が期待できるでしょう。

そして、イノベーションを起こすためのスタートと位置づけ、全社的な組織文化の変革につなげられるかがキーとなるわけであり、これらは、経営組織としても、デザイン思考からイノベーションを創発するためのヒントが隠されているのです。

システム思考

解決したと思ったことが表層的であってまた元に戻ってしまったり、悪化したことはないでしょうか。失敗が繰り返されたり、回復したと思っていたことが、かえって根本的な解決が遅れて取り返しのつかなくなってしまったことはないでしょうか。

起業活動には、「情熱を仕組みに変える」ことが必要ですが、物事を見えている部分だけではなく、システムとして全体的にとらえて、要素間の相互作用に着目するアプローチも重要です。すなわち、「構成要素がつながっている」「構成要素の間に相互作用がある」「目的をさまざまな機能を有する構成要素の相互作用を通じて達成しようとする」といったことが、いわゆるシステム思考の重要な特徴なのです。

本質的な問題を解決するために、目の前の問題の周りの要素だけでなく、俯瞰して要素間のつながりにも着目します。多くの関係者のいる状況では、それぞれの立場やものの見方を知ることで、全体を複眼的な視点で見ることによって、見落としていた関係を拾ったり、一面的な見方を避け、根本的な問題解決方法を導き出すことができると考えられています。

60　Ｉ　「心」の章

　例えば，「日本では起業が少ない」「日本は起業家精神が世界で最も低い」ということの具体的な理由として，分析的思考では「起業願望が低い」「実行に移す意欲が低い」「野心が低い」「失敗に対するリスク感が強い」といったことの背景がなぜかを示そうとします。それへの対策として，一つには「起業の実態に触れる機会を増やすことで，起業に対する関心を高めていくこと」が挙げられてきます。あるいは，起業した後の不安を解消するために，安定した生活基盤を完全に保証することも原因への対策として採り挙げられるでしょう。即ち，現状から様々な問題点を挙げ，その結果足りないとわかった問題点に手だてを講じようとします。一方，システム思考では，単に起業機会の不足だけを問題視するだけではなく，起業機会がどのように活かされて起業に結びついているのか，時間軸と空間軸をみて提供するしくみはうまくいっているのかなど，より大きな全体としての視点から問題を捉え直し，他の部分との関連性から問題を位置づけて，トータルとして起業機会が向上する手だてを講じていきます。つまり，分析的思考では，起業機会という限定された領域で綿密に分析を行うことでより正確に事実を捉えようとしますが，システム思考では，「起業機会」という領域を取り巻く全体の状況を捉えて，部分的な改善策ではなく，全体がうまくいくような解決策，つまりレバレッジ（ある種のツボ）を探していくことになります。そのためにも様々なシステムを分析することで，システム独自の特徴や構造を理解して，考え方の前提となっている「メンタルモデル」を変化させていくことが重要です。

　このようにシステム思考は，要素（あるいはアクター）を連関したつながり・ネットワークである様々なシステムを対象に，変化の構造やプロセスに着目した，効果的な変化を起こすための考え方です。それは，多くの構成要素が互いに相互に影響を与えながら，全体としての目的を達成する営みを行っているからです。

　まとめると，システム思考によって未来を創造したり，課題解決を行ったりしようとします。その際には①「課題を設定する」（問題の立て方のフレームワーク）→②「パターンを見る」（時系列のプロセスや繰り返される動きを見

る）→③「構造がどうなっているのかを仮説として立てて検証する」（"なぜ"を何度も問い直して，サブシステムを含めた動的なパターンの検証を行う）→④「働きかけを探る」（上部と下部，あるいは表層レベルと深層レベル・現象とメンタルモデルを通して，持続的な変化の構造を探る）→⑤「アクションプランを立てる」（目標に合わせてシステムに働きかけ，持続的な変化を生み出せるように再設計する）→⑥「行動・実験する」（実際に繰り返しうまくいった場合は行動へ，未知のものは実験的に進める・"リーンスタートアップ"はここに該当する）→⑦「学習し，拡げる」（システムの効果の検討・学習および資源の投入）。そして，「仮説―検証」を切り返しながら，レバレッジ（梃子）を利かせるポイントを見つけ・確認しながら，全体を俯瞰するような仕組みを導き出していくことです。

　真の解決には，どのように問題を捉えるかによって，つまり，認識の仕方によって問題の全体像が異なってしまうということです。要素間の相互作用を捉えた解決法で，そこでは唯一絶対の正解は存在せずに，ある見方，ある認識の上に立った多様なメンタル・モデルによる解決策であるということがいえるでしょう。

　具体的に，複雑な相互作用のネットワークが全体としてシステムをつくった場がエコシステムであり，技術の集積や発想の共創が行われる場として捉えられます。

　システム思考がデザイン思考と組み合わせることで，高いところから俯瞰したデザイン思考（メタ思考）が可能となるでしょう。なお，慶應のSDM（システムデザインマネジメント）は，その代表的研究教育機関です。

シナリオ・プランニング

　不確実性の高い不連続な変化が起きる環境の下で，ストーリーをつくって未来を描き創造し，意志をもって"将来の絵"から実践を通じて現実化していくことが，「シナリオ・プランニング」の肝であるということです。そこで，例

I 「心」の章

えば，「楽観的」「現実的」「悲観的」「破滅的」といった，複数の起こり得る可能性のシナリオから逆算して，将来を選択し，成功のために何が必要であるかを考えていくことができます。その結果，よりよい未来を創り出すことができるといいます。

シナリオプランニングは，最近，様々な商品開発や経営，社会的な問題にいたるまで，様々なかたちで取り上げられ，活かされています。自己像を見つめ直し，未来のシナリオを考えるキャリアの方向性を考えることでも用いることができます。

元々は軍事計画からではありましたが，望ましい未来の状態を着地点として，①どのようなことが起こり得るのか，それに対して②どのような選択肢があるのか，行動のためのプランをストーリーで描くことです。シナリオは1つである必要はありません。直観的に全体を理解しわかりやすく伝えるためであり，そのなかで個々の役割やしなければならない行動（ジョブ）をイメージしていくことです。起こり得る未来を想定して，複数の異なるシナリオを描き，成功要因を明らかにしたうえで，自分たちが主体的に未来を選択して行動し，世界を創造していくということになります。

システム思考の③「構造がどうなっているのかを仮説を立てて検証する」の，一つの手法としても使われることも多いのです。

それでは，どんな未来を描けば優れたシナリオが生まれるのでしょうか。

① 自分たちが何を目指しているのか，
② それに望ましい未来の状態は何か，
③ そのプロセスで何が起こり得るのか，
④ 選択肢や行動の仕方があるのか，

それらをイメージとして描くことになります。

ストーリーは筋書きがあって，流れの中でそれぞれのシーンを想定し，配役を決めていく作業です。これは自分自身，あるいは自分の所属する組織の"将来の絵"を描くことです。そして，そのための役割や行動のあり方をイメージすることです。それには，様々な立場や価値観の異なる人やステークホルダー

が関わることが求められます。それによって，幅広い情報ソースから多様な価値観を吸収し，視野を拡大した，未来の方向性を共有するプロセスであるということができます。

まずは，未来を動かす原動力をできるだけ多様な観点から挙げてもらいます。とりわけ，未来の分岐点となる不確実で影響力のあるファクターを挙げて，重要度の高いものから順位付けを行います。それらを組み合わせたシナリオをつくります。

「現在見えているトレンドは何か」→「それに基づいて確実そうなテーマは何か」ということです。もう一つが，「見通しが不確実なテーマは何か」→「不確かなテーマのうち何に一番着目すべきか」→「二番目は何か」ということです。

例えば，「再生可能エネルギーの将来」というテーマでは，風力発電や太陽光発電，地熱発電といった課題と予想普及率を挙げることになりますが，確定的要素と不確実な要素を考えてみてください。これに関して，再生可能エネルギーと既存エネルギー（火力，水力，原子力等）を取り巻く顧客や利害関係者の意識，技術の進展度などの確実なこと，不確定なことを挙げてみます。

これに関連して，2004年に制定された旧新日本石油株式会社のシナリオプランニング運動の「2020年のシナリオ」がありますが，ここでは，「われわれのライフスタイルと社会システムは，今後，持続可能な発展の考えかたを取り入れるのだろうか。」ということと，「新エネルギー技術の開発と普及は，現在から2020年までの間に，どのように進むのか。」という2点に絞られました。ちなみに，確実なことは，「自社の存続」「企業活動の社会的受容性」「持続可能な社会の実現への貢献」の3点でした。

ここから，X軸に「新エネルギー技術（進展―停滞）」，Y軸に「社会システムとライフスタイル」（サステナビリティ・環境経済両立志向)」から4つのシナリオが作られました（次頁「2020年のシナリオ」参照）。

第1の未来世界は，社会システムと人々のライフスタイルに持続可能な発展の考えかたが浸透している，しかも新エネルギー技術の開発・普及が進展する

64 I 「心」の章

世界。→シナリオⒶ：ニュー・フロンティア

図表2　再生可能エネルギーの将来

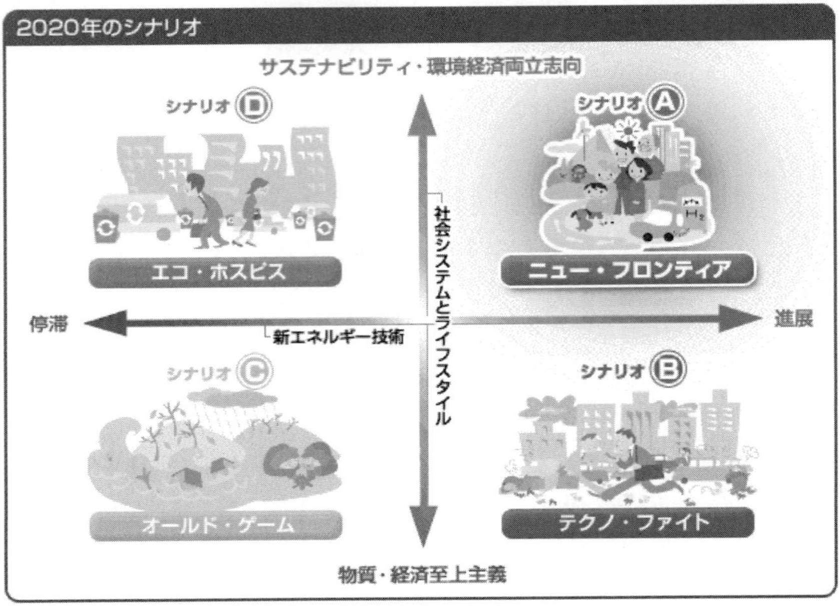

（出所：新日本石油株式会社 ホームページ）

『新日本石油環境ビジョン』の骨子は以下の４項目に整理される。
● 地球環境と調和したエネルギーの技術開発を推進し．新エネルギーへの転換を牽引してゆくとともに，多様なエネルギーインフラの整備に取り組む。
● 新エネルギーの技術を開発し続ける。
● 環境負荷が少なく，かつエネルギーを効率的に利用できる商品を，使用する文化を育てる。
● 環境にやさしいエネルギー・商品を提供し続ける。

出所：角和昌浩「シナリオプランニングの実践と理論：第一回　規範的シナリオの事例とフランス学派の理論」『IEEJ』2005.4.
http://eneken.ieej.or.jp/data/pdf/1030.pdf

志をかたちにする：キャリアとしての起業　　**65**

第2の未来世界では，社会システムと人々のライフスタイルに持続可能な発展の考え方が浸透してはいるものの，新エネルギー技術の開発・普及が停滞している世界。→シナリオⒹ：エコ・ホスピス

第3の未来世界では，新エネルギー技術の開発・普及が停滞したままの状態で，しかも社会システムと人々のライフスタイルは物質・経済至上主義の価値観が支配し，持続可能な発展の考え方が取り入れられていない世界。→シナリオⒸ：オールド・ゲーム

最後に，第4の未来世界では，物質・経済至上主義の価値観の社会が現れている一方，新エネルギー技術の開発・普及が進展している世界。→シナリオⒷ：テクノ・ファイト

間もなく，東京オリンピックの2020年を迎えますが，現実はどのシナリオに近づいているでしょうか。

シナリオ・プランニングは，組織の文脈でいえば，組織のメンバーに「考える癖」を身につけ，メンタルモデルを拡大する思考プロセスにつながるものと考えられています。そして，未来の環境変化を危機から機会創出につなげて，過去に縛られない学習を組織内部に蓄積できるようになります。

キャリアの文脈でいえば，今後の5年間，10年間の自分自身を描くに当たって，異なる三通りのビジョンを描くことにします。そして，どれか一つを選び，経験を加えながらビジョンの修正を加え，練り直していきます。先輩起業家の経験談を聞いたり，自分の人生のメンターを探すことで，人生の設計図＝自分自身の描いたキャリアのプロトタイプをつくり変えていくことにするのです。

これらは，準備から実行までの行動指針をつくり，確実性の高いプランから，未来における将来性を示すためのプランまでが必要となります。そのためには，現在の延長で未来を見るのではなく，未来の姿から現在を見るということが重要になりますが，そのためにも多様な仮説を提示していく必要性があります。

このシナリオプランニングには「未来適応型」と「未来創造型」の2つのアプローチがあります。不都合な未来であっても，それを前提に想定していくことが新たな未来を創造していくことにつながるのです。

【図表３　シナリオプランニング２つのアプローチ比較】

	未来適応型	未来創造型
目的	将来何が起こっても順応できる能力を強化する	将来に影響を与え，改善する
作成者の姿勢	観察者	主体者
シナリオのタイプ	未来の可能性は複数あり，それぞれが同じ確率で起こることとして扱われる	未来の可能性は複数あり，自身と他の人々が取る行動によってどの未来が展開されるかが決まる（選択するシナリオがある）
作成者	・一部の識者 ・専門知識が重んじられる	・多様なステークホルダー ・作成者の多様性が重んじられる
重視するもの	リサーチ・定量分析によるシナリオの精密度	対話による作成者の心からの同意

川口大輔『企業と人材』（産労総合研究所）2009年９月５日号より

　川口大輔（2009）によれば，組織全体の学習につながるとして，以下の５点を挙げています。

　　・幅広く情報を得ることができる

　　・視野が拡大する

　　・影響関係がわかる

　　・異なるステークホルダー同士が，お互いの理解を共有化する

　　・未来の方向性を合わせることができる

ジョブ理論

　"ジョブ"なので"キャリア"に関する理論と思いきや，"マーケット"に関する理論です。

　消費者によるプロダクトの購入を，"ジョブ"「（仕事）を片づけるものの雇用として考える」理論という意味であり，考え方として，私たちは問題解決のために商品やサービスを購入するという考え方に立ちます。新たなこれまでに

ない商品・製品やサービスに関して，具体的なシーンを想像してそこから逆算して何をすべきかと考えることです。

ドラッカーいわく，「企業が売っていると考えているものを，顧客が買っていることは稀である」との表現もありますが，ジョブ理論は，活動のシーンや時間の使い方をイメージしながら，問題を解決できる生活シーンとしての"ジョブ"を前提とします。

これまでのマーケティングでは，商品と顧客のニーズはワンセットで考えられてきましたが，元来「ドリルを買う人が欲しいのは『穴』であって，"ドリル"ではありません。」という考え方もありました。モノが売れなくなったのは，物づくりの視点だけでなく，ニーズと商品の不適合にもあるのです。例えば，吸引力の強いサイクロン式掃除機で有名な英国のダイソン社の社長ジェームス・ダイソンが，「掃除機が話をできる必要はありません。掃除機と話をする時間があれば，もっと他のことに時間を使って下さい」と述べているのは，この理論の本質の的を得ています。顧客の目線で「掃除をする」というのが"ジョブ"に当たり，それから生まれた商品がかの有名な"ルンバ"です。

いわゆる"イノベーションのディレンマ"（優れた商品の技術を持つ優良企業がこれまでの延長で改善を行うなかで，新現の技術や発明による後発企業に遅れをとること）で有名なハーバード・ビジネス・スクールの"クレイトン・M・クリステンセン"は，消費者によるプロダクトの購入をジョブ（仕事）と見立てて，うまく片付けることができたら雇用し，できなかったら解雇という考え方に立ってこの理論を構築しました。職務中心で転職の多い米国の労働市場に立った理論です。

ジョブには，機能面だけでなく，感情面や社会的評価につながる側面もあります。

「ジョブ理論」というレンズ（視点・着眼点・着想）を通すことで，皆と同じものを見ても違うように見えてくるわけです。ここでは商品やサービスではなく，具体的なソリューション（解決策）をイメージできるかたちにすることを中心におきますので，"Why"を何度も問い直し，"What"ではなく"How"

68 I 「心」の章

を追究してソリューションを提案していくわけです。

　新しい思考様式やモノの見方・見え方を変えるという「メンタルモデル」を追究しなければ，真の分析にはならないという見解であるともいえます。

　そのため，目の前にある“ジョブ”の発見のためには，

(1) 生活に身近なジョブを探す（複雑な感情のゆらぎから，同じ消費者行動でもそれぞれ異なる動機がある）

(2) 無消費者（何も消費をしない人）と競争する（手つかずの市場の開拓）

(3) 間に合わせの対処策

(4) できれば避けたいこと

(5) 意外な使われ方（消費者が提供した企業の製品の目的とは別に活用）

　現在の商品やサービスの障害に対して，現状のジョブ（事業）の解決とは異なる解決策を提案すること（コンセプトアウト），つまりより良いジョブに合った代替の解決案を出していくことです。このようにジョブは，そのフレームの内側にあるリアルなニーズから事業機会を創出することです。

　そこで，機能や性能ではなく，顧客体験が優れているか否かの顧客の体験のストーリーをデザインすること（ジョブスペック）が重要となります。このなかで究極的な競争優位性で得た製品・サービスを，パーパス（目的）ブランドといって，Uber，イケア，リンクトイン…などが，これからのキングとなるブランドになると指摘します。

　常に，一過性でなく持続的な商品開発は，技術を使う相手とシーンを想像するなかでサービスや製品を作り上げることであって，そのことはデザイン思考とも親和的です。

　そしてジョブは，より本質的なデザインに再定義されて，新たに雇用を生み出していくのです。

　人的資源（キャリア）の文脈でいえば，例えば，ライフネット生命の出口治明，岩瀬大輔の「2トップ体制」は知名度が高いが，二人は年代も，それぞれの経歴の背景も異なっているタイプの違うパートナーでした。“ネットでの生命保険の実現”という，いわば“ジョブ”を基準に仲介者を通して初めて出会い，

ネット世代である若い世代から絶大な支持を得て，異種融合でコストを削減した新たな保険ビジネスが誕生していくことになります。

U 理 論

　MIT（マサチューセッツ工科大学）のオットー・シャーマーが，世界の多様なトップリーダー達130名にインタビューし，リーダーのあり方に関して紡ぎ出された理論です。「何をどうやるか？」ではなく，「その行動をどこからやるのか？」ということです。「何をどうするか」は，過去の学習であるPDCAサイクルで回せば良いのですが，「その行動はどこからやるのか」は，本来の自分を見つめ直すことでもあります。

　「どこから」というのは，行動の基点にあたるもので，一つの答えは「源（ソース）を基点にやる」ということになります。源（ソース）を基点に行動しているトップリーダーの共通点として，どんな場面でも「何者としてその場にいるのか？」という「あり方」が体現されているということが挙げられます。リーダーが「源」に近づくというその能力を開くとき，"覚醒"から未来への可能性が開くということになります。先入観を排し，観察し続けることを通して，行動の基点を源（ソース）に近づくように転換していきます。そして，自分自身を通して，出現しようとしている未来（＝知っているもの）を迎え入れ，それを具現化，実体化していくというプロセスを築いていきます。

図表4 "過去"からの学習と"出現する未来"からの学習

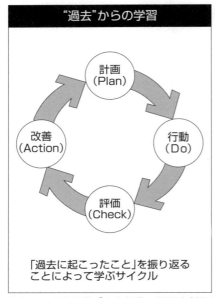
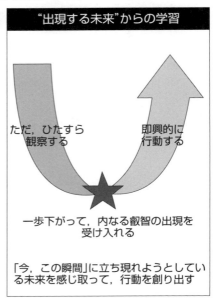

出典：中土井僚著『人と組織の問題を劇的に解決するU理論入門』PHP研究所，2014年

　U理論は，①センシング（ただ，ひたすら観察する），②プレゼンシング（内省する。内なる知が現れるに任せる），③クリエイティング（素早く行動に移す）の大きく3つに分けられます。特に「U」の谷の部分の「プレゼンシング」についてです。ここでは，創造性を引き出す，根源的な問いが出てきます。それは，「私は何者なのか？また，私の成すことは何か？」ということです。自我（エゴ）や習慣的な「自己」を捨て去り，より高い次元の「自己」とつながります。この自己を「本来の自分（オーセンティックセルフ）」などといいます。この本来の自分とつながり，発せられる言葉は，共振するかのように他の人に響くといわれています。この「本来の自分」とつながり，行動を起こすことで生まれるものがイノベーションであり，変容ということになります。

　具体的なステップは，

　①　ダウンローディング：「過去の経験によって培われた枠組み」の内側で，

自分の思考や意見などが再現され，とらわれている状態を指します。

② 観る：「頭の中ではなく，目の前の事象，状況，情報に意識の矛先が向けられている状態」の判断を保留して，現実をゼロベースでみようとします。

③ 感じ取る：過去の経験によって培われた枠組みが崩壊し，場における対話の相手の目などを通して，そのフレームの外側から現在の状況や自己を観ている状態（内省）を指します。

④ プレゼンシング：自身の最も深い源につながる能力によって，未来が部分からではなく，全体性から未来が出現する状況を指します。共鳴・共振して，自他の区別なく新たなステージに達することになります。

⑤ 結晶化：未来の可能性から，自己の意図・ビジョンと方向性を自分の源から掬い上げようとします。

⑥ プロトタイピング：出現する未来から生まれたインスピレーションを現実化するべく，プロトタイピングして世に出していくことです。

⑦ 実践：新しいやり方，仕組みとして実体化します。

この理論を提唱したオットー・シャーマーは，これらを引き起こす行動の源は，社会的な土壌にあるといいます。それがあれば種を蒔くと芽を出しますが，過去の経験の枠組みにとらわれるのではなく，それは過去の延長ではないイノベーションということになります。

それは「内面の状況」によるイノベーションのレバレッジ・ツボでありますが，「今，この瞬間」に立ちあらわれようという未来を感じ取って行動をつくり出すことであります。自分の源の声を聞きながら変化や創造につなげていく，この書名の副題にもある "イノベーティブな生き方" であるということにもなるのです。

■ 解 説

これまで述べてきたように，課題は事実として存在するものではなく，人が捉え直すものです。そこで，自分だから捉えられる課題を見つけ出し，その解

決策をつくる力がポイントとなります。これまでは，合理的な思考法でものごとを直線的に捉えていく思考法が中心でした。例えば，コッターの「プロダクト・アウト（自社の技術シーズ先行型）／マーケット・イン（顧客のニーズ先行型）」は，それが需要と供給が量的にマッチすることを前提として区分（概念化）されたものです。需給の関係が逆転する（モノ余りの）流れのなかで，「マーケット・イン」が重視されるようになってきたという見解が中心的に論じられてきました。

　しかし，質の側面でいえば，本当にそれが必要かどうかはわかりませんし，人によって用途も様々であり，「ジョブ理論」はそれを前提として構築されたものでした。

　しかし近年では，ストーリー性を重視し，企業側がコンセプトを発表し，イノベーションの源泉は現場にあるとの認識から，そのコンセプトを実現するためのプラットフォーム（製品開発やサービスのスペックの集積している基盤）をユーザーにオープンにして開放し，「何ができるか」を対話していくことになります。その際には，事業そのものが社会に寄与し，結果的に大きな生産性を実現するプラットフォームであることが，事業戦略（ブランドデザイン）の条件となります。

　このことは，ビジョンを売る「コンセプト・アウト」と表現されますが，それを受けて顧客の要望を受け取ることが「デマンド・イン」です。お客なんだけど，そのビジョンを共に目指すことに満足感を覚える，そんな関係性の構築です。これらの考えに共通するのは，試作を繰り返して，プロトタイピングに対する使い勝手に関して，顧客と何度も対話していきながら新製品やサービスをデザインしていくことにあります。そして，顧客との対話の中から，既存の製品やサービスに対する不満や潜在的な課題を導く出すことにあります。

　例えば，観光や物産をどのように地方創生につなげていくかについて，「プロダクト・アウト」「マーケット・イン」と「コンセプト・アウト」「デマンド・イン」の観点から捉え直してみましょう。

　まずは「プロダクト・アウト」ですが，これは地元の名産や何らかの地域資

源を外部に売り込むという発想がそれに当たります。

「マーケット・イン」となると，例として国ごとの外国人観光客のニーズを分析し，セグメントした市場にターゲットを定めて，そこに対象となる外国人に顧客満足につながるように，差別化によって独自のポジションを確保するために宣伝をかけていくということになるでしょうか。

次に「コンセプト・アウト」ですが，これはある種のコンセプトをつくる側が提示し，それを周囲の仲間のみならず，お客様に評価をしてもらいます。例えば，何らかの新たな特産品をつくり，地元の住民や観光客の評判や評価を訊いて何らかの修正や改善を行い，そのうえで本格的にその中でも評判の良かった特産品をお店に並べるということになるでしょうか。「デマンド・イン」とは，「コンセプト・アウト」とセットで考えるべきもので，常にお客様の意見を参考にしながら，場合によってはお客様が加わったチームを組んで，新たな付加価値を生み出していくというプロセスをたどることになります。

このプロセスを高めていくと，ブランディングに通じることになります。ブランディングは，潜在的な課題の解決策であるコンセプトを起点として構築されるべきです。そして，現状を把握したうえで

① 課題とざっくりした大きな目標
② 具体的な課題解決に必要なシーン
③ 問題のハードルを捉え直す（リフレーミング）とコンセプトを打ち出す
④ 使い勝手などを顧客や取引先との対話して，プロトタイピングを小規模で実験的に試作を繰り返す

ヒューリステックに試行錯誤しながら失敗を恐れずに，そのうえで課題遂行につなげていくことになります。

実はこれらには，これまでのアプローチとは異なる人間の深層心理に根ざした課題を解決していこうという考え方に満ちていますので，そこでヒントとなる臨床心理学の２つのアプローチを取り上げます。

その臨床心理学における対照的な２つのアプローチには，問題や原因を追究してその病理を除去していくアプローチ（問題志向アプローチ）と，「その人

がどうなりたいのか」といったクライエントの望む状態を目指し，現在のリソースを活かしながら強みにつながる「望ましい未来」を描いて，寄り添って進めていくタイプ（解決志向アプローチ）の二つの方法があります。

　前者のアプローチでは，「日本ではなぜ起業が少ないのか」という原因を追究して，諸外国と比較しながら制度的な問題を改善したり，様々な起業支援施策を講じようとすることが解決策になるのかもしれません。しかし，現実はどうだったでしょうか。

　後者のアプローチでは，本質に根差した問いの立て方に変え，その問いを解決するためにクライエントとセラピストが迷いや不確かな目標を共に支えつつ支えられながら対話し，探していくことが重要となります。「起業」自体が目標とならずに，「自分の目指すもの」「自分の志」「自分のミッション」がその底辺にあって，それを実現するために2人以上のメンバーが協力して何が必要かを問い，結果として"起業"という選択肢をとることになります。したがって，ここでのものの見方や考え方はプラグマティズムが基本にあり，また「相手の立場に立って考えてみる」（共感力）が問われることにもなります。それは，"デザイン思考"や後述の起業家行動としての"エフェクチュエーション"にも概念的に響き合っている側面が強いのです。

　また後者は，ソリューション・フォーカスト・アプローチ（SFA）ともいって，組織や社会に対しても応用できるものです。

　"PDCAサイクル"とか，"RPDCAサイクル"という言葉を聞いたことがあるでしょうか。PDCA（Plan：企画立案 → Do：実践 → Check：成果・結果評価 → Action：改善策実施）と使われているが，これにR（Research：実態調査・診断）を加えて進めていくことが，一般的には一つの仕事のサイクルとして認識されており，これは管理学の基本に据えられています。

　他方で，今回取り上げたのは，①現実を知るモード（リサーチ・分析）→②自分の中で作り込むモード（課題のフレームの作り直し・プロトタイピング），→ そのうえで③現実・実現化するモード（答えは一つではなく「答えを導き出す」世界から「答えを創り出す」世界へ）の流れです。多くの場合，計画も

方向性もないままに様々な行動を起こし，何でも実験することによって「仮説
―検証」のプロセスが重なり，予想しない新たな進歩が生まれます。

　それに対して，米軍が行っているマネジメント「D-OODA」のループは，
今回取り上げた後者を発展させたものです。田中靖浩著『米軍式　人を動か
すマネジメント：「先の見えない戦い」を勝ち抜くD-OODA経営』（日本経
済新聞出版社，2016）によると，「D-OODA」とは，Design（デザイン）に
Observe（観察）－Orient（方向づけ）－Decide（決心）－Act（実行）の流
れでいくのです。統合・集権的なセクションが計画をデザインし，そのうえで
指揮官が情勢判断に基づいて全体の指針を提示し，幹部達と対話して情報・経
験・知識を共有しながら相互理解を進めていきます。数値情報だけでなく，問
題の本質を問い直した上で解決策を探る，いわば「コンセプト・アウト」を行
います。そのうえで，「目標，方法，資源，リスクを分析・検討する」，最後に
作戦の大筋（シナリオ）を可視化していきます。シナリオの立て方は「シナリ
オプランニング」の項目で確認して下さい。

　細かくマニュアル化されていないことにも注意が必要です。それによって自
由な裁量の範囲が決まってきます。ちなみに，こうした方式は，ディズニーの
キャスト教育にも取り入れられており，東日本大震災のゲスト（顧客）誘導の
時にも効果を発揮しました。

　これらに共通するのは，まず第一には「自己認識と世界の見方の変更」です。
この過去の枠であり，思い込みのことを「メンタルモデル」と言います。まず
は，このメンタルモデルを発見する必要があります。この思い込み（メンタル
モデル）を解消するにはどうしたらいいのでしょうか。第一段階は，その思い
込みや囚われていることに「気づく（アウェアネス）」ことです。これで，メ
ンタルモデルの半分は解消されるともいわれています。自分を俯瞰しているも
う一人のメタな自分を置いて，心に起こっている動きや体感に意識を向けると
気づきやすいと思います。“マインドフルネス”にも通じることですが，頭が
熱くなったり，胸がぎゅっとなったり，呼吸が浅くなったりと体感で気づくこ
とができます。また，多様性を担保しなければなりません。そのためには，多

76　Ⅰ　「心」の章

くの異なる視点が重要となるので，多様なタイプの人材が必要となります。

　第二には，これらの共通点として，実際にプロトタイプを開発して小さな場所を決めて顧客に持ち込んで検証し，良い評価を得られればそこからスタートすることです。こうした考え方は，プチ起業と呼ばれたり，ビジネスモデルの開発手法として使われる"リーンスタートアップ"（テストをしてから，大きく勝負する）にも通じるものです。「構築―計測―学習」の流れで身近な実験を繰り返し，失敗のダメージを少なくするために，最低限のコストと短いサイクルで仮説の構築と検証を繰り返しながら顧客の反応をフィードバックして，トライ＆エラーで市場やユーザーのニーズをかたちにすることで，早く仮説と検証を行うことによって，起業の成功率を上げようとしているのです。

　これらは，ビジネスを考えるに当たっての基本となりますが，対象となる軸が，商品やサービスといったソトのモノやサービスとなるのか，ウチである自分という，人生上のキャリアを革新させていくうえでの軸となるのかによっての差異こそあれ，本質的な側面やプロセスがキャリアであってもマーケットであっても変わりません。

　明治大学の野田稔教授が，「自身が繰り返して，それに対する使い勝手を顧客と対話するようなプロトタイピングも必要になるためです」（Microsoft社のSpecial Interview「なぜイノベーティブな働き方が必要なのか　その重要性と具体的な実現法とは？」より）と指摘されているように，自身に対する対話ができなければ顧客に対しての深層心理に突き刺していくことはできないのです。

志をかたちにする：キャリアとしての起業　**77**

【2つの臨床心理学的アプローチと経営の思考方法】（嶋根が独自に作成）

臨床心理学的アプローチ	課題焦点アプローチ	解決焦点アプローチ
時間軸のパースペクティブ	過去の延長で考える思考法	未来から考える思考法
	フォーキャスティング（積み上げ）＋目標志向	バックキャスティング（逆算）＋目的志向
	未来はコントロールできる	未来は様々な可能性がある
空間軸のパースペクティブ	機会の発見	機会の創出
	原因の追究とそれの対策による改善	望ましい姿・本質からの課題の再定義と対話による問題解決
	クローズド	オープン
管理手法の目的	ルーティーン化に向けた安定	イノベーティブな付加価値の創出
マネジメントサイクル	R－PDCAサイクル	D－OODAサイクル
メンタルモデル	過去の経験学習（フレーミング）	未来のシーンからの探索学習（リフレーミング）
顧客・市場との関係性	プロダクトアウト／マーケットイン	コンセプトアウト／デマンドイン
顧客へ向けた手法	マーケティング	デザイン思考
顧客のプロダクトの購入	ニーズとのマッチング	ジョブ（シーンのイマジネーションからデザイン化）
問題解決へのルート	線形的	非線形的
解決策の考え方	答えを導き出す（デジタル的）	答えを創り出す（アナログ的）
	弱みを改善して解決を目指せ	弱みを改善するより強みを伸ばせ
解決のための根拠	エビデンス	ストーリー・テリング
経営者の思考様式	コーゼーション（必要な資源の準備・獲得）	エフェクチュエーション（手持ちの資源の活用）
機会に対するアプローチ	因果律（ロジカル・クリティカルな思考）	偶然性の獲得（セレンディピティ）
イノベーション	持続的イノベーション	破壊的イノベーション
主な対象	1→10型（発展）	0→1型（発見・発明）
中心となる生み出す対象	モノづくり	コトづくり

78   I 「心」の章

コラム⑤

ジョブズの禅とマインドフルネス

　アップルの創業者である故スティーブ・ジョブズが，世界遺産である京都の臨済宗の西芳寺（苔寺）に家族とお忍びで訪れていたといいます。ジョブズは禅の信奉者ですが，（日本の禅には鎌倉時代の「臨済宗」，「曹洞宗」，江戸時代の「黄檗（おうばく）宗」とありますが），ここでは臨済禅と曹洞禅からジョブズへの影響を読み解こうと思います。まず，臨済禅は人と人が向き合い公案と呼ばれる厳しい禅問答を行います。ジョブズは「今日が生涯最後の日だったら」と問い続けることで，時には冷徹に重要な決断を下してきたと語っていますが，こうした考え方も臨済禅の禅問答から語られたとも言えます。皆さんも，「人生の終わり」を意識して，今何ができるかを考えてみましょう。臨済禅では一休さんの頓智（とんち）が有名ですが，「頭に卵の大きさのバターが載っている。それが徐々に溶け，とろりと体に染み渡っていくさまをイメージする」。そしてそれを繰り返すことで禅の境地に入り，万病が治るどころかどんな道でも成就できるという，白隠禅師が説いた牛乳を煮詰めた古代のバターをモティーフにした「軟酥（なんそ）の法」という内観法の実践です。これは"マインドフルネス"に通じるものです。

　他方で，壁と向き合って，ひたすらあるがままに座禅に打ち込む姿勢を曹洞禅では只管打坐（しかんたざ）といいます。これは，「初心忘るべからず」「シンプルこそが最高の洗練」を掲げて，これまでの既成の概念をリセットしてゼロベースで無心に思い込みを捨てる，つまり忘れる，これが福井県の永平寺で出家しようとしたジョブズらしい美意識であり，哲学であるといえましょう。「ジョブズは内なる心に耳を傾ける」ことで心の壁を取り払い，ゼロベースで見つめる機会であったのであろうと思われます。それは別名「目醒めの宗教」ともいわれ，アクティブに周囲からの圧力による人生の変化に抵抗する哲学であるともいわれます。いずれの禅も視野や概念枠を壊す役割を果たしていることは注目に値します。

　次に，グーグル社員5万人の「10人に1人」は実践し，アップルやヤフー等も導入していて，欧米企業を中心に研修で導入されるなど爆発的な人気を誇る「こころのエクササイズ」というべき"マインドフルネス"を取り上げてみましょう。禅から宗教色を取り払った"マインドフルネス"は，自分の身体感覚や気持ち（気分）の状態に気づく力を育み，しなやかで豊かな心を生むとされている呼吸法と発声法，体を観察する瞑想（めいそう）法から成ります。"Search inside Yourself"，つまり"自分自身の内面を探求せよ"ということです。マインドフルネスは，今の自分に「気づく」ことを目指し，「今この瞬間」の自分の体験に意識して注意を向けて，現実をあるがままに受け入れることです。「今という瞬間に，余計な判断を加えず，自分の人生がかかっているかのように真剣に，一つのことに集中して全力を傾け，身体の感覚と今ここでの「気持ち」に気づくようにします。

　一連のプロセスは，日常の目的意識の中で築かれた壁を壊す，物事の本質に対する気

づきであり，迷いへの解毒剤であり，ある種の「力」であると考えられています。こうした能力が特に力を発揮するのは，今起きていることに対する明確な理解（「自己への気づき」）と相まった時であり，いつでもどこでも実践できます。

　ハーバード大学教授で，心理学が専門のエレン・ランガー博士は，エレン・ランガー著・斎藤茂太訳『心はマインド…——"やわらかく"生きるために』（フォー・ユー，1989）のなかで

① 常に新しいカテゴリーを創造する
② 新たな情報を積極的に受け入れ，物事をさまざまな視点から捉える
③ 結果よりも過程を重視する

といった点を指摘しています。

　①に関しては，新たなカテゴリーの創造ということになりますが，前述の「発想法」のなかで実際に実践してみましょう。②は，常にオープンにして新たな情報を受け取り，未知の可能性を多視点でみていくことになります。③に関しては，経験に焦点を合わせて生きる意味を探求するということでしょう。これらの特徴は，閃（ひらめ）きを生み，様々な発想法やデザイン思考にもつながっているものです。

　本書では，具体的な実践方法については触れません。"マインドフルネス"も様々あり，各自の状態で，取るべきやり方が異なるからです。仏教でいう，異なる現象であっても"根源的存在""絶対的に同一である真実の姿"の意味である"一如"（oneness）という表現にもあるように，マインドフルネスの手法は異なっていても真理は一つです。それこそ，現在の自分自身を見つめて，複数ある"マインドフルネス"のやり方について，自分なりに探求してみましょう。なお，西洋でも発達した臨床心理学には"フォーカシング"（あるいはフェルトセンシング）があり，融合した"マインドフルフォーカシング"もあります。

　このように，禅の影響を受けた"マインドフルネス"は，深層心理に働きかけるものであって，単なるノウハウでは伝えきれないものであると思っています。

　今この瞬間の自分の感覚や思考，感情に集中し，現実を忘れてあえて判断を加えることなく，注意を向けることで，文脈や視点に集中できるようになるといいます。そして，これまでと異なる種類の注意にも向かうことができるようになります。また，マインドフルネスが高まると，リラックスして集中力が増し，自己をコントロールできるようになり，創造性や幸福感，健康的な生活を送ることができるといわれます。様々な病気への治癒効果が実証され，仕事の効率アップにつながるとし，何よりも自分を取り戻す効果があることは言うまでもありません。

　それでは，実践してみましょう！

II 「技」の章

1　起業家精神の養成

起業するとはどういうことでしょうか？

自分で事業をすることですよね。

起業するにはまず自分自身を理解することが大切です。

1 起業家精神の養成

　起業するという自分の夢を実現するまでには，さまざまな困難があります。それらを乗り越えるためには，次の点を事前に確認する必要があります。

⑴　起業に対する夢や情熱

　これから起業をしようとしている新事業について，自分自身がどれくらい夢や情熱を持っているかです。事業を通じて実現したいことを強く心に描くこと，また熱い情熱を注ぐことは，成功への基本条件です。

⑵　目標やビジョンのイメージ化

　今もっているアイデアや考えをより具体化することが重要です。どういう事業内容なのか，起業する理由はなぜか，どのようにすれば可能になるのかを常に考えることです。そして実際に行動をしていくことです。

⑶　必要となる知識やスキル，経験の棚卸し

　起業することは，知識やスキルまた経験が少ないままでは，事業を成功することはできません。利用する側に立った視点，競合者との差別化など，取り巻く状況は厳しいことを自覚する必要があります。

　起業家として，必要な知識やスキルは何か，独自のノウハウをどのように蓄積しているかが重要です。起業予定の業界に関する情報を収集し，取扱う商品やサービスの知識については，必ず理解をすることが求められます。

　【自己を理解する】
　起業する自分自身の行動特性を理解することが，事業を選択する際に重要となります。

1 起業家精神の養成 *85*

① DiSC理論で行動傾向を把握する

1920年代にアメリカの行動心理学者のウィリアム・ムートン・マーストン博士が提唱した理論です。これは，人間の行動傾向を①D（主導傾向），②i（感化傾向），③S（安定傾向），④C（慎重傾向）の4つの要素で理解をするものです。

＜基本となる行動傾向＞

D（主導傾向）	反対を押し切ってでも成果をあげる
i（感化傾向）	成果をあげるために，他の人を仲間に組み込む
S（安定傾向）	仕事を遂行するために，他人と協力することに重点を置く
C（慎重傾向）	現状を維持しながら，仕事の質の向上を図る

DiSC理論の4つの要素

要素	重視するもの	嫌いなこと	基本的な恐れ	成果についての見方	動機づけのポイント
D（主導傾向）	成果，結果	他人にコントロールされること	利用されること	いくら売れるか	目標と評価が明確
i（感化傾向）	社交性	複雑で細かいことを処理すること	拒絶や無視されること	いかに高い評価を得るか	賞賛され，承認される
S（安定傾向）	具体性，方法	対立や衝突，先が見えないこと	安定を失うこと	具体的に働くか	方法が明確
C（慎重傾向）	事実，質	秩序が崩れること，混乱や不明確な期待	間違いを指摘すること	間違いはないか	合理的で正しい方法

② エゴグラムで性格特性を分析する

アメリカの精神科医エリック・バーンの提唱した交流分析理論に基づいて開発された性格検査がエゴグラムです。人のもっている5つの心の強弱により，自己理解を深めます。自分の行動パターンを客観的に見ることで，自分自身の長所や短所に気づき，周囲とのコミュニケーションを見直すことができます。

86 Ⅱ 「技」の章

<エゴグラムの5つの心>

CP （Critical Parent）	父親のこころ，厳しさ
NP （Nurturing Parent）	母親のこころ，やさしさ
A （Adult）	大人のこころ，合理的・冷静
FC （Free Child）	自由な子どものこころ，自由さ・明るさ
AC （Adapted Child）	従順な子どものこころ，素直さ

エゴグラムでわかる性格特性

CP	規則やルールを遵守する，伝統や慣習を尊重する，経験を生かして指導する，責任をとる，間違いなく正しく教える
NP	養育的である，相手の気持ちを受け入れる，相手の存在を認める，励ましたり勇気づけたりする，相手を信頼する
A	計画的にことを進める，事実に基づいて行動する，データの意味を読み取る，状況判断力がよい，筋道を立てて考える
FC	のびのびとして明るい，物事に興味・関心をもつ，創造性が豊か，やる気があり行動力がある，感性豊かで表現力がある
AC	周囲に協調的である，周囲に協力する，相手の指示を素直に受ける，相手に従順である，波風を立てないようにする

③ 職業興味分析で仕事への興味を分析する

　アメリカの職業心理学者のジョン・ホランドが提唱した職業選択理論に基づいて，職業への興味や適性を分析するものです。現実的（R），研究的（I），芸術的（A），社会的（S），企業的（E），慣習的（C）の6つのタイプに分類しています。

6つのタイプ

現実的(R)	目に見える現実的なモノを対象にするのが得意なタイプ。 運動が得意，機械いじりが好き，屋外にいるのが好き，技術系スキル向上に励む，身体を使って何かをするのが好き
研究的(I)	研究者タイプで，好奇心が強く学者肌である。 調査，分析，観察，学習，評価が好き。問題解決にやりがいを感じる，抽象性を好む。
芸術的(A)	芸術家肌で，創造的なことを好み，芸術的な自己表現に関心がある。非

	組織的，直観力がある。創作・自己表現を好む，感情表現が直接的である。
社会的（S）	社交的で他人に積極的に関わろうとするタイプ。人を助ける，人に奉仕する，人道的価値を重んじる，対人サービス向き，啓発活動を好む。
企業的（E）	リーダーシップを発揮して組織目標を達成することに適したタイプ。目的を立てて利益を追求していく，すぐれた話術で他人を説得する。経営者タイプ，販売に向いている。他人に影響力を与えることを好む。
慣習的（C）	規則正しいルールに則ってデータを扱い，理路整然とした作業を好むタイプ。記録をつける作業に向いている，数字に強い，細部にまで気を配れる，上司の指示を的確に遂行する。

(4) 起業リスクへの心構え

　起業は，事前にどんなに緻密に事業計画を立てたとしても，予定通りに行かない場合があります。また，事業失敗というリスク（危険性）も伴います。そのような場合に対する対処方法についても，複数の案を用意して，しっかりと対応することが求められます。

(5) 良き協力者や相談相手を大切にする

　起業の成功者は，必ずといってよいほど，良き協力者やパートナーが存在しています。また，困ったときなどに有効な情報やアドバイスをもらえる相談者がいます。起業の準備段階などで，自分の夢の実現に賛同してもらえる人々とのネットワークを大切にしましょう。

【人脈形成】
　今までの人脈からの情報を整理してみましょう。
例として，学友，過去の仕事仲間，交流会，勉強会，趣味，ボランティア活動などがあります。

88　Ⅱ　「技」の章

人脈リスト

分　　　類	相手（得られそうな情報など）

(6)　起業家に求められるもの

　起業家に求められるものとしては，次のものがあります。

①　関わり合いと強固な決意

　関わり合い（コミットメント）においては，決してあきらめない粘り強さや個人的な犠牲をいとわない献身などを意味しています。不可能と思われることでも，長く取り組むことで解決することができます。

②　リーダーシップ

　行動力や自己管理能力が高く，すぐれた実践者です。事業を推進するときには，筋を通すこと，説得と譲歩，命令の使い分け，適材適所を基本とします。

③　起業機会への執念

　成功する人は，事業機会を追求し，さまざまなアイデアのなかから事業のチャンスを識別します。業界状況，顧客について，競争関係などについて精通しており，事業に執着します。

④　リスクや不確実性に対する許容度

　起業は常にリスクにさらされています。可能な限りの情報を慎重かつ徹底的に検討し，全力で達成可能性を高めます。また，不確実性に対する忍耐力やストレスに対する抵抗力も備えます。

⑤ 一流たらんとする欲求

起業家は，達成への挑戦からモチベーションを高めます。また，自分の能力の限界に対して現実的であり，パートナーや競争相手の強み・弱みを理解しています。地位や権力への欲求は低く，達成の結果として権力があたえられるにすぎません。

(7) 起業を決意する

起業することは，人生にとって大きな転機であり，自分自身や取り巻く周囲の人たちの生活への影響が大きくなります。

起業家は，売上や収入を自由に使え，何をしてもいいように思われますが，常に仕事のことを考えており拘束されているともいえます。仕事を安易に先延ばしにすることはできずに，自己責任の世界です。

一方，健康やストレスをためないように，休息することや生活を楽しむことも大切であり，仕事とのバランスが重要になります。

そこで，起業後の仕事の計画を5年目ごとに考えるための「起業準備シート」を作成することをおすすめします。現時点では自分の夢を描いている段階ですが，これをもとにすることでビジネスモデルや事業計画を作成する原案になります。どのようなタイミングや段階で，どのような事業を展開していきたいのかを考えてください。

また，プライベートの計画も検討してください。生活形態や家族構成などを考えてみてください。さらに，資格の取得予定や学習予定，趣味などについても記入してみてください。起業内容によっては，必須の資格などがあります。

生活と仕事のバランスを考えた，起業家ならではの計画を立て，できるだけ予定にそった行動が実現できるように心がけてください。もちろん，予定通り進まないこともありますので，柔軟な対応が必要です。実施内容を検証して，変更や修正を加えていくことも考えてください。

90   II 「技」の章

【起業準備シートへの記入】

- 　起業準備シートの記入にあたっては，まず現在の作成日を記入してください。
- 　次に「私の夢」をスタートする段階を，5年後を区切りに記述してください。（年号，年齢を記入し，優先度の高い順番に内容をまとめてください）
- 　起業する内容の記述が終わりましたら，生活形態や家族構成について，また資格の取得予定や学習予定，趣味の予定など，プライベートに関して記述してください。

起業準備シート

作成日　　年　月　日

達成時期 年（年齢）	5年後 年（　歳）	10年後 年（　歳）	15年後 年（　歳）	20年後以降 年（　歳）
1＜私の夢＞				
2				
3				
4				
5				
6				
7				
8				
9				
10				

コラム6

黄金の人脈作り

株式会社イマジンプラス
笹川祐子代表取締役社長からのメッセージ

　起業して，事業を軌道に乗せ，さらに発展させていくときの大きな力の一つが「人脈」ではないかと思います。起業前から熱心に人脈作りに励む人もいるようです。

　その人脈について，20年の経営経験から，アドバイスさせていただければと思います。

　私にも，弊社にも，人脈のご縁に助かったこと，引き上げたもらったことが多々あり，ありがたさに感謝しています。

　人脈作りの中で大切なことは，「何のため人脈を求めるのか？」，そもそもの定義を自分でしっかり持つことだと思います。また自身の成長度合いや，会社のステージによって，お付き合いする方も変わってきます。

　さて，私にとっての人脈とは？ "人脈＝お金を出していい人，出してくれる人"。"互いに応援できる人"。"年齢，性別，職業問わず，自分を高めてくれるか，広げてくれるか。互いに貢献できる人"。＜助け合える仲間＞です。

　いきなりお金の話で恐縮ですが，人脈は単なる知人や顔見知りではありません。大事なお金を出してもいい，この人に賭けてもいい，賭けてもらえる強い信頼関係が築けたら素晴らしいと私個人は思います。

　私は，「人脈地図」なるものを自分で作っています。

　これは元リクルートのトップセールス，セレブレインの高城幸司さんの著書『自分を刺激し，成長させる　人脈地図の作り方』から学んだものです。

　仕事（実務）教養（プライベート）の軸と，専門性，視野の広さで４つのブロックに分け，専門性の中でも，こういう分野の人脈を広げようとか，あっ，ここはフォローしておこうとか，定期的にチェックしています。

　経営者やブレーンの方ばかりと会っていると，メディアや政治家にも会いに行こう！となりますし，アーティストや作家たちとの楽しいお付き合いが続くと，ビジネスの専門家や大社長と会って，自分に喝を入れます。

　また，そもそもの話しになるのですが，人脈以前に自分磨き，本業の発展が大事です。「あの人って，いったい何をやってる人？」と興味を持たれるのは良いのですが，「なんで稼いでいるかよくわからないねぇ」と不審に思われると残念です。人脈作りの話をしておいて，矛盾するようなのですが，本業なりビジネスで成功し，向こうから「ぜひ会いたい」と言われ，周囲から紹介されるようになるのが，王道だと確信しています。

　人脈作りで，大切なことは，「出会いをご縁に変える」ということだと思います。

　私たちは日々，仕事でも，交流会でも，プライベートなイベントでも，たくさんの方

に出会います。

　せっかくの出会いをご縁にしたいものです。

　そのための具体的なポイントをいくつか紹介します。

① 御礼・報告をきちんと。

　　実は意外とこのお礼，報告ができてない人が多いのです。よく年配の方が話しているのを耳にして，緊張します。相手の時間，お金に，想像力が欠如していると思われます。また，御礼，報告の仕方で，礼儀正しさは大切です。

② まずは，相手のお役に立つ，貢献する。

　　会ってすぐに，○○さん，○○社を紹介してください，と言われても，かえって不信感を持たれます。自分に都合のいいものだけかっさらっていく人は長続きしない，と言われます。

③ その人の関心，してほしいこと，役立つこと，喜びそうなことを提供する。

　　私の場合，忙しい社長の代わりに，その人が応援している音楽会や観劇にでかけてきて，報告します。忙しい社長には感謝されますし，そこでアーティストの方に挨拶させていただけて，一石二鳥です。またその人が欲しい情報を目にしたときには，すぐ連絡します。これを継続していると，何かの折に，食事会など人が集まるときに，思い出して声をかけてもらえたりします。

④ 相手の話を一生懸命，真剣に，聞き倒す。

　　まだ駆け出しのうちは，先輩経営者や成功している方のお話は生きた教科書です。その人に目をかけてもらったり，この人には喜んで教えてあげようと思ってもらえたら最高です。そのためには，相手に，「こんなに自分の話を熱心に聞いてくれる人はいない」と思わせるほど，一生懸命，聞きましょう。

⑤ セミナーや講演会はチャンス。一生懸命聞いて，実践し，質問し，報告しましょう。

　　私はおかげさまで，講演の講師の方とその後，食事に行ったり，事例や著書に使ってもらったり，同性の先生であれば，一緒に旅行させてもらったり，深く密度の濃い時間を持たせてもらいました。

⑥ ソースに近づく。

　　自分が知りたいこと，勉強したいことがあるとします。おおもとの発信元が一番正確です。

　　著者や創業者であれ本人から聞くのが一番いいですが，なかなか大物から直接は聞けません。

　　私の場合は，創業者夫人や秘書を勤められた方などとの偶然の出会いを大切に，一生懸命話を聞き，エッセンスを学ぶことができました。これも日頃，自分が求めることを強く意識しておくことが大切です。

⑦ 年長の人，若い人，上下左右に目配りしましょう。

　　八方美人と違います。相手の立場に関係なくどの人にも謙虚に。

　　人脈と言うと自分より上の人と思いがちですが，今では，社員の確保や新規事業など，若い人たちとのつながりも重要です。ある程度の年齢になると，年下の先生やメンターを持つことが素敵で大切だと思います。

1　起業家精神の養成　**93**

⑧　どの人もお客様と思いましょう。
　　お金を払うからといって，威張らない。辞めてもらった人，求人応募で断った人から紹介がもらえることもあるのです。
⑨　同郷，同窓，同級生などのご縁も大切に。
　　出身地が同じ，同じ大学の出身など，人は共通点があると，ぐっと親しくなりますし，応援したり，力を貸してくれます。自分に余裕があるときに，できることをさせてもらうといいです。友だち，先輩後輩の間柄からビジネスに発展することも多いのです。学生時代の友人は利害関係のない，一生の友です。

人脈作りとスキルアップ，人間力向上に良い実習が，「自分で会を主催しよう」です。
３人集まれば，もう組織です。
朝会でも，食事会でも，勉強会でも，代表者となりましょう。
代表者のメリットは，
①　マスコミやメディアの取材がきて，会員にも紹介できます
②　リーダーシップ，交渉力，判断力など磨かれます
③　メンバーから頼られ，紹介等で人脈が広がります
④　直接，自分のビジネスにつながることもある
⑤　講演やセミナーに呼ぶ講師と，親しくなるチャンスです
そして会の運営は，経営と同じ。大変さ，めんどうくささもあります。
本業の経営以外に，会員からの相談事，揉め事が増えますが，乗り越えることで一回り大きくなります。
本業より力を入れてしまったら本末転倒ですが，人脈形成とリーダーシップの訓練になると思います。
私は今，新規事業に取り組んでおり，その中で，人脈に関する重要で意外な事実に気付きました。
それは，「仕事の人脈は人生の人脈にならず」ということです。
定年後の人たちの中には，行くところがない，やることがない，という人たちも多く，ひいては友だちがいない，ということでもあるのです。
特にこの傾向は男性に多いようです。
女性の場合は，ママ友や地域とのネットワークなど助け合う仲間のつながりが必然と強いのかもしれません。多くのビジネスマンが，さまざまな人脈を求めて，ビジネスの展開の中で広げていかれます。
その仕事やプロジェクトには，達成するまでの思いを共有し同志のような深い絆ができたとしても，プロジェクトが終われば解散です。人事異動があったり，役員や社長を退任すると，いままでのお付き合いの人は，新しい担当のところへ流れていきます。またそういう風に組織が成り立っているのです。
ですから，けっして損得で動いているわけではなく，仕事に誠心誠意尽くしてこられた人は，ふっと振り返ると，仕事仕事で，遊び友達や，気楽に相談できる友達の存在が足りないのかもしれません。

そこで，以下のちょっとしたアドバイスをさせてもらっています。

- 奥様，子どもと仲良くしておく
  （今更遅い……という人が多い。親戚づきあいも奥さん任せにしない）
- 仕事の人脈は人生の人脈とならず
  仕事以外の趣味，地域の人たち，ボランティア活動，同級生，同窓のつながりを大事にしていく。
- 若い人たちの面倒を見ておく
- オーナー社長は役立つこともある
- 女友だちも大事に（情報やネットワークがあり，本音を言う）

など，私のつたない経験からお話させていただきましたが，人脈というものは，ビジネス上のメリットだけでなく，人生を豊かにする魔法のランプのようなものだと思います。

これから起業される皆様に，黄金の人脈がもたらされますように心からお祈り申し上げます。

2　起業の意義と課題解決

まず，何のために起業をするのか，考えてみましょう。

自分の夢を実現するためではないですか。

それだけではなく，地域や社会の課題を解決することも大切です。解決のアイデアを考える方法についても検討しましょう。

96 Ⅱ 「技」の章

1 起業の意義

まず，何のために起業をするのか，なぜ起業するのかを考えてみましょう。
つまり，起業の目的をしっかりと確認しておかなければなりません。これから，
事業を行っていく中での，すべての意思決定や判断の基準になるからです。

多くの人々は，起業を自分のライフプランやキャリアプランの選択肢の一つ
として考え，その実現のために日々努力をしています。起業することは，自分
の夢を実現するというだけではなく，社会への貢献，新しい価値の創造，社会
的理念の追求など，多くの目的があります。

起業には，チェーン組織の一員となるかニッチの新たなサービスを生み出す
社会貢献に直結する社会課題を核として行うものなどがあります。以下には，
社会課題を取り上げます。

2 社会課題とは

私たちを取り巻く社会には，さまざまな課題があります。それらを解決する
ために起業をして社会貢献をすることができます。

<社会課題に関連する各分野>

(1) 福祉・医療分野	高齢者福祉，障害者福祉，保育，健康支援など。
(2) 教育分野	青少年教育支援，民間教育支援など。
(3) 環境分野	廃棄物のリサイクルや再利用，農業支援，地域資源の活用など。
(4) まちづくり分野	地域活性化支援，商店街の活性化など。
(5) 就業支援分野	人材の就業支援，人材育成など。
(6) 安心・安全支援分野	安全対策，災害支援，地域環境改善など。
(7) 観光分野	観光資源活用，地域交流促進など。
(8) 文化，芸術，スポーツ分野	文化事業支援，芸術，スポーツ支援など。
(9) 生活サポート分野	生活サポート，地域サポートなど。

3 情報収集と観察

　さて，社会課題や地域課題を解決していくためには，その実態について情報収集や観察をしなければなりません。

(1) 市場リサーチ

　対象とする市場について，解決すべきニーズが存在するのかどうかを把握することが必要になります。市場調査は，現状のニーズだけではなく，潜在的なニーズ，また取り巻く社会・経済・文化などの環境要因なども関係してきます。

　調査をすることで，起業家がさまざまな意思決定を行うときに，重要な情報を与えてくれます。継続的に実施することで，自らの経営の方向づけを行うことができます。

(2) 調 査 方 法

　市場調査の方法は多種多様なものがありますが，基本となるのは質問紙調査と面接調査です。

　外部・内部の情報をもとに既存の資料でマクロ的な分析を行ったら，具体的な調査を実施し，分析してまとめます。

＜調査シート作成とまとめ＞

　消費者や生活者の声を直接ヒアリングすることで，そのニーズを明らかにして，自らの活動の方向性を明確にします。

　① 　質問項目を考えます。

　② 　評価基準を決めます。

　　例１：重視する点を１つあるいはいくつか選んでもらいます。

　　例２：５段階の評定基準を設定し，選んでもらいます。

　③ 　質問票を作成し，調査を実施します。

98　Ⅱ　「技」の章

④　調査結果を集計します。
⑤　集計結果をまとめます。

	質問項目	評価得点計
Q1		
Q2		
Q3		
Q4		
Q5		
Q6		
Q7		

【分析活用例】　ポジショニングマップ

　ポジショニングマップは，消費者や生活者の視点に立って，2つの軸を設定して，製品やサービスなどを位置づけます。競合関係などを知り，充足されていないニーズを明確にします。

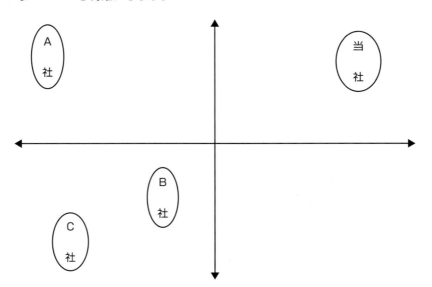

コラム 7

ニッチ市場のつくり方～自身の経験から

和（わ）から株式会社「大人のための数学教室」
堀口智之代表取締役社長からのメッセージ（1）

　初めまして。和から株式会社の堀口智之です。私は，大人を対象とした数学教室をしております。そう「大人のための数学教室」です。聞き慣れないのであまりしっくりこないかもしれませんが，パッと聞いた瞬間に「ニッチビジネスだな。」という印象はもって頂いたかなと思います。

　ニッチ市場はどうやったら作れるのでしょうか。私も普遍的な法則は正直まだわかりませんが，私自身社会人向けに数学を個別指導で教えるという「大人のための数学教室」という今まで市場がなかったサービスを立ち上げ，発展させてきました。そこで学んだことを中心に書いていきます。

1．ニッチ市場を見極める

　そのビジネスが "ニッチかどうかを見極める" コツとしては，人に話したときに「えっ？」と言われることがあげられます。「すごい！」「可能性がある！」とかはあまり言われないことが多いかもしれません。

　たとえば，英会話教室を考えてみると，大人が通うのは当たり前ですよね。でも，数学は，大人は学ぶことはないと考えられていました。このビジネスも立ち上げるときに，信頼できる数名に相談をさせていただきましたが，「えっ？」という反応であったり，「それって誰がくるの？」「うーん」「よくわからない」という反応がありました。私も，「誰が来るの？」と質問されても，「大人になってから数学を学びたくなった人です。」としか答えようがありませんでしたので，実際に周りに大人で数学を学びたい人は1人だけでしたし，不安でいっぱいでした。最終的に立ち上げるときには，誰にも相談せずに始めました。親にも相談しましたが，「大人が数学⁉なんだそれ（笑）くるわけないだろう‼」という感じでした。（当然の反応ですね。）でも，逆に言えば，それだけ「誰も目にくれない」という市場だったことは間違いありません。この大人のための数学教室を立ち上げてから「私もそのビジネスを考えていた。」という人にお声かけいただくことはありましたが。

　そもそも，ビジネスになりそうなことは既に誰かがやっています。誰かが試してみていて，それでうまくいっていないから市場になっていない，のです。もちろん，市場にならなかったのは，時代背景や，誰が経営者か，どういうマーケティングを行ったのか，など複合的な要素が市場になかったんだと思いますが。いずれにせよ，「多くの人が可

100   Ⅱ 「技」の章

能性を感じる」分野に対してどの会社も参入していない場合，それ相応にビジネスセンスがよくないとうまくいかない可能性も出てきますので，「うまくいきそう」なビジネスほどもしかすると上級者向けの起業なのかもしれません。「えっ？」という反応になるくらいの市場の方が初心者向けです。

　「えっ？」と言われる市場を探すコツはいろいろとありますが，ビジネスは組み合わせです。例えば，「IT×英会話＝レアジョブ」や「IT×買い物＝amazon」，「リアル×アイドル＝AKB48」「結果保証×ダイエット＝ライザップ」などというように，組み合わせです。そのかけ算が「えっ？」と思われれば思われるほど誰もやっていない可能性が高いと考えられます。

　そして，「そのサービスが欲しい！」という方を想像したときにどんな行動をするのかを考えてみるといいでしょう。まずわかりやすいのは，思いつくキーワードを10個程度探していって検索してみるといいでしょう。検索してみて，一つもそれらしい会社やサービスがなければニッチであろうということです。正確に言えば，1つや2つ，それっぽいサービスが見つかるかもしれませんが，それは，その市場に対して，「本気」かどうか，というのを考えていきましょう。サービスの一つとして片手間でやっているとか，個人事業としてやっているくらいのレベルであれば，十分にニッチだと考えられます（そのサービスを実際に利用してみるというのも手です）。私も検索をして探してみましたが，大人向けの数学教室は100％なかったわけではありませんでした。子供向け塾の一つのサービスとしてやっているとか，個人事業としてほとんど売上が上がっていないであろうサービスというのはありました。しかし，どのサイトにも共通していたのは，「本気」ではなかったということです。私（大人）が「数学」を学ぶのであれば，「子供が通うような塾では通いたくない」し，「誰に教えてもらうかわからないような中身の見えない塾には通いたくない。」という感覚が強かったからです。だからこそ，一点突破で，その市場に集中すれば，十分に勝てる可能性があると想定できました。

2．ビジネスとして成り立つかどうかを確認する

　次にやることは，ちゃんとビジネスが成り立つ市場かどうかを確認していきます。いくら売り上げられることができれば，あなたの中で納得できるでしょうか。ここでは，その最低限のラインの見極めが重要です。例えば，売上が月に1万円くらいしか見込めない市場だとすると，ビジネスとして成り立っているとはいえないと思います。（副業ではいいかもしれませんが。）では，いくらであればいいのか。例えば，月に100万円程度の売上がきちんと見込めれば最低OKでしょうか。もちろん，月に1,000万円はないと厳しいという方もいるでしょう。中に月に1億ないと求める最低市場規模ではないと判断することもあると思います。しかもそのラインを決めたとしてもニッチの特徴として，市場規模がよくわからないということがあげられます。私も事業を始める前はどのくらいのニーズがあるか全くわかりませんでした。しかし，確実に，ニーズがあることはわ

かっていました。Ｑ＆Ａサイトなどに,「大人向けの数学教室はありませんか？」という投稿を10件以上見つけたからです。10件とは,決して少ない数ではありません。なぜなら,そういったサイトに書く人は氷山の一角だからです。サイトに書く人はおそらく100人いて1人いるかいないかくらいでしょう。そうなると,少なくとも全国に1,000人以上のニーズがあることがわかります。サイトに書くくらいに困っているということですから,それなりのお金もおそらく払ってくれる人でしょう。私が想定していたのは,月に10人くれば良いと思っていました。月に10人で1人あたり2万円くらいの売上であれば20万円。少なくとも大きな事業にはならないかもしれないがご飯は食べられる。それがなんとなくわかった時点でスタートしてしまいました。必要な規模が最低でも見込めれば,もうスタートしていいのです。

3．お金ではなく,時間を投資すること

　ビジネスとしては売上が立つことはここまでの流れでわかったかと思いますが,市場規模が想定よりもずっと少ない場合も考えられます。初期投資が多ければ多いほど,その回収が遅れ,失敗と判断されてしまうこともあります。よって,投資をお金ではなく,時間に対して投資をしていくことが大切です。この数学教室も初めから大きな売上があったわけではありませんでした。大人の方が対象の数学教室自体の認知がまずされるのに時間がかかるからです。だからこそ,ゆっくり時間をかけて,「大人のための数学教室」ってちゃんと社会人の方でも通える仕組みの整っている数学を楽しく学べる教室ですよ,と多くの方に伝えていくことを考えました。写真や文章をホームページに多めに掲載し,お客様が不安を感じないようにしました。いきなり,「大人のための数学」といわれてもピンとこないからです。人によっては,「数学」に良いイメージがあるわけではありません。だからこそ,「怪しくない」イメージをつけてもらう必要があります。なので,「全額返金保証」制度も導入しました。もし,わからなければ,「返金」しますよ,と。新しい市場だからこそ,怪しまれる。だからこそお客様が購入しやすいような仕組みを考えたのです。サービスに対して時代や社会認識が追いついていない場合もありますので,時間を十分に投資していく覚悟が必要です。

　以上3つがニッチ市場をつくるポイントです。

　よくビジネスを学んでいくと「大きな市場を狙え」という話に遭遇します。しかしその話はある意味で嘘です。

　まずはニッチ市場を作ることによって,砂山を水で固めたような小山の大将になることが重要です。なぜなら,人はNo.2の会社に入りたいと思わないからです。より安定した会社,勝ち組の会社に入りたいのでしょう。だからこそ,No.2の会社を目指すのではなく,誰もいない市場でNo.1になることで,優秀な人が会社に入る。そうなると,さらに新たなビジネスチャンスが生まれるのです。気づいたときには,それはもう小山では

なく，大きな山を作る踏み台になっていることに気がつくのです。

　私一人から始まった大人のための数学教室は，今では総勢60名以上のスタッフ・講師と共に，「ロマンティック数学ナイト」という多くの数学好きを巻き込むイベントや，統計学・データ分析等を中心に教えていく企業研修も行うようになりました。なぜなら，我々の事業に対して「おもしろそう。」「楽しそう。」といった可能性を感じて頂いた方にも関わって頂き，「名誉教授」「数学検定日本一」「数学書籍10冊以上出版」「コンサル経験30年以上」「元アクチュアリー」「教員経験30年以上ベテラン教育者」などといった私よりも遙かに優秀な方に関わって頂けるようになったからです。大変有難いことに，一つのニッチを極めていくことで多くの方に興味を持って頂き，たくさんの応援を頂けるようになりました。

　是非，ニッチから始まる可能性に多くの方に気づいていただけたらと思います。

（コラム14参照）

4 課題解決の方法～アイデア創出，仮説検証

(1) ロジックツリー

　課題解決の方法には，さまざまなものがありますが，ここではまず代表的な手法であるロジックツリーについて説明します。

　ロジックツリーは，網羅的に解決すべきアイデアを出していくものであり，解決すべきテーマを取りうる選択肢に分解していき，ツリー図に表したものです。このツリー図のなかに解決すべき答えが必ずあり，その中から最善のものを選びます。

（記入例）
・左のブロック（1段階目）…A商品の利益の大幅な減少
・真ん中のブロック（2段階目）…売上の減少（上），経費の増加（下）
・右のブロック（3段階目）…売価の低下，販売数量の減少（上に対応）
　　　　　　　　　　　　　　固定費の増加，変動費の増加など（下に対応）

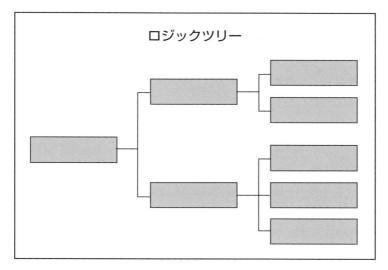

(2) マインドマップ

マインドマップは，イギリスの教育者であるトニー・ブザンが提唱した図解表現技法の一つです。放射状にノートを取る方法で，思考が整理され，発想力を飛躍的に向上することができます。

＜進め方＞

① 中心に図を描く

まず，思考を開始するメインのテーマを明確にします。大きな紙の中心にメインテーマとなる絵やキーワードを描きます。キーワードだけではなく図を描くことが好ましいです。

② 基本的なアイデアを書く

中心の図から放射状に線を伸ばしていきます。その線上に中心の図に関連するキーワード（基本アイデア）を書きます。太い線で大きな字を書くようにします。

③ 枝を伸ばしていく

さらにそこから枝を伸ばしていきます。各枝に必要に応じてキーワードや図を描き，関連するものは線で繋ぐようにします。

④ 色などで強弱をつけます

グループごとに色分け（３色以上）をするなどします。単色にならないようにした方が効果的です。

＜柔軟な思考力を発揮できるポイント＞

○ 紙の中央に絵を書くことで，メインテーマを明確にすることができます。また，大きな幹から細い枝を書くことで，内容が階層構造化されます。大きなカテゴリーから小さなカテゴリーまで考えをまとめやすくなります。

○ 目標やテーマを絵で表現したり，連想するキーワードを放射状に広げたり，またイメージカラーを使ったりすることで，自由な発想をすることができま

す。

○ 中心となるテーマから，重要な概念を系統立ててまとめたり，筋道だった考えをまとめることができます。

＜マインドマップ例＞

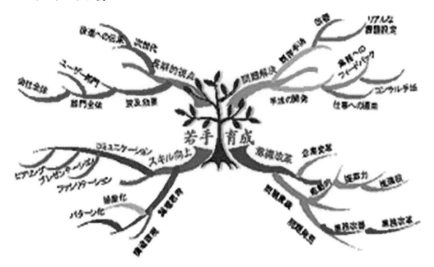

(3) ブレーンストーミング

ブレーンストーミングは，最も広く活用されているアイデアの発想法です。比較的簡単に実施でき，具体的なテーマを挙げ，4つのルールに則って運営をすることで行います。

＜4つのルール＞

①	批判厳禁	参加者が他者の意見に対して，その時点で批判や評価はしないことです。
②	自由奔放	感じていることや思っていることを自由に発言してよいことです。
③	質より量を求める	量をたくさん出すことです。多くの意見が結果としてよい意見につながります。
④	組み合わせ・改善歓迎	他の参加者の意見を参考にして意見を言っていいこと，便乗は歓迎です。

106 Ⅱ 「技」の章

　このルールに従って，リラックスした雰囲気で会議を進行します。参加者からたくさんの意見が活発に出始めます。

＜進め方＞
1．少人数のグループに分かれる
2．進行役と書記を決める
3．テーマについて，自由に意見を出し，書記は，それを書き出していく
4．全体を見ながら，グループの案をまとめる
5．結果を発表する
6．発表内容について，全体で意見交換し，検討する

ビジネスモデルキャンパス

ビジネスモデルのイノベーションには，ビジネスモデルに関する共通理解が必要です。「ビジネスモデルキャンパス」では，4つの領域（顧客，価値提案，インフラ，資金）をカバーする，9つの構築ブロックで構成されています。

パートナー	主要活動	価値提案	顧客との関係	顧客セグメント
	リソース		チャネル	
コスト構造				収入の流れ

1. キャンパスの9つの要素

(1) 顧客セグメント：組織が関わろうとする顧客グループを設定します。
(2) 価値提案：顧客にもたらす価値のことであり，問題を解決し，ニーズを満たすものであり，製品やサービスを通じて提供されます。
(3) チャネル：顧客セグメントとどのようにコミュニケーションをし，価値を届けるかです。
(4) 顧客との関係：企業が特定の顧客セグメントに対して，どのような関係を結ぶかです。
(5) 収入の流れ：組織が顧客セグメントから生み出す収入の流れのことです。
(6) リソース：ビジネスモデルの実行に必要な資産のことです。
(7) 主要活動：顧客にとって，価値を創造する源泉となるような重要な活動のことです。
(8) パートナー：組織の活動にとって，重要なパートナーのことです。
(9) コスト構造：ビジネスを運営するうえで必要なコストのことです。

　模造紙のような大きめの紙でキャンパスのフレームを記述します。各ブロックの要素を付箋紙で貼り付け，視覚化しながら議論を進めていきます。明確な目的を設定して，ワークショップ形式で進めると効果があります。多角的なアプローチ方法やアイデアを誘発することができます。さまざまな可能性を検討し，優先順位を評価していきます。

具体的な企業事例としてアップル社のものがあります。以下のビジネスモデルキャンパスは、iPodを発売した頃のものです。

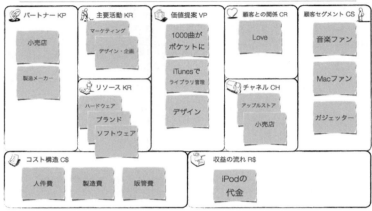

価値提案としては、1,000曲がポケットに入る利便性であり、収益の流れはiPodを販売することにより得られる販売代金、チャネルは小売店や直営店です。パートナーとしては製造メーカーなどが挙げられます。

アップル社のビジネスモデルキャンパスは、この後iTunes Music Storeができた頃、またiPhone以降のものと変化・進展を続けています。

3　起業の具体化1
ビジネスアイデアを考える

何かビジネスをしたいんですけど、どのようにすればいいですか？

まずは、自分自身の考えを整理してみることが大切ね。

1 起業の具体化1 ～ビジネスアイデアを考える～

　漠然と新しい事業をしたいと思っていても，事業を具体化することは出来ません。事業を具体化しスタートさせるためには，まずビジネスアイデアが必要となります。

　ビジネスアイデアを考えるヒントには次のようなものがあります。

(1) 自分の得意なこと，資源を活用する

① 自らの知識や経験を活かす

　事業内容を決めるには，事業を運営するための知識やスキル，独自のノウハウが必要です。過去の仕事の知識や経験を活かせるかどうかは，ビジネスアイデアを考えるうえで非常に重要となります。

② 資格を活かす

　起業する業種によっては資格が必須のものがあります。そうでなくても，資格は社会的な信用力もあり，事業に活かすことができます。特定分野の資格や複数資格の組み合わせなどにより，差別化が可能になることもあります。

③ 保有資源を活かす

　土地や店舗がある，親類や知人から無償で場所を借りられる，自由に使える設備があるなどはビジネスアイデアを考えるうえで大きなヒントとなります。

(2) 既存商品・サービスから考える

　売れている商品やサービスを参考にすることもビジネスアイデアを考えるうえで非常に有効です。

　商品やサービスの1つでも変えると新しい商品やサービスになります。

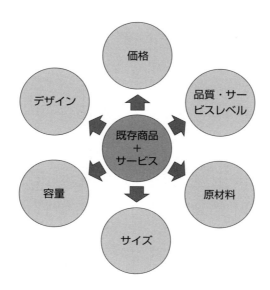

　また，既存商品やサービスの販売手法を変えることでも差別化をすることができます。

販売手法の変化	具　体　例
販売場所	店舗販売されていた商品を車で移動販売する 自動販売機の設置によって全国展開する
販売時間	10時間営業の店舗を24時間営業にする
提供方法	店舗販売からインターネット販売にする
販売ターゲット	一般消費者向け商品を高級志向の消費者に向けて販売する

(3) 業種・業態の決定

　ビジネスアイデアを具体化していくためには，思いついた商品やサービスがどの業種・業態に分類されるかを明確にします。

　事業活動を行うことは原則自由ですが，事業内容によっては法律の規制があります。起業に際しては許認可がありますので該当する業種を確認しておきましょう。以下の業種で起業する場合には，あらかじめ許認可要件や手続方法な

112　Ⅲ　「技」の章

どを調べておきましょう。

許認可が必要な事業

業　　種	具　体　例	許認可窓口
生活衛生関連業種	レストラン，居酒屋，喫茶店，理美容業，クリーニング店，旅館など。	保健所
風俗・保安・安全関連業種	キャバクラ，ホストクラブ，パチンコ店，ゲームセンターなど。	警察署
旅行・運輸関連業種	旅行代理店，貨物運送業，自動車整備業，倉庫業，駐車場など。	運輸局 都道府県知事
その他	各種学校，保育所，幼稚園，一般廃棄物処理業，清掃業，介護事業，有料老人ホームなど。	

〈演　習〉

○あなたが考えるアイデアを，5つあげてください。

1	
2	
3	
4	
5	

○あなたが考えたアイデアから，どのような業種の起業に興味があるか，5つあげてください。

〈業種名〉

1	
2	
3	
4	
5	

コラム 9

ブレーンストーミングによるアイデアの創出

ひとりでビジネスのアイデアを考えていても，おもしろい発想が思い浮かばなかったり，似たような発想のアイデアしか思いつかなく悩むことがあります。そのような時には，他の人の力を借りることも効果的です。他の人からアイデアを出してもらう方法としてブレーンストーミングがあります。

ブレーンストーミングの特徴は，1つのテーマだけ決めておき，そのテーマに沿ったアイデアを思いつく限り自由に出し合って，ビジネスの可能性を広げていくことです。

ブレーンストーミングを行っている間は，他のメンバーが提案したアイデアに対して否定的な意見を禁止しておくことがポイントとなります。

ブレーンストーミングでは，参加者が笑いながらアイデアがだせる雰囲気づくりが大切になります。進行を担当する人は，出てきたアイデアを褒めたり，肯定的な意見を述べることによって参加者の気分を乗せてあげることを心がけてください。気分が高揚してくることによって，発想力が増し，すばらしいアイデアが生まれるかもしれません。

———————— ＊ ———————— ＊ ————————

KJ法でアイデアをまとめる

KJ法とは，ブレーンストーミングなどによって得られたたくさんのアイデアを整理し，統合を行うための手法です。

文化人類学者川喜田二郎氏のイニシャルをとってKJ法と名づけられました。

KJ法は，ブレーンストーミングで得られたアイデアから最も良いものを選ぶためのものではありません。たくさんのアイデアを整理・統合し，俯瞰することによって，新たな発想や問題解決の道筋をあきらかにしていくための手法です。

KJ法は，次のステップで進みます。

1　ブレーンストーミングで出たアイデアをカードに記入します。
2　アイデアが記入されたカードから関連性のあるものをグルーピングします。
3　グルーピングしたものの位置関係を見直します。
　　グループ単位で，意味や内容が近いものを近くに，遠いものを遠くに並び替えます。
4　それぞれのグループの相関関係を図示します。
　　主な相関関係は，・関係あり・原因，結果・互いに因果的・互いに対立，対立
5　図を見ながら，すべてのグループのうち，重要度を考え，図を見ながらストーリーを文書化します。

4　起業の具体化2
ビジネスと事業コンセプトの決定

ビジョンって何のことですか？

ビジネスにおける将来のあるべき姿（目標）のことです。

1 起業の具体化2〜ビジョンと事業コンセプトの決定〜

(1) ミッションを考え，ビジョンを決定する

　ミッションとは，「使命，存在意義，目的」などと訳される言葉です。事業を通じて，何を目指し，成し遂げたいかを表したものです。

　例えば，「常にお客様のことを第一に考え，お客様を愛し，お客様に愛される存在になる」「一杯のコーヒーで人々の心を豊かにし，社会に貢献する」など，ミッションは，事業を行ううえでの基礎的な考え方であり，事業を継続していくうえで，何を最優先すべきかの指針となるものです。

　ビジョンとは，「目標，方向性，夢」などと訳される言葉です。ミッションで定めた存在意義に基づいて事業を行い，将来的に「こうなりたい，こうしたい」という姿を具体的に示したものです。つまり，将来のあるべき姿を明確化し，内外に長期的方向性として表明するものです。ビジョンを決定することによって，ゴールが明確になった事業は，事業展開における無駄がなくなり，最短距離で事業の成功を目指すことが可能になります。

　例えば，「東京都で一番の飲食業になる」とか「フランチャイズビジネスにより全国展開を目指す」など，成長性や将来性を感じさせるビジョンにすることがポイントです。

　また，ビジョンには数値目標も必要です。例えば，数値目標が1億円と1,000万円では戦略も異なってきます。前者の場合，事業を急速に成長させるためにテレビCMなどの宣伝を行う必要も考えなければなりません。一方，後者の場合，地域に密着した販売促進活動のほうが有効であると考えられます。

(2) 事業コンセプトを決定する

　ビジョンがビジネスの目指すべきゴールとしたら，事業コンセプトはビジネスのスタート地点ということができます。事業コンセプトで重要なことは，①お客様は誰か，②お客様のニーズは何か，③どんな強みで応えるかの3つの視

点で考えることです。

① お客様は誰か
　販売するターゲットを絞ります。
② お客様のニーズは何か
　お客様がどんなニーズ（必要性），悩み，期待を持っているか。
③ どんな強みで応えるか
　提供する商品の特徴やセールスポイントやこだわりを明確にします。

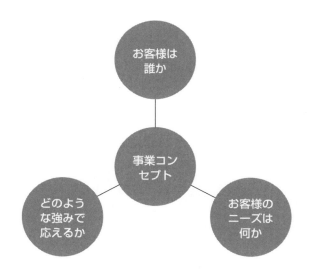

　例えば，「地元に住むアレルギーを持つ子供に対して，オリジナルの無添加ケーキを提供する」とした場合，①お客様はだれか→地元に住む，アレルギーを持つ子供　②お客様のニーズは何か→アレルギーを気にしないでケーキを食べたい　③どんな強みで応えるか→アレルギーの心配のない無添加のオリジナルケーキとなります。

118   Ⅱ 「技」の章

＜演 習＞

○あなたが考えるビジョンを表して下さい。

○あなたが考える事業コンセプトを端的に表して下さい。

○あなたが考える事業コンセプトを下記の項目に沿って記入してみて下さい。

お客様はだれか	
お客様のニーズは何か	
どんな強みで応えるか	

コラム⑩

フランチャイズチェーンへの加盟

　フランチャイズチェーンに加盟して独立することがあります。起業する業種での経験
や知識がない場合には，フランチャイズチェーン本部の経営ノウハウや商品・サービス
が加盟店に提供されます。

メリット	デメリット
・本部が持つ経営ノウハウや商品・サービスの提供が受けられる。 ・新規開業者にとっては，経営指導や援助が受けられるので，リスクを軽減することができる。	・本部の経営力に委ねることになるので，独自の仕入・販売活動ができなくなる。 ・契約期限前の脱退は制限されており，途中解約をする場合には違約金が発生する。

　フランチャイズチェーンに加盟する前には，1）本部を訪問して活動状況を確認すること，2）加盟店を訪問して状況を確認すること，3）契約事項を理解し確認しておくことが重要になります。

5　起業の具体化3
提供する商品・サービスを考える

次は，顧客に届ける商品やサービス，提供手段を具体的に考えていきましょう。

1 起業の具体化3〜提供する商品・サービスを考える〜

　提供する商品やサービスが魅力的でなければ顧客からの支持を得ることはできません。しかしながら，事業コンセプトを実現するための商品・サービスでなければ，その事業で売る意味がありません。

　提供する商品・サービスを具体的に考える際に必要となるのは，①提供する商品・サービスが事業コンセプトに沿ったものか。②集客・売上・利益に貢献できるものか。の視点を持つことです。

(1)　商品・サービスの名前を決める

　少しでも商品・サービスを売れやすくするためには，商品名・サービス名が覚えやすく，わかりやすいことが重要です。商品名・サービス名を聞いただけで顧客が商品分類を理解し，そして商品・サービスの特徴が明確に伝わるように工夫します。

(2)　品質を決める

　品質は高いに越したことはありませんが，目指すべき基準が存在しないと良し悪しを判断することができません。品質を決定する基準となるのは，事業コンセプトとターゲット顧客の要求を満足させることにあります。

(3)　販売価格を決める

　販売価格は，低価格に設定すると顧客には受け入れられますが利益が確保できないこともあります。一方，利益を確保しようとして価格を上げると競合他社に顧客を奪われてしまいます。

　販売価格の決定には，顧客ニーズへの適合，競合他社との関係，利益確保の視点から検討することが重要です。

＜価格設定の方法＞

・コストプラス法

　　原価を基準にして価格を設定します。

・ターゲット・プロフィット法

　　目標利益をあらかじめ決めておき，その目標利益が得られるように価格を設定します。

・パーシブド・バリュー法（知覚価値価格設定法）

　　顧客の知覚価値に基づき，受け入れられる価格を先に決定し，その後で必要とするコストや利益の計算を行う需要志向型の価格設定方法です。

・ゴーイング・レイト法

　　競争他社の価格に合わせて価格を設定する方法です。

・シールドビット法

　　入札による価格設定のように，競争他社よりも安い価格を設定する方法です。

⑷　販売チャネルを決める

　提供する商品・サービスをターゲット顧客に届ける仕組みを販売チャネルといいます。販売チャネルは業態や商品・サービスの特性によって異なります。小売店や飲食店のような店舗営業の場合，顧客が直接来店します。製造業や卸売業などが扱う有形財の場合，流通業などを利用して顧客に商品を届けます。有形財の中でも不動産のような持ち運びのできないものは，契約書によって所有権を譲渡します。また，無形財では，コンサルティングは報告書で，システム開発などはインターネットを利用して顧客に商品・サービスを届けます。

　複数の商品・サービスを提供する場合，商品・サービスごとに販売チャネルを考える必要があります。

124　Ⅱ　「技」の章

＜演　習＞

○提供する商品・サービスの特徴を記入してください。

商品・サービス名	
品　　質	
価　　格	
販売チャネル	

5　起業の具体化3　提供する商品・サービスを考える　**125**

コラム11

ペルソナマーケティング

　実際に自社の商品やサービスを使用してくれるであろうモデルユーザー（ペルソナ）を作り出し，そのペルソナのニーズを満たすように商品やサービスの設計を行う手法をペルソナマーケティングといいます。

ペルソナ	
年齢	27歳
性別	女性
住んでいる場所	横浜市港北区
仕事	製造業・受付
生活パターン	起床時間7時，通勤時間1時間，勤務時間8時間，就寝時間12時　週に1回程度外食
家族構成	父，母，兄の4人家族（父，母と同居）恋人なし
収入	年収450万円
最終学歴	短期大学
雑誌	ファッション雑誌（月2冊）購読
携帯電話	スマートフォン

　そのほか，価値観や物の考え方，人間関係や趣味や興味の対象，チャレンジしたいこと，インターネットの利用状況や利用時間なども設定します。

　設定したペルソナへの理解を深め，行動を理解し，その人物を代表者としてマーケティング方針を決定します。

　上記のペルソナの場合，スマートフォンを日常的に利用しています。そのため，インターネットを活用した販売促進策が有効と考えられます。HPの作成やキーワードに基づいて検索結果のページに表示されるリスティング広告，SEO対策まで検討することが必要になります。

　このように，ペルソナを設定することで，より具体的なマーケティング戦略が立案できるようになります。

6　起業の具体化４

SWOT分析を行い，事業戦略を決定する

事業戦略を決定するために，最初に何をすればいいですか？

自社の事業と周りの環境を分析して，どのように販売をしていくかを考えましょう。

128　Ⅱ　「技」の章

1　起業の具体化４〜 SWOT分析を行い，事業戦略を決定する〜

　SWOT分析とは，内部環境（強み・弱み）と外部環境（機会・脅威）の視点から分析を行い，事業戦略を決定するための手法です。

(1)　内部環境（強み・弱み）を分析する。

　事業の強みと弱みについて分析をします。この時に大切なことは，客観的な視点を持つことです。主観的な視点で分析を行うと偏った評価となってしまい，事業の競争力を正しく判断することができなくなります。
　強み・弱みは，事業者としての経営資源であるヒト・モノ・カネ・情報で，商品・サービスについては４Ｐ（プロダクト・プライス・プレイス・プロモーション）の視点で考えると見つけやすくなります。

＜演　習＞
　強み・弱みを考えてください。

事業者	強　　　み	弱　　　み
ヒト		
モノ		
カネ		
情報		

商　品	強　み	弱　み
プロダクト		
プライス		
プレイス		
プロモーション		

⑵　外部環境（機会・脅威）を分析する

　機会・脅威は外部から受ける影響のことです。内部環境（強み・弱み）は自分自身（自社）の努力でコントロールできるのに対し，外部環境は自助努力でコントロールできない要素になります。

　外部環境分析では，すべての事業にも共通して影響を与える環境要因と自社の事業や業界に影響を与える市場環境を分けて考えることが大切です。

　それらの変化が自社にとって追い風（機会）となるのか，逆風（脅威）となるかを分析します。

＜すべての事業に影響する環境要因＞
　　・政治環境
　　・社会環境
　　・国際環境
　　・技術環境

＜自社の事業に影響を与える市場環境＞
　　・市場規模・商圏の変化
　　・市場ニーズの変化
　　・新製品・代替製品の出現

130　Ⅱ　「技」の章

・新販売手法の出現

・業界の法規制

＜演　習＞

あなたの会社に影響を与える外部環境を挙げてみてください。

＜すべての事業に影響する環境要因＞

機　　会	脅　　威

6　起業の具体化4　SWOT分析を行い，事業戦略を決定する　　**131**

＜自社の事業に影響を与える市場環境＞

機　　会	脅　　威

(3)　事業戦略を決定する

　内部環境における自社の強み・弱みと外部環境における機会と脅威の分析をもとに事業戦略の決定を行います。

　事業戦略を決定する手法にクロスSWOT分析があります。クロスSWOT分析は，「強み×機会，強み×脅威，弱み×機会，弱み×脅威」の4つのパターンで事業戦略を検討します。

	機　　会	脅　　威
強み	積極化戦略	差別化戦略
弱み	弱点強化戦略	専守防衛戦略

○積極化戦略（強みを活かし，チャンスをものにする）

　自社の強みに加え，外部環境におけるビジネス機会の到来を意味しています。追い風に乗って積極的な戦略を採ることが有効です。最も基本的な事業戦略パターンです。

132   Ⅱ 「技」の章

○差別化戦略（強みを活かし，脅威の影響を受けない）

　　自社の強みはあるものの，外部環境においては，不安な脅威が表れている
　状態です。自社の強みを持って，差別化していくことが必要です。

○弱点強化戦略（弱みを克服し，チャンスを逃さない）

　　自社にとっては弱みではあるが，せっかく到来したビジネスチャンスを逸
　することなく，新規参入するかどうかを選択する必要があります。

○専守防衛戦略（弱みを克服し，脅威の影響を受けない）

　　自社にとっては弱みでしかなく，それに加えて外部環境における脅威が到
　来している状態です。徹底的な防衛策を採る必要があります。また，撤退を
　するかの判断も必要となります。

<演　習>

○あなたの考える事業戦略を記入してください。

コラム⑫

ブルー・オーシャンとレッド・オーシャン

　ビジネス用語で，市場をブルー・オーシャンやレッド・オーシャンと表現することが
あります。レッド・オーシャンは，市場に参入している企業が多く存在し，競争が激し
い市場のことです。一方，ブルー・オーシャンは，競争相手がいない市場のことを意味
します。ブルー・オーシャンを見つけることができれば，市場でリーダー的な存在とな
り，優位な事業展開が可能になります。

　ブルー・オーシャンの発見を手助けするために有効なのがポジショニングマップ（98
ページ参照）です。異なる２つの軸を設定し，自社の商品・サービスと他社の商品・
サービスの位置関係を明確にします。この位置関係を把握することで競合がいない市場
を発見することができます。

7　起業の具体化５

販売・仕入・経費計画の策定

売上や経費ごとの数値計画を
立てていきましょう。

134 Ⅱ 「技」の章

1 起業の具体化5〜販売・仕入・経費計画の策定〜

(1) 販 売 計 画

　販売計画を作成するのに必要なことは，売上目標を達成するために，どのように商品・サービスを顧客に提供するかを具体的に計画するものです。

① 基本方針の決定

　販売活動を推進するためには，販売方針や行動目標を明確にすることが重要です。顧客からの信頼を確保すること，自社や商品の知名度を上げる，市場でのシェアを確保するなどがあります。

② 販売促進策の検討

　商品やサービスの魅力を，いかに顧客に伝えるか，顧客に買おうとする気持ちにさせることが必要です。

　営業方法，販売促進方法，接客サービスなどについて，具体的に検討することが大切です。ターゲット顧客の特性，必要となる費用などを考えて，効果的な方法を組み合わせることです。販売するタイミング，投入する資金や人などを明確にしていきます。

③ 売上計画の策定

　売上高計画は，商品やサービスごとに，販売単価や販売数量を検討し，それらを積み上げて計画を策定します。

＜例＞

　　小売業……客単価×客数

　　飲食業……客単価×席数×回転数　　など

販売者	販売担当者（家族，従業員，パート，アルバイト）
顧　客	標的とする客層，顧客ニーズ
商　品	取扱商品やサービス，品ぞろえ
販売方法	店舗販売，営業販売，通信販売など
販売条件	現金販売，掛売販売など
時間帯	営業時間帯

＜売上計画表＞

	1ヶ月	2ヶ月	3ヶ月	4ヶ月	5ヶ月	6ヶ月
月売上高						
月仕入高						
月粗利益						

※同様に1年間（1ヶ月～12ヶ月）の計画を策定していきます。

＜販売促進計画＞

方　法	1ヶ月	2ヶ月	3ヶ月	4ヶ月	5ヶ月	6ヶ月
チラシ	50,000円					
DM		30,000円				
営業販売		20,000円				
費用合計	50,000円	50,000円				

(2) 仕入計画

　商品や原材料を仕入れる際のポイントは，次のとおりです。

① 経営面

・経営理念

　　仕入先の経営理念や経営方針が，自社の方針と適合しているかを確認することです。長期的に取引を継続するために重要となります。

・経営の安定性

　　仕入先の経営が安定し，成長しているかを確認することです。取引先の経営状況をチェックすることが大切です。

・社会的な信用

　　業界のなかでの評価はどうか，同業他社などの評価を聞いてみることで，判断することができます。

② 商 品 面

・商 品 機 能

　　商品自体の質がよいかどうかを確認することです。商品の基本的な機能や品質がよくなければ顧客の信用を得ることはできません。

・商品の豊富さ

　　取扱商品が豊富にあるかどうかです。仕入れるときに選択の幅が広がり，魅力ある品ぞろえをすることができます。

・新商品の開発

　　消費者ニーズが多様化するなかで，常に売れる新商品を開発して供給してくれるかは重要な事項となります。

・安定した供給能力

　　常に安定した商品の供給体制が整っているかです。注文したときに品切れなどが発生しないことは大切です。

・価格とのバランス

　　商品の機能や品質，デザインなどと価格のバランスがとれているかです。単純に低価格であればよいということではありません。

③ 販 売 面

・取引条件の公平性

　　仕入価格や支払条件などの取引条件が，公平で客観的であるかです。双方にとって適正な条件であることが大切です。

・商品情報の提供能力

　　商品に関する情報や取り巻く市場動向など，幅広い情報収集能力をもち，適切に提供する能力があるかどうかです。

・納品の確実性

　　発注した商品が正確に迅速に納品されることが重要です。確実な商品の供給体制をもっていることが基本です。

・仕入担当者の能力

　　仕入先の担当者のコミュニケーション能力や信頼性が大切となります。双方が常に協力的な関係にあることが重要です。

(3)　経費計画

　　売上の変化とは関係のない人件費などの固定費は，特に利益計画に影響を与えますので，十分な管理を行うことが重要です。

①　人件費

　　従業員はできるだけ少人数にして，パートやアルバイトなどで対応できないか検討をします。

②　家賃

　　できるだけ事務所や作業場を効率よく縮小化できないかを検討します。整理・整頓や作業の合理化を図ります。

③　減価償却費

　　最低限必要となる施設，機械，什器，備品を検討することが大切です。リースの活用や中古品のリサイクルなども考慮します。

④　支払利息

　　起業する際の設備資金や運転資金などで銀行などから借り入れたお金に対する金利になります。できるだけ借入金を減らし，金利負担を軽減することが大切です。

138　Ⅱ　「技」の章

＜費用計画表＞

費　　用	1年目	2年目	3年目
人件費			
広告宣伝費			
販売促進費			
水道光熱費			
消耗品費			
旅費交通費			
交際接待費			
地代家賃			
減価償却費			
支払利息			
通信費			
その他			
費用合計			

※　同様に，月ごとの費用計画を作成します。

(4)　行 動 計 画

　新規事業の場合，スタート時に膨大な業務が集中します。この膨大な業務が管理できていなければ，混乱を起きかねません。混乱を防ぐために，やるべきことを時系列に並べ，スケジュール管理することが大切です。

行動内容	担当者	3	4	5	6	7	8	9	10
工事打合わせ	田中	○							
工事発注	田中		○						
チラシデザイン	山田	○							
チラシ発注	山田		○						
チラシ配布	外注			○					

139

8　起業の具体化6
資金計画・収支計画の策定

事業を開始するための必要資金，将来の見通しに関する計画を立てましょう。

140　Ⅱ 「技」の章

1　起業の具体化6〜資金計画・収支計画の策定〜

(1)　資金計画を立てる

　起業するためには，資金がいくら必要なのか，またその資金をどうやって調達するかなどの見通しを立てることが必要となります。

　新規に起業するための資金は，大きく2つに分けることができます。

・設備資金

　　店舗や事務所などの取得費，敷金・保証金，内装工事費，機器や備品などの取得費があります。

・運転資金

　　商品や材料の仕入費用，広告宣伝費，給料やアルバイト費，各種諸経費，当座必要な手元資金などがあります。

(2)　資金計画表の作成

　事業計画から起業に必要な費用を見積もります。起業場所の不動産情報や見積書など，具体的な数字を出していきます。

　また，資金調達手段は，大きく2つに分けられます。

①　自己資金

　起業を目指して計画的に積上げることが大切であり，必要資金の50％以上あることが望ましいです。

②　借入金

・両親，兄弟などの親族からのもの，友人・知人からのものがあります。

・金融機関などからの借入があります。

8　起業の具体化6　資金計画・収支計画の策定　　**141**

〈資金計画表〉

	項　　目	金　額	項　　目	金　額
設備資金	1　店舗，事務所など	万円	自己資金	万円
			その他親族からの借入額	万円
	2　機械，備品など	万円		
			金融機関からの借入額	万円
運転資金	3　商品仕入，経費など	万円		
	合　　　計	万円	合　　　計	万円

＊注　左側の必要資金合計と右側の調達資金合計が一致するようにして下さい。

〈資金計画表〉

	項　　目	金　額	項　　目	金　額
設備資金	1　店舗保証金 　　店舗工事費	100万円 300万円	自己資金	500万円
			その他親族からの借入額	
	2　機械装置 　　器具・備品	700万円 200万円	父親	500万円
			金融機関からの借入額	
運転資金	3　商品仕入代金 　　経費支払代金	300万円 100万円	○○信用金庫	700万円
	合　　　計	1,700万円	合　　　計	1,700万円

142 II 「技」の章

(3) 収支計画〜損益計画表の作成

　起業の見通しを検討するためには，収支計画を検討しなければなりません。損益の予測を立て「損益計算書」を作成します。

＜損益計画表＞（月平均）　　　　　　　　　　　　　　　単位：万円

		起業当初	3年後
売上高①			
売上原価②			
売上総利益③（①−②）			
経費	人件費		
	家　賃		
	支払利息		
	その他経費		
経費合計④			
営業利益⑤（③−④）			

＜記入のポイント＞

① 　売上高
　　・平均客単価×1日客数×月間営業日数＝月平均売上高
　　・平均販売単価×月間販売数量＝月平均売上高

② 　売上原価
　　・期首在庫高＋仕入高−期末在庫高＝売上原価

③ 　人件費
　　・法人の場合は，役員報酬＋雇用従業員給与＋アルバイト賃金＋法定福利費の合計
　　・個人の場合は，事業主・家族専従者の給料は含みません。

④ 　支払利息
　　・借入金の利息

⑤　その他経費

・賃借料，リース料，水道光熱費，減価償却費，消耗品費，広告宣伝費など，
事業を運営するために必要な経費

＜損益計画表＞（月平均）　　　　　　　　　　　　　　　　　　　単位：万円

		起業当初	備　　考
売上高①		300	＠600円×200人／日×25日
売上原価②		150	①の50％
売上総利益③（①－②）		150	
経費	人件費	60	本人＋パート2名
	家　賃	30	
	支払利息	1	
	その他経費	20	水道光熱費，消耗品費など
経費合計④		111	
営業利益⑤（③－④）		39	

＜記入例のポイント＞

○売上予測

　　客単価600円，1日当たりの購買客200人，月の営業日数25日

　　客単価＠600円×購買客数200人×月営業日数25日＝300万円（月売上高）

○売上総利益

　　業界資料より，売上原価率50％程度

　　300万円－（300万円×50％）＝150万円

○経費予測

　　人件費は，本人の給与が30万円，パート2名の給与25万，法定福利費5万
円，合計60万円（月間）

○利益予測

　　月間利益＝300万円－150万円－111万円＝39万円

(4) 必要売上高の算出

起業するにあたっては，採算のとれる売上高がいくらかなのかを把握しておくことが重要です。従業員の給与や家賃，借入金の返済などを考えて，必要となる売上高を算出しましょう。

① 目標利益の決定

事業で最低必要となる目標利益を決定してください。目標利益＝予定売上高－許容経費で算出してください。

② 必要経費の見積り

費用には，売上高の増減にかかわりなく支出される費用（固定費）と売上高の増減に比例して支出される費用（変動費）があります。

固定費の例としては，不動産賃借料，給料（固定給），減価償却費などがあり，変動費には売上原価が主なものですが，販売費および一般管理費などのなかには，支払運賃などのように変動する経費があります。

＜固定費と変動費の例＞

固定費	販売員給料，車両燃料費，車両修理費，消耗品費，販売員旅費，交通費，通信費，広告宣伝費，役員給料，事務員給料，福利厚生費，減価償却費，交際接待費，賃借料，保険料，修繕費，水道光熱費，支払利息・割引料，租税公課など
変動費	売上原価，支払運賃，支払荷造費など

③ 損益分岐点売上高の算出

損益分岐点売上高とは，損益がゼロになる売上高で，損益分岐点売上高＝固定費＋変動費となります。

＜計算式＞

$$損益分岐点売上高 = \frac{固定費}{1 - (変動費 \div 売上高)}$$

＜計算例＞

売上高　300万円，変動費　180万円，固定費　100万円

損益分岐点売上高＝100÷〔1－(180÷300)〕＝250万円

④ 必要売上高の算出

目標売上高（営業利益）を実現するために必要な売上高の算出は，次のとおりです。

＜計算式＞

$$必要売上高 = \frac{固定費 + 目標利益}{1 - (変動費 \div 売上高)}$$

＜計算例＞

売上高　300万円，変動費　180万円，固定費　100万円，目標利益　50万円
目標売上高 ＝（100 ＋ 50）÷〔1 － (180 ÷ 300)〕＝ 375万円

算出した必要売上高から損益計画の検討をしてください。
・投資内容……投資額は適正かどうか，縮小できる部分はないか。
・資金調達……自己資金を増加できないか。
・経費内容……経費額の削減ができないか，各種経費内容の見直し。

＜関連する計算式＞

○変動費率（％）＝（変動費 ÷ 売上高）× 100（％）
変動費を売上高で除した割合が変動費率であり，売上高に占める変動費の割合です。

○限界利益率（％）＝ 1 － 変動費率 ＝ 1 － (変動費 ÷ 売上高)× 100（％）
限界利益は，売上高から変動費を差し引いた収益であり，それを率で表したものが限界利益率です。

○損益分岐点比率（％）＝（損益分岐点売上高 ÷ 売上高）× 100（％）
損益分岐点比率とは，実際の売上高から損益分岐点売上高が何％の位置にあるかを見る指標です。この数値が低ければ低いほど，売上の低下による赤字への抵抗力があるということになります。

＜計算例＞

売上高　300万円，変動費　180万円，固定費　100万円
損益分岐点比率 ＝（250 ÷ 300）× 100 ＝ 83.3％

コラム⑬

クラウドファンディングによる資金調達

　クラウドファンディングということばは，クラウド（群衆）とファンディング（資金調達）を掛け合わせた造語です。近年では，インターネットサービスの普及により，投資などの障壁が下がってきています。

　個人がインターネット経由で行う他の人々や組織への財源の提供などが注目されています。クラウドファンディングは，「一般個人から資金調達が可能なオンラインプラットフォーム」と定義することができます（日本クラウドファンディング協会）。

〈クラウドファンディングの種類〉

1)　寄付型クラウドファンディング

　個人や企業がプロジェクトを提案し，投資家は出資金を投資します。プロジェクトが目的・目標以上の金額を達成した場合には，活動報告などの無償の成果物が提供されるものです。リターンを一切求めないタイプです。

2)　購入型クラウドファンディング

　個人や企業がプロジェクトを提案し，投資家は出資金を投資します。プロジェクトが目的・目標以上の金額を達成した場合には，金額に応じた商品，サービス，作品や招待，ノベルティ（景品）などの金額以外のリターンが行われます。

3)　金融型クラウドファンディング

　個人や企業がプロジェクトを提案し，投資家は出資金を投資します。プロジェクトが目的・目標以上の金額を達成した場合には，金額に応じた株や事業の利益配分が受けられます。金銭的リターンが行われるタイプです。

　事業目的に応じて，それぞれのタイプの内容を検討して，資金調達に活用することが大切です。

〈クラウドファンディングの進め方〉

1．考案と申請	プロジェクトのテーマを決定します。どのような内容を企画し，利用したいサービスとして，目的・目標金額・リターンなどを企画書にまとめて申請します。
2．審査	クラウドファンディングを運営する会社が審査を行います。審査期間や審査基準などの規定を確認します。
3．サイトへの掲載	公開ページにプロジェクトの内容が掲載されます。文章や写真を魅力的なものに仕上げます。
4．資金集めのための支援者集め	プロジェクトの目標額の達成には，多くの出資者と出資額が不可欠です。より多くの人に見てもらえるように情報を拡散しましょう。募集期間中に途中経過を報告すると，協力しようと考える支援者の数は増えます。
5．目標金額の達成	募集期間内に目標金額が達成されれば，プロジェクトはいったん成功と見なされます。その後，プロジェクトの本格的な始動に取りかかります。目標金額の達成を目指してベストを尽くすことが重要です。
6．リターンの提供	集まった支援金でプロジェクトを進めていきますが，支援者へのリターンも考慮しながら動かなければなりません。支援者への丁寧や説明やコミュニケーションが大切となります。

〈クラウドファンディング事例〉

事例1	NPO法人ARUKAS KUMAGAYA：クラウドファンディング目標金額　600万円

　2014年に当NPO法人が設立され，女子セブンス（7人制ラグビー）強化に特化したクラブチームを所有しています。全国でも有数のラグビータウンである熊谷市の地域特性や，地元企業と立正大学の支援もあり，トレーニング環境，選手の雇用企業，コーチ・スタッフという3つの要素が揃っています。

　クラブチームであるアルカスクイーン熊谷では，地域や大学，多くの企業などから支援を頂き，選手がトレーニングに打ち込める環境を用意できていますが，海外遠征を行えるまでの予算は確保できていません。チーム強化のためにニュージーランドへの遠征を実施したいと考えており，より多くの選手たちに海外での試合を経験させてあげたいという想いからクラウドファンディングを利用しました。

　選手やコーチ・スタッフ合わせて約30～40人の約1～2週間程度の現地滞在を計画し，その資金として総額1,100万円程度必要となります。今回はそのうちの最低600万円の資金を集めることを目標としました。クラウドファンディングを通じて，多くの方々に女子ラグビーについて知っていただき，女子ラグビーのファンを集めたいと考えました。

148　Ⅱ　「技」の章

　今回は寄附金額を1口5千円から30万円までの6段階に設定しました。あらかじめ寄附者の数とリターンの数を想定しておかなければなりません。リターンは，選手集合写真，招待チケット，サイン入りジャージなどが用意しました。

事例2　| NPO法人北本市観光協会：クラウドファンディング目標金額　55万円 |

　当法人は，前身の北本市まちづくり観光協会での17年にも及ぶまちづくり，地域振興を中心とした活動を通じて，より一層の事業の拡大を図るため，平成24年にNPO法人化しました。

　今回，さまざまなアイデアを出し合うなかで，北本市の特産であるトマトと間伐材とを上手に活用したイベントができないかという意見が出ました。トマトと間伐材を薪として活用することでピザを作ろうという声があがり，移動式のピザ窯を作ることになりました。クラウドファンディングの手法を利用して必要な資金を調達することにしました。県の共助社会づくり課の支援を受けながら，寄附を募ることで広報活動の広がりが期待できると考えました。リターンの設定や製作費用等を積算し，目標金額を設定しました。

　3月末のイベント「北本春の森めぐり」での移動式のピザ窯による焼きたてのピザをリターンのメインに設定し，当日は約2,000人の来場者がありました。より多くのイベント参加者を見込み，寄附金額の設定は3,000円，5,000円，7,000円という小口を多くし，参加しやすい環境を整えました。材料費などを賄うことができましたが，普段からの人間関係づくりや地域とのつながり，密着度が大切であると感じています。

クラウドファンディング成功事例

課題ケース	支援金額
ものづくりが変わるレーザー加工機の開発	60,115,200円
下関を世界有数の港町にする複合施設の設置	44,389,000円
広島に眠る廃校をみんなの居場所に再生する	38,485,000円
北陸の蒸留所を改修し見学施設にする	38,255,000円
沖縄離島の急病患者を救う医療用飛行機を購入	36,291,000円
小児がんと戦う無菌室の設置	31,162,000円
赤ちゃんを虐待死から救う赤ちゃん縁組事業を開始	29,595,000円
命を守るためのドクターカーの購入	25,366,000円
がん患者が自分の力を取り戻す場マギーズセンターの設置	22,068,000円
相次ぐ小劇場閉鎖危機に立ち向かう新劇場の設立	19,282,000円
スーダンの無医村に診療所を建設	14,316,000円
製造中止の高機能松葉づえを再生産	17,070,000円
18歳未満の子どもたちを対象とした障害者支援の場づくり	13,214,000円
不登校になった子どものためにフリースクールを作る	12,882,000円
待機児童を減らすための病院内保育所の設置	12,435,000円
木造廃校舎を人が集う拠点にする	12,347,000円
老朽化した児童養護施設を新しくする	11,995,000円
本のある空間を届けるブックカフェプロジェクトの推進	11,785,000円
ストリートチルドレンの未来を描く学校を開校	11,410,000円
健康的な鯖バーガー専門店の開店	10,616,000円
医療不足が深刻な地域に子ども病院をつくる	10,233,000円
シングルマザーの自立を支える家を設置	10,100,000円
命の危機にある赤ちゃんのために最近の保育器を購入	10,036,000円
閉鎖の危機にあるケニアの診療所を存続する	8,712,000円
ふくしま浜街道に2万本の復興桜を植樹	8,401,000円
ネパールの村に水力発電で明かりを届ける	8,239,000円
沖縄の大自然に森のおもちゃ美術館をつくる	7,862,000円
スーダンの砂漠地帯に暮らす1万人に安全な水を提供	7,228,000円
廃校寸前の小学校を救う移住者向け住宅を改修	7,065,000円
バングラデッシュのスラムを医療モデル地域にする	6,705,000円
ラオスの貧しい村へ医療を届けるドクターカーの購入	6,564,000円
殺処分室のない動物保護センターの建設	6,080,000円

コラム⑭

ニッチビジネスの資金集めに対する考え方

和（わ）から株式会社「大人のための数学教室」
堀口智之代表取締役社長からのメッセージ（2）

　さて，早速ですが，皆さんに質問です。この「社会人向けの数学教室」事業を立ち上げるとき，黒字化までにいくらかかったのでしょうか？　100万円？　500万円？　1,000万円？　1億円くらいでしょうか。先を読み進める前に，「自分だったら……」ということで考えてみましょう。

　答えをすぐに言ってしまう前に，少し考えてみましょう。まずは，事業を作る3つの視点である，ヒト・モノ・カネのうちの2つ，ヒト・モノで考えてみましょう。

　まずはヒト。事業の本質はヒトです。人が事業を創っていくので，良い人が集まるかどうかが成功の要といっても過言ではありません。もし，気の合う友人や仲間と起業していけたらいいのですが，バッチリ気の合う友人は必ずしもいるとは限りません。自分一人で回していくような小さな事業であれば大丈夫なのですが，事業としてきちんと継続していこうとする場合，人を雇用して教育するなどして自分以外の人が運営し続けていく仕組みとすることは不可欠です。例えば，人を募集するときにハローワークは無料で求人を出すことはできますが，優秀な人がたくさん来るかといえばNO。立ち上げたばかりの企業は多くの人から見て「怪しい」会社にうつります。あなただったら，立ち上げて1ヶ月目の会社に転職をしようと思うでしょうか。立ち上げたばかりの会社は大抵仕事内容ががっちり決まっているわけではありませんし，何よりも信用がない。だからといって，たくさんの人に注目してもらうためにリクナビ等に求人サイトに求人を出すのも1つなのですが，一番安いコースでも約20万円程度は必要です。面接にも多大な労力が必要となります（最近では，ウォンテッドリーといったfacebook連携型で面接よりも見学を軸としたユニークな転職サイトもあるので活用するといいかもしれません）。いろんな方法を使って入社してもらったとしても，お試しで試用期間として雇用することは出来ますが，その間の給料は支払われます。どんなに少なくて月20万円くらいに押さえられたとしても，「この人は向いていない。」と合わないことがわかり辞めてもらうにも1ヶ月以上はかかります。代わりの人材を探すのにもまた多くの方と面接をして探さなければなりません。そう考えると，辞めてもらうのにも躊躇するはずです。その間，給料の支払いは出て行く一方，3ヶ月で約60万円。また，人材紹介で入社すれば年収約3ヶ月分を手数料として紹介会社に払うのが相場です。そう，ヒトには膨大なお金がかかってしまいます。

　次に，モノ。社会人向けの数学指導をするということは，数学を教えられる場所がなければなりません。「教室」を借りるとなると，家を借りるのとは訳が違います。事業目的で借りれば，敷金・礼金が合計6ヶ月〜12ヶ月程度かかります。20坪程度の小さな

教室としても坪単価 1 万円とすると家賃20万円で，敷金・礼金が 1 年とすると240万円ほどかかります。また，凝った内装にすればそれ相応にお金はかかります。20坪程度の小さな教室でも最低300万円程度はかかります。もちろん，教室を作っただけでは，お客様は来ません。集客に力を入れなければいけないので，WEBサイトや，チラシを作ります。最近では，クラウドワークスやランサーズなどのクラウドソーシングで安く作れる方法も確立されてはきましたが，きちんと作ろうと思えば，それ相応に予算は必要です。どんなに安く作ろうとしても30万〜100万円程度（どこまでのレベルのものを作るかでその10倍以上かかることもあれば，ピンきりです。）はみておいた方がいいでしょう。また，数学を教えるのだから数学のテキストもそれなりに揃ってあった方がいいですよね。お客様にきちんといい本を紹介するとなると，数百冊は必要でしょう。

　ざっと考えてみても事業には多大な " カネ " が必要です。初期的な費用のみで考えていきましたが，黒字化するまでは人件費，家賃，広告費とかかり続けます。事業を始めるのに，数百万円〜数千万円必要な理由はなんとなくわかったと思います。……とここまでは普通の起業ストーリー。

　しかし，私の場合は，自己資金10万円で起業しました。正確に言えば，弟から 3 万円，親から10万円を借りたので23万円です。たった23万円で黒字化をするに至りました。これは累計23万円で，この他にお金は入れていません。

　黒字化といっても " からくり " があります。まず，人に働いてもらうための給料というか，自分の生活費すら怪しかったので，当然一人で始めました。そして，月の固定費を一切かけることはしませんでした。オフィスはなく，授業もカフェで行い，WEBサイトも自分でHTML等を学んで作りました。自分の生活費が月 8 万円程度でしたのでWEBサイトを外注して作成する30万円は，私の 4 ヶ月分の労働に相当します。4 ヶ月あれば私でも十分につくれると考え，自分で作ることを決意しました。（実際は 1 ヶ月程度かかりました。）SEO対策やWEB広告も数冊本を買って勉強し，少しずつ始めました。チラシも自分でデザインしたものを4,000枚ほど作って（作成費用は 2 万円ほど）手配しました。つまり，事業を始めるにあたってほとんど経費をかけませんでしたので，カフェ代と私の生活費である月 8 万円が固定費だったのです。つまり，月10万円も売上が上げればそれだけで「黒字化」になります。たった10万円ですがされど10万円，本当に必要な資金は何かというのをきちんと見極めていくことが大事ということです。資金を集めることがプラスを増やすことなら，支出を抑えることでマイナスを少なくしていくことで，トータルとしてプラスになる働きかけが重要です。もしかしたらあなたが「必要だ」と考えている経費はそこまで必要ないかもしれません。

　「いや，自分がこれから立ち上げていく会社には関係がないかも・・・」と思われたかもしれません。もう少し詳しくみていきます。実は，この方法がうまくいく事業とうまくいかない事業があります。それを見極める質問は，「そのサービスは誰の何を解決するサービスで，その問題を解決するためには他にどんな解決手段があるか？」ということです。

　大人向けの数学教室は，大人の方で数学が知りたくて困っている人に，その悩みを解

決するサービスで，その人にとっての解決手段は他に本かWEBで調べることくらいでした。世の中に学習塾はたくさんありますが，小学生や中学生の隣で学びたい大人はいないでしょう。つまり，本やWEBで調べてもわからない人は解決する手段がないのです。さらに違う言い方をすれば，そもそも数学を学びたくて困っている人は「サービスがない」ことに対して困っているのであって，はじめから高いクオリティのものを求めているわけではありません。つまり，はじめから100点のサービスを行うことをしなかったこと，が支出を極限まで抑えることのできた理由になっているのです。

　また，私の数学を教えるスキルははじめから誰よりも高かったか？といえばそうではないと思います。指導歴がたった5年くらいでしたし，数学のすべての分野をマスターしていたかといえばそうではありませんでした。大切なのは，私はお客様を「数学のプロ」に育てたいわけではなかったということ。お客様のその悩みを解決すること，例えば，数学の本質がわからないお客様に対して，本質をきちんと伝える，ことが仕事だったのです。本質を伝えるのに，指導歴はあまり関係ありませんでした。どちらかといえば，数学の深い知識，つまり，数学の歴史や公式がどう生まれていったか，公式の意味，その分野を学ぶ理由，それが社会でどう生かされているかといった，「問題をどう解くか」というテクニックではなく，数学のより根っこ，本質に近い知識が求められました。数学好きな私は，多くの数学・科学・哲学等の書籍を趣味で読んでいたため，自然と知っていることではありました。もちろん，お客様に対して本気で喜んでもらいたいという情熱はありましたので，授業前に必死に予習をして挑むなど，お客様と一緒に数学を学んでいく姿勢で私も大きく成長していくことができました。

　最近上場した某プラットホーム型サイトの社長のお話を聞かせて頂くこともありましたが，立ち上げてから5年以上赤字状態であったと聞きます。赤字でも続けられたのは，「赤字額が少額で気にならなかったこと」，「稼ぎ柱が他にあったこと」，などお話していました。

　同じ事業でも継続すればするほど成功率は大きく変わってきます。続けるコツは資金を集めることではなく，資金をかけないことです。心理的なプレッシャーも大きく違います。もちろん，大きくリスクをとっていかなければいけない事業もありますので一概にこのやり方が良いものとは限りませんのであしからず。

（コラム7参照）

9　起業の具体化7

事業形態の選択

株式会社やNPOとか，法人は色々あるけど，何が違うの？

事業を始めるのに，どのような形態でスタートするかは重要ですね。法人の種類の違いについて見てみましょう。

1 起業の具体化7 〜事業形態の選択〜

(1) 事業形態の選択

　事業形態は，大きく分けると個人事業と法人事業があります。個人事業で始めるのか，法人を設立してスタートするのかは，業種特性や事業の規模，将来の展望などを総合的に考えて判断することが必要です。

個人事業と法人事業（株式会社）の違い

	個人事業	法人事業（株式会社）
開業手続，費用	登記は不要。費用はかからない。	法人設立登記の手続が必要。費用と手間がかかる。
事業内容	原則として，どのような事業でもよい。変更は自由。	定款に事業内容を記載する。変更には変更登記手続が必要。
社会的信用	法人に比べると一般的に低い。	一般的に社会的信用が高い。事業取引や金融機関との関係で有利。
会計処理	帳簿や決算書類の作成が簡単。	帳簿や決算書類の作成が複雑。
事業に対する責任	事業主が全ての責任を負う。事業に失敗した場合には，個人資産を処分して負担。	会社と個人の財産は区分されている。自分の出資分だけの責任を負う。

◆その他の組織形態◆

○合同会社（LLC）

　2006年の会社法の施行により，合同会社という組織形態が新たに認められました。特徴は，出資者の責任が有限責任でありながら，組織の内部関係について自由で柔軟に設計することが可能になっています。

メリット	デメリット
・設立に要する費用が安い ・内部組織や損益配分が自由 ・決算公告の義務がない ・スピード経営が可能	・法人課税の対象となる ・認知度が低い ・株式会社より信用度で相対的に劣る

○有限責任事業組合（LLP）

2005年8月から「有限責任事業組合契約に関する法律」が施行され，有限責任事業組合の設立が可能となりました。

組織形態としては，組合に分類され，出資者の責任が有限責任であり，自由で柔軟な組織内の自治が可能です。

メリット	デメリット
・組合そのものへの課税がない 　（構成員課税） ・組織運営や損益分配が比較的自由	・組合員の経営参加が義務 ・他の法人形態組織への変更が不可 ・法人ではないため，信用度で劣る場合がある

項　　目	株式会社 （株式譲渡制限）	合同会社	有限責任事業組合
根拠法	会社法	会社法	有限責任事業組合法
法人格	あり	あり	なし
課税方法	法人課税	法人課税	構成員課税
事業の存続	永遠	永遠	有期
資本金	1円以上	1円以上	2円以上
一人設立	可	可	不可
出資者の責任	有限	有限	有限
取締役・社員の責任	有限	有限	有限
利益の分配	株式数による	自由	自由
公告義務	あり	なし	なし
業務執行	取締役 （株主が選出）	業務執行社員 （社員から選出）	契約で定める
設立費用	約24万円	約10万円	約6万円

○NPO法人（特定非営利活動法人）

特定非営利活動を行う団体に法人格を付与することにより，ボランティア活動をはじめとする市民の自由な社会貢献活動の健全な発展を促進することを目的として，1988年12月に特定非営利活動促進法が施行されました。

156　Ⅱ 「技」の章

＜NPO法人20分野の活動＞

1. 保健，医療又は福祉の増進を図る活動
2. 社会教育の推進を図る活動
3. まちづくりの推進を図る活動
4. 観光の振興を図る活動
5. 農山漁村又は中山間地域の振興を図る活動
6. 学術，文化，芸術又はスポーツの振興を図る活動
7. 環境の保全を図る活動
8. 災害救援活動
9. 地域安全活動
10. 人権の擁護又は平和の推進を図る活動
11. 国際協力の活動
12. 男女共同参画社会の形成の促進を図る活動
13. 子どもの健全育成を図る活動
14. 情報化社会の発展を図る活動
15. 科学技術の振興を図る活動
16. 経済活動の活性化を図る活動
17. 職業能力の開発又は雇用機会の拡充を支援する活動
18. 消費者の保護を図る活動
19. 前各号に掲げる活動を行う団体の運営又は活動に関する連絡，助言又は援助の活動
20. 前各号に掲げる活動に準ずる活動として都道府県又は指定都市の条例で定める活動

＜演　習＞

　あなたが起業する場合，どのような事業形態に興味がありますか。その理由を記述してください。

事業形態の種類	
興味がある理由	

(2) 会社の組織，役割分担の基本

① 組織の3要素

アメリカの近代組織論の創始者のC.I.バーナードは，組織を成立させるための必要かつ十分な条件として，次の3要素を挙げています。

1) 共通目的

　人々が協力して活動を行うためには，メンバー間に共通の目的が存在していなければなりません。この組織としての目的は，メンバーの合意を得られるものである必要があります。

2) 協働意欲

　協働意欲は，組織メンバーの共通目的を達成しようとする意欲のことです。
　協働意欲を高めるには，組織が金銭的・物的誘因とともに社会的・心理的誘因をメンバーに対して十分に与えることが必要になります。

3) コミュニケーション

　コミュニケーションは，組織内における各種情報の伝達のことであり，共通目的と協働意欲とを統合する役割を果たします。組織全体として統合し調整するコミュニケーションがなければ，組織のまとまりを維持できません。

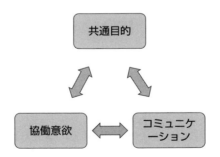

② 組織原則

　組織の編成と運営には，次のような原理原則があります。

158　Ⅱ　「技」の章

1)　三面等価の原則

　　スムースな組織運営を可能とするためには，職務を明確に規定する必要が
あり，職務を明確にするためには，各職務の責任・権限・義務の三者が相等
しくなければならないという原則です。組織において職務を位置づける時に
は，責任・権限・義務の三側面から理解しなければならないことを意味しま
す。

2)　指令系統の統一化の原則

　　各人が職務を遂行する場合，その具体的な指令が随時伝達されますが，指
令を受ける者が混乱を起こさないためには，できるだけ単一の人物から伝達
されるようにしなければならないという原則です。この原則によって，組織
の混乱を防ぐことができます。

3)　統制範囲の原則（スパン・オブ・コントロール）

　　組織の秩序を保つためには，1人の管理者が指令を発し，その遂行結果を
評価しうる範囲（部下の人数）を適正にしておかなければならないという原
則です。この原則は，1人の管理者が直接的に統制できる部下の人数には限
界があることを示したものです。

4)　専門化の原則

　　この原則は，それぞれの仕事を何らかの関連する事項ごとにまとめて，専
門的に遂行することが，より効率的であるというものです。

5)　権限委譲の原則

　　上司が部下に職務の一部を委任する場合，その委任した職務遂行に必要な
権限を委譲しなければならないという原則です。すでに三面等価の原則で示
したように，職務には責任・権限・義務の三者が同等でなければならないこ
とから，権限委譲の原則は当然のことですが，職務委任の際，とかく権限委
譲が忘れがちなことから特に重視されてきた原則です。

10　起業のまとめ

いままで学んできたことを,まとめてみましょう。

1 起業のまとめ

(1) 事業計画書のまとめ

① 事業計画書の作成

　事業計画書は，今まで検討してきた個別事項をまとめ，支援者や関係者に事業内容を理解してもらう重要なツールとなります。その内容は，第三者が理解できるような客観的な内容が必要となります。

② 事業の概要

　・事業を構想した動機や背景を示し，その独自性を明確にします。

　・事業の社会的な意義や将来性を明確に示します。

　・事業コンセプトを明確にします。

③ 事 業 内 容

　・対象市場，顧客層を明確にします。

　・取り扱う商品・サービスの内容を具体的に示します。

　・販売方法，仕入方法などを明確にします。

④ 計画の実現可能性

　・事業計画を実現するための具体的方法を提示します。

　・強みや弱み，課題の解決方法を示します。

　・協力者，支援者について明らかにします。

⑤ 事業の採算性

　・損益計画（売上，経費，利益），資金計画を作成します。

　・計画は３年〜５年分を作成します。

⑥ 事業スケジュール

　・起業までのスケジュールを明確にします。

　・起業後３年〜５年の事業目標，事業内容を明確にします。

(2)　事業計画書を具体的に作成する

①　事業の概要

1）　事業の全体像

　・起業する業界の動向，競争条件，ターゲット顧客層

　・起業の動機，社会的背景，将来の展望

2）事業の概要

　・事業タイトル，起業時期，起業場所など

　・独自のテーマや事業内容

162　Ⅱ　「技」の章

3）　事業の将来目標

・事業の展開，事業規模など

② **事業の内容**

1）　事業の具体的内容

・取り扱う商品・サービスの具体的内容

・対象顧客，年齢・性別・地域・所得層など

・販売方法，サービスの提供方法

・店舗や施設の特色など

・仕入先，仕入方法など

2）　事業の特色

　　・競合に対する強み

　　・従来の事業にはない独自性の具体的内容

3）　事業の課題と解決方法

　　・事業実施にあたっての課題

　　・課題の対応方法，解決方法

164   Ⅱ 「技」の章

4) 損益計画，資金計画

　・損益計画の作成

単位：千円

	1年目	2年目	3年目
売上高			
売上原価			
売上総利益			
役員報酬			
給与（社員）			
アルバイト代			
法定福利費			
教育費			
家賃			
水道光熱費			
通信費			
販売促進費			
広告宣伝費			
諸手数料			
雑費			
販売費及び一般管理費			
営業利益			

○損益計算書の項目

売上高	ビジネスで獲得した売上
売上原価	売上に対する商品仕入
売上総利益	売上高－売上原価
販売費及び一般管理費	事業活動に必要な諸経費
営業利益	売上総利益－販売費及び一般管理費

・資金計画の作成

必要資金項目	金　額	調達資金項目	金　額
・店舗，事務所など	万円	・自己資金	万円
・設備，備品など	万円	・金融機関借入	万円
・商品仕入，経費など	万円	・その他	万円
合　　計	万円	合　　計	万円

166 II 「技」の章

・資金繰り計画表

		1年目											
		1月	2月	3月	4月	5月	6月	7月	8月	9月	10月	11月	12月
前月繰越金													
	現金売上												
	売掛金回収												
	受取手形回収												
	雑収入等												
経常収入													
	現金仕入												
	買掛金支払												
	支払手形決済												
	その他経費												
経常支出													
	借入金												
経常外収入													
	借入金返済												
経常外支出													
翌月繰越金													

		2年目											
		1月	2月	3月	4月	5月	6月	7月	8月	9月	10月	11月	12月
前月繰越金													
	現金売上												
	売掛金回収												
	受取手形回収												
	雑収入等												
経常収入													
	現金仕入												
	買掛金支払												
	支払手形決済												
	その他経費												
経常支出													
	借入金												
経常外収入													
	借入金返済												
経常外支出													
翌月繰越金													

		3年目											
		1月	2月	3月	4月	5月	6月	7月	8月	9月	10月	11月	12月
前月繰越金													
	現金売上												
	売掛金回収												
	受取手形回収												
	雑収入等												
経常収入													
	現金仕入												
	買掛金支払												
	支払手形決済												
	その他経費												
経常支出													
	借入金												
経常外収入													
	借入金返済												
経常外支出													
翌月繰越金													

※ 損益収支で利益が出ていても，資金収支が赤字で，資金不足となり事業が行き詰まることがあります。

5） 要員計画

・年度別の要員計画

・経営者，従業員，パートタイマーなど

168   Ⅱ 「技」の章

6）　事業スケジュール

　・事業の立案から起業までのスケジュール

内　　容	実施時期

③　その他の事項

1）　創業者プロフィール

　・創業者の経歴

10 起業のまとめ **169**

2） 協力者，支援者

・起業に際して協力してくれる個人や企業リスト

④ **添 付 資 料**

1） 資料データ

・統計資料，調査報告書，公的データなど

2） 図面資料

・店舗設備の設計図など

3） 設備などの見積書，起業資金算定の基礎資料など

170 Ⅱ 「技」の章

4） 知的財産，資格などの資料

11　起業の実践1

法人設立の仕方

ここでは，株式会社を設立するための具体的な流れについて見てみましょう。

1 起業の実践1～法人設立の仕方～

(1) 法人の設立

　平成18年5月の会社法施行以降，資本金1円，取締役1人でも設立が可能となったため，株式会社を名乗ることが容易になりました。

　株式会社設立の流れは，次のようになります。

① 発起人の決定

　発起人は，会社設立までの手続きを進めていく中心となる人物です。人数は1名以上であり，基本的には代表取締役就任予定者が務めます。定款に署名し，1株以上の出資が必要となります。

② 会社の基本事項の決定

　会社の目的，社名，事業内容，本店所在地，資本金の額，役員の構成，決算期などの基本事項を決定します。

③ 定款の作成

　定款は，会社の憲法と呼ばれるもので，会社の活動は全てこの定款に基づいて行われます。

1） 絶対的記載事項

　　記載しなければ定款自体が無効となってしまう事項です。

　　目的，商号，本店の所在地，設立に際して出資される財産の価額又はその最低額，発起人の氏名又は名称及び住所。

2） 相対的記載事項

　　定款に記載しなくても無効にはなりませんが，記載しなければ法的効力が生じない事項です。

　　株式の内容，株券を発行する旨，取締役・監査役の任期の変更に関する規定，会社の公告方法　など。

3） 任意的記載事項

　　定款に記載することが全く任意である事項です。ただし，公序良俗や法律

に反しないものでなければなりません。

取締役・監査役の人数，事業年度，配当金に関する事項　など。

④　定款の認証

作成した定款は，公証人の認証を受ける必要があります。

定款の記載事項に間違いはないか，会社の基本原則に違反していないかなどをチェックし，間違いのない定款であることを公証してもらいます。

公証人による定款の認証は，設立登記を受ける法務局や地方法務局の管内（区域内）にある公証人役場で行います。全発起人の印鑑証明書が必要であり，収入印紙代（4万円）と，公証人手数料（5万円）が必要になります。

⑤　出資金の払い込み

発起人は，引き受けた株数に相当する金額を支払わなければなりません。

従来は，会社設立のためには銀行に保管証明書を発行してもらわなければならないなど，煩雑な手続きが要求されていましたが，現行会社法では，発起人個人名義の口座に，出資金が全額振り込まれさえすればいいことになりました。

○出資金の払い込みでミスをしやすいポイント

・払込日は定款認証を受けた日以降でなければなりません。

・振込者名が発起人名と一致していなければなりません。

・発起人が自ら自分の口座にお金を入れる場合でも「預入」ではなく「振込」をして，通帳に振込者名を残します。

・定款記載の各発起人の出資額と，振込額が一致しなければなりません。

・発起人が複数いる場合には，各発起人の振込額の合計が，資本金額と一致しなければなりません。

・発起人全員の振り込みが終わり，通帳のコピーを取るまでは，引き出してはいけません。

⑥　その他の書類の作成

会社設立登記をするためには，その他登記に必要な書類をそろえなければなりません。

・就任承諾書

　就任承諾書は，設立時取締役，設立時代表取締役の全員が提出しなければ
なりません。

・払い込みがあったことの証明

　資本金の払い込みが全額あったことを確認した後に作って提出しなければ
ならない書類です。

⑦　設立登記申請

　設立登記は，代表者本人が申請する以外は，司法書士以外の者が登記申請の
代理を行うことはできないのが現行法制上のルールとなっています。

　本店所在地を管轄する法務局に申請します。

　登記にあたっては，「登記申請書」，「登記すべき事項に関するデータを記載
したCD－R」が必要となります。

＜会社設立登記の費用＞

	株式会社
定款の認証	収入印紙代40,000円　認証手数料50,000円
定款謄本手数料	1枚につき250円×定款の枚数
設立登記	登録免許税　資本金の0.7％（最低150,000円）
登記事項証明書	1通につき480円

(2)　定款の作成

　定款の作成にあたって，主な事項には次のようなものがあります。

○目　　　的

　会社の目的を定める必要があります。目的の書き方は抽象的な表現は避け，
必ず業種を限定することが必要です。また，会社は定款で定めた事業以外を
行うことができませんので，業種の範囲を広げておくことが一般的です。

○商　　　号

　商号は会社の名前のことです。旧商法では，同一市町村での同一商号が禁
止されていましたが，会社法施行とともに，この規制は廃止され，同一住所，

11 起業の実践1 法人設立の仕方 **175**

同一商号だけが規制されます。

○本店の所在地

本店の所在地は，最小行政区分（市町村）までの記載で構いません。

○設立に際して出資される財産の価額またはその最低額

会社法施行後に，会社設立時の出資額を直接定めることになりました。

○発起人の氏名または名称及び住所

発起人の氏名または名称と住所を記載します。通常は，代表取締役に就任予定の者になります。

(3) 事業開始に必要な届出

事業を開始したら必要書類を税務関係機関に届けます。また，雇用する従業員がいる場合には雇用関係・社会保険関係機関にも届出が必要になります。

① 税 務 関 係

	届 出 先	種 類	提出期限・留意点等
個 人	税務署	①開業届出書	開業日から1ヶ月以内
		②青色申告承認申請書（青色申告したい場合）	開業日から2か月以内（開業日が1／1〜1／15の場合は，3／15まで）
		③給与支払事務所等の開設届出書（従業員を雇う場合）	給与開始を始めた日から1ヶ月以内
	都道府県税事務所（市町村役場）	事業開始届出書（開業等届出書）	各都道府県で定める日（開業日から15日以内〜2ヶ月以内。要確認）
法 人	税務署	①法人設立届出書	設立日から1ヶ月以内（定款写し等必要書類）
		②給与支払事務所等の開設届出書	設立日から1ヶ月以内
		③棚卸資産の評価方法の届出書	確定申告の提出期限まで（届出がない場合は最終仕入原価法となります）

176 Ⅱ 「技」の章

	④減価償却資産の償却方法の届出書	確定申告の提出期限まで（届出がない場合は建物を除き定率法となります）
	⑤青色申告承認申請書（青色申告したい場合）	設立3ヶ月を経過した日と最初の事業年度終了日のうち，いずれか早い日の前日
都道府県税事務所（市町村役場）	事業開始等申告書（開業等届出書）	各都道府県で定める日（開業日から15日以内〜2ヶ月以内。要確認）

② 雇用・社会保険関係

届　出　先	届出の種類	届出期限	
年金事務所	健康保険・厚生年金保険 ①新規適用届 ②被保険者資格取得届 ③被扶養者届	5日以内	・法人事務所はすべて強制加入 ・個人事業所では常時5人以上の従業員を雇用する場合は強制加入，5人未満は任意加入
公共職業安定所	雇用保険 ①適用事務所設置届 ②被保険者資格取得届	①適用事業所となってから10日以内 ②従業員を雇った日の翌月の10日まで	・個人，法人とも常時雇用する従業員が1人以上いれば適用事業所となる
労働基準監督署	労働保険 ①保険関係成立届 ②労働保険概算保険料申告書	①保険関係が成立した日から10日以内 ②保険関係が成立した日から500日以内	・個人，法人とも常時雇用する従業員が1人以上いれば適用事業所となる ・従業員を常時10人以上雇用すると就業規則届が必要となる

コラム⑮

青色申告はこんなにオトク

　確定申告の方法には，白色申告と青色申告の２つの方法があります。青色申告をすることによってさまざまなメリットを受けることができます。

　個人事業主の場合であっても，一定の帳簿を備え，正確な記帳を行うことで青色申告が認められます。青色申告には，所得計算や申告納税手続きに特典があり，金融機関からの信用を高める効果もあります。

＜個人事業における青色申告の主なメリット＞

特　　典	内　　容
青色申告特別控除	通常の経費とは別に最高65万円の控除ができます。
専従者給与の必要経費算入	生計を共にしている配偶者などに対する専従者給与は，通常全額が必要経費に算入できます。 （青色申告専業専従者給与に関する届出書の提出が必要です）
欠損金の繰越控除	事業所得などに損失が出たときには，翌年以降３年間にわたって繰越控除ができます。また，前年の所得に対して純損失部分の税額の還付を受けることができます。
減価償却の特例	特定の設備において，特別償却や耐用年数の短縮ができます。

　青色申告特別控除の最高額65万円を受けるためには，以下の項目を全て満たす必要があります。

　○不動産所得または事業所得を生ずべき事業を営んでいること

　○正規の簿記の原則により記帳していること

　○確定申告書に決算書（貸借対照表と損益計算書）を添付すること

コラム 16

株式公開　ベンチャーキャピタル（VC）

　株式公開は，株式市場で自社の株式を売買の対象とすることです。つまり，特定の少人数の株主に限られていた株式を，証券市場で取引できるようにして，多くの人々から株主を募ることです。

1．株式公開の目的

　　起業後，事業が拡大するにつれて多くの資金が必要になります。その資金は金融機関などから借り入れて調達するよりは長期安定的な自己資本として調達するほうがよいといえます。そのためには，多くの株主から出資を募る方法として株式公開があります。

2．株式公開のメリット

　　・株式の発行による資金調達力の向上

　　・株式が売買取引されることによる信用力の向上

　　・公開条件をクリアすることによる知名度の向上

　ベンチャーキャピタルは，起業家などが経営するベンチャー企業に投資して成長を支援するファイナンス企業で，投資した資金を回収することが主要業務です。

　投資の動機は，投資したベンチャー企業の株式公開によるキャピタルゲイン（株式など資産の価格の上昇による利益）を得ることです。ベンチャー企業に対して，直接金融を主体にした資金提供を行う機関ということができます。

1．審査ポイント

競争力	事業が他社に比べて差別化できており，競争優位性が確立されているかを評価します。
収益性	事業の商品やサービスが，市場に受け入れられており，収益が確保できるかどうかを評価します。
成長性	事業が，いつまでに，どの程度まで成長できるのかを評価します。
マネジメント	事業の管理体制や管理能力が，事業の発展に対して，どの程度整備されているのかを評価します。
社会性	事業が，社会に対してどの程度貢献できるのかを評価します。

12　起業の実践2

営業開始準備

さあ，開業に向けての最終準備をしましょう

いよいよオープンが近づいてきました。でも何をしたらよいのですか。

開業案内や広告宣伝を考えましょう。開業挨拶状も作らないとね。

1 営業開始へ向けて

　営業開始へ向けての最終準備段階です。万全の準備をして，記念すべき起業開始日を最高のかたちで迎えましょう。

(1) 開業の挨拶

　取引先などの関係者，知人・友人などの協力者への開業挨拶状は，なるべく早く準備をしましょう。

　できれば，皆さんをご招待して簡単な開業披露パーティを開きましょう。簡単な飲食物で構いませんので，協力への感謝と今後の決意などを，関係する皆様に心を込めて表しましょう。

(2) 挨拶状のポイント

　会社やお店を始める際には，関係する皆さんへのご報告として，挨拶状を出しましょう。このご案内をきっかけに，相手とのコミュニケーションができ，今後のお付き合いを継続する契機になることと思われます。

＜挨拶状の書き方＞
　丁寧な言葉づかいで，要領よく簡潔な文章にします。
　○開業，開店などについて，開業・開店に至った経緯について
　○社名，店名また営業案内について
　○今後のご愛顧のお願い
　○できるだけ地図を入れる

＜開業の挨拶状の文例＞

平成○○年○月吉日
□□□株式会社
代表取締役社長　　○○○○

会社設立のご挨拶

拝啓　○○の候，ますますご清栄のこととお喜び申し上げます。

　さて，このたび会社を設立いたし，下記の通り○月○日をもって開業の運びとなりましたので，ご案内申し上げます。

　当社は，今まで培ってきた△△△のノウハウをもとに，□□□の事業展開を図って参ります。

　これを機にお客様のニーズにこたえ，より広く業務を推進していく所存でございます。これまでのお引き立てを感謝いたしますとともに，今後も何卒格別のご厚誼とご鞭撻の程お願いいたします。

　まずは，略儀ながら書中をもってご挨拶申し上げます。

敬具

記

社名	□□□株式会社
所在	〒○○○―○○○○
	東京都□□区□□□1－2－3
電話番号	03－○○○―○○○○（代表）
FAX番号	03－○○○―○○○○
役員構成	代表取締役社長　○○　○○
	取締役　　　　　○○　○○

以上

2 広告・宣伝

　新規開業をお客様に知ってもらうためにはPRが必要です。方法にはいろいろなものがありますが，効果的な組み合わせとコストを考えることが大切です。新聞への折込広告，配布チラシ，ダイレクトメール，地域タウン誌への掲載，インターネットの活用などがあります。

　ターゲット顧客層や告知のタイミングなどを考えながら，伝えたいメッセージが確実に対象者に伝わるような方法やツールを選ぶことが重要です。

　また，開業にあたって話題のある商品を取り扱うなどアピールできる材料がある場合には，マスコミ媒体の記事（パブリシティ）として取り上げてもらうことも考えられます。

＜広告の特徴＞

(1) 新聞広告

　多数の人を対象に訴求でき，記録性があり，反復訴求ができます。新聞の持つ信用力を広告に活用できます。活字中心の広告に適しています。全国紙もありますが，地方誌を活用することが考えられます。

(2) 雑誌広告

　特定の読者層に訴求できます。費用も安く記録性がありますが，地域性やタイムリー性が不足しています。業界専門誌を活用して，自社や専門分野の商品を紹介することが考えられます。

(3) テレビ広告

　視聴覚に印象強く訴えることができ，広告表現も多彩にできます。反復訴求効果は高く，記憶されやすく持続性も高いですが，費用が高額であり，イメージ訴求が中心になります。地方局や地域密着型のケーブルテレビによる訴求が考えられます。

(4) ラジオ広告

聴取傾向がパーソナル化しており，反復訴求が有効です。低コストでどこでもいつでも聴くことができますが，広告の生命は一瞬です。継続的なスポット広告などが考えられます。

(5) インターネット広告

急速に普及している広告です。今日的な情報メディアです。バナー広告やメールニュース広告，またキーワード検索に連動して広告が表示されるリスティング広告などがあります。

＜販売促進広告＞

(1) ダイレクトメール広告

特定個人を対象としてはがきや手紙などで選別して訴求できます。低コストですが，効率性は低く，捨てられてしまうことも多いです。手書きのはがきを送るなど工夫が必要です。

(2) チラシ広告

小売業や飲食業で多用されています。特定地域の顧客に対して訴求が可能です。経費はあまりかかりませんが，効果の見極めが必要です。

(3) 屋外広告

特定地域を対象として，反復的・継続的な訴求が可能です。看板やサインなどがあります。企業名や商品名を訴求します。

(4) 交通広告

交通機関の車両内外，駅などを利用した広告です。利用者に対して反復訴求することができます。一定期間に特定地域の人々に有効です。

(5) POP広告

店の店頭や店内において購買時点広告として，消費者の注意を引きつけ，購買行動を促す効果があります。ポスター，ショーカードなどがあります。

184 Ⅱ 「技」の章

＜セールスプロモーション＞

⑴ スタンプカード

　一定の買物金額に応じてスタンプを発行し，それが一定になったら，商品などと交換します。ポイントカード方式のものもあります。

⑵ イベント

　催し物を行って顧客を集客する方法です。魅力あるイベント企画と実行が必要です。新商品の発表やブランド訴求を行います。

⑶ 陳　　列

　小売店が主体となった魅力的な陳列方式が不可欠です。視覚的なディスプレイ，売場演出により効果的に商品情報や買物情報を訴求します。

＜WEBサイト＞

　自社や自店のWEBサイトを開設することは，会社や店舗のPR，商品やサービスの販売促進につながります。名刺などにWEBサイトのURLを記載するなどして，そこから企業概要について知っていただくことができます。安価な制作費用でできますし，またWEBサイトの開設や運用のサービスを提供する専門業者もあります。

３　開業記念企画

　開業や開店時記念の特別のサービスを行うことは効果が期待できます。特に一般個人向けの小売店・飲食店・サービス業などでは，見込客の来店が期待できます。今後の営業を円滑にするお客様を獲得するよい機会となります。

　オープニング時のキャンペーンの実施，記念品の提供，ポイントカードの発行など，さまざまな方法で新規開業を印象づけることにより，新たな顧客開拓につなげることができます。

4　営業開始時のチェック

　開業してみると，予想外の問題や困難が起きることがあります。特にオープン時には，従業員の接客サービスが不十分であるため，お客様にご迷惑をおかけしがちですので，業務の見直しが必要です。

　開業前日には，今一度店舗や事務所内の最終チェックを行い，記念すべき日を万全の体制で迎えましょう。

＜オープン直前チェックポイント＞

　□　看板はできているか

　□　商品はすべて揃っているか

　□　空調設備や照明は大丈夫か

　□　パンフレットはできているか

　□　名刺はできているか

　□　スタッフは商品説明をきちんとできるか

　□　店内や事務所の清掃は行き届いているか

　□　トイレの掃除はきれいにできているか

　□　スタッフ全員の身だしなみはOKか

フェイスブックの活用

　フェイスブックをマーケティング・コミュニケーションで効果的に活用できる場面は，「潜在顧客との関係づくり」と「ファン層の可視化」といえます。

＜事例１＞

　R社の住宅事業では，住み替えるという機会は人生のなかで限定されているため，具体的な住居のニーズが生まれていない時期の潜在的顧客層に対して，フェイスブックを活用して，関係づくりや接触頻度の向上を図っています。

　潜在期の顧客層には，具体的な物件情報を提供しても，関心がなく関係をつくることができません。そのため，キャラクターを活用してかわいいコメントとおもしろい間取りを紹介するなどして，コミュニケーションをとっています。

　投稿に対しては「いいね！」のコメントが多く寄せられています。

　このような日常的な関わりがあると，住み替えのニーズが顕在化したときに，一番最初に思い出してもらえます。そして，積極的な情報探索行動につなげることができます。

＜事例２＞

　アミューズメント施設のU社は，友達や家族との会話が施設来場者決定に大きな影響を与えていることを確認し，ファンの会話を誘発する方法を模索していました。そのときに，フェイスブックを活用して，ファンを可視化させました。大量のユーザーからの投稿内容は，「大好き」「楽しかった」という来場者からのコメントです。そこからファンがファンを呼ぶ効果がありました。つまり，ファンが伝道師となり，アミューズメント施設での感動体験を伝えてくれるのです。

　上記の２つの事例から，マス広告や従来のウェブマーケティングでは，通過されてしまう段階の顧客層を，フェイスブックを活用することによって，コミュニケーションを促進し，関係づくりが可能となることがわかります。

コラム⑱

フェイスブックとツイッター

　マクロミル社の調査「ソーシャルな人々のライフスタイル」から，フェイスブックとツイッターのフォロワー数で見るアンテナ感度の違いから，以下のような結果が認められました（2013年9月20日）。

	フォロワー数 100人～499人 （投稿・反応数が少ない）	フォロワー数 500人以上 （投稿・反応数が高い）
ファイスブック （行動：アクティブ・広範囲）	・旅行，グルメ，外食など，広範囲な外出行動を伴う経験型消費 ・ファッション，コスメ，お酒，家電製品，ショップ ・メディア接触意識は高い	・旅行，グルメ，外食など，広範囲な外出行動を伴う経験型消費 ・ファッション，コスメ，お酒，雑誌 ・メディアは幅広く接触（雑誌購読）
ツイッター （行動：インドア・近距離）	・カラオケ，テレビゲームなど，身近な友人同士で楽しむコミュニティ型消費 ・音楽，漫画などのコンテンツ消費 ・日常的な導線にある店舗 ・メディアは友人，ネット中心	・カラオケ，テレビゲームなど，身近な友人同士で楽しむコミュニティ型消費 ・音楽，漫画などのコンテンツ消費 ・日常的な導線にある店舗 ・メディアはＳＮＳ，ブログ中心

コラム 19

ソーシャルメディアの普及がもたらす変化

平成27年の情報通信白書（総務省）によると，ＳＮＳの利用率は，次のような状況でした。

まず，代表的なＳＮＳの利用状況を確認すると，最近1年以内に利用した経験のあるSNSは，LINE（37.5％），Facebook（35.3％），Twitter（31.0％）の順になりました。それぞれ実名，匿名のどちらで利用しているかを尋ねたところ，実名利用率が高かったのは，Facebook（84.8％），LINE（62.8％）であり，低かったのはmixi（21.6％），Twitter（23.5％）でした。

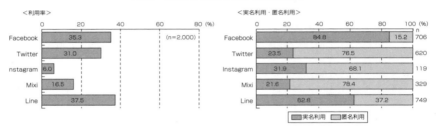

図表　SNSの利用率及び実名利用率

年代別に利用率をみると，全般に年代が高くなるほど利用率が下がる傾向にありますが，Facebookについては20代以下で約5割，30代と40代で4割弱，60代以上でも2割以上の人が利用しており，年代を問わず浸透しています。これに対し，LINEの利用率は年代によって大きな差があり，20代以下では6割以上の人が利用しているのに対し，60代以上で1割未満の人しか利用していません。

13 ま と め

プレゼンテーション

事業計画をまとめて，発表しましょう。

どのようにまとめたらいいのですか？

対象者に合わせて，わかりやすくまとめましょう。

1 プレゼンテーションとは

　プレゼンテーションは，相手にわかりやすく自分の伝えたいことを，わかりやすく，印象強く伝えることが重要です。

(1) プレゼンテーションの技術

① 第一印象
　第一印象のポイントは，外見，態度，言葉遣い，声の感じなどに気をつけることです。

② 話し方や言葉の選択
　相手に合わせた話し方や，言葉の選択や使い方，またストーリー性などに考慮して，理解度を高めることが大切です。

③ 各種ツールの活用
　口頭で説明するだけではなく，プレゼンテーション用のソフトを使用したり，スライドや視聴覚機器を使うことで，相手の理解を促進することができます。

(2) 資料の作成

　資料は，原稿やデータをわかりやすく加工して整理をします。

① 図表の活用
　文章や数字だけではわかりにくい内容を，図解などすることによって，要点ポイントを理解することができます。

② 箇条書きの使用
　文章を箇条書きにすることで，要点が整理され，読み手が理解しやすくなります。

③ 情報伝達手段の活用
　パソコンや視聴覚機器など，印刷資料以外のものを活用します。
　プレゼンテーションは，相手の意思決定や行動を促進する行為であり，相手

に内容をしっかりと理解してもらうことが重要となります。

【プレゼンテーションの流れ】

1	事前準備	・ビジネスプランのテーマへの関心度を確認する ・意思決定者などの対象者の把握 ・説明の道筋を明確にする ・ビジュアルなプレゼンテーションができるようにする
2	練　習	・導入部〜本論〜結論部という流れを確認する ・それぞれの時間配分をチェックする ・想定問答の予想をして，内容のレベルアップを図る
3	当　日	・話すスピード，間，声の大きさなどに注意する ・態度やマナーなどに気をつける ・提案内容や結論などの重要部分は強調する
4	アフターフォロー	・後日に相手と連絡をとり，結果のフォローをする ・目的が達成できたかどうかの判断をする ・未達成の場合には，再チャレンジの検討をする

2 ビジネスプランの作成

ビジネスプランを作成する手順は，次のとおりです。

(1) ビジネスプランの作成手順

1	ビジネスアイデアの創出	・ライバルに負けない新規性や独創性が重要となる
2	情報収集	・ビジネスとして成立するかどうか検討する ・裏付けとなるデータや資料を収集する
3	事業コンセプトと戦略立案	・事業コンセプトや事業戦略を立てる ・現実性や実効性の検討をする
4	目的の明確化	・作成目的によって，内容や構成を検討する ・作成相手に対応した内容にする
5	構成内容の決定	・目的に合致した構成内容を決定する
6	仕上げ	・関係者の意見やアドバイスを聞き，修正して仕上げる

(2) ビジネスプラン作成の要点

ビジネスプランは，相手を納得させ，感銘を与えることが期待されます。

① わかりやすさ

ビジネスプランは，内外の関係者の理解を得て協力してもらうために作成するため，簡潔でわかりやすい内容にします。

WHY （なぜ）	市場環境，顧客ニーズ，起業する動機など
WHEN （いつ）	開始時期，中長期計画など
WHERE （どこで）	販売場所，流通経路など
WHAT （何を）	事業コンセプト，製品・サービスなど
WHO （誰が）	経営チーム，経営組織など
HOW （どのように）	ノウハウ，販売体制，生産体制など

② 必要事項はもれなく入れる

必要事項は，抜け落ちないように５Ｗ１Ｈで整理します。

③ 正確に書く

ビジネスプランは，実態を正しく反映していることが大切です。マイナス面やリスク面なども隠さずに書きます。

④ 実行性を重視する

ビジネスプランの内容は，実行性が重要です。裏付けとなるデータや資料をおりこみ，ビジネスアイディアを具体化します。実際に事業を行うために，現実性のあるものにします。

⑤ 情熱を大切にする

情熱をもって，納得したものができあがるまで，何度も書き直します。

3 ビジネスプランの全体構成

ビジネスプランの一般的な構成は，次のとおりです。

（1） 事業の概要

（2） 製品，サービス

（3） マーケティング戦略

（4） 経営チーム

（5） 財務計画

（6） 添付資料

（1）　事業の概要

①　エグゼクティブ・サマリー

　事業計画の要約書のことであり，全体を総括して要点をコンパクトにまとめたものです。ビジネスプランの各構成を，ポイントをおさえた簡潔な内容にします。相手がビジネスプランに対する印象を決める重要な部分となります。

②　目　　次

　読み手が一目で読み取れるように，読みやすさやわかりやすさに配慮した目次を作成します。興味を持った項目に移れるようにします。

③　会 社 概 要

　会社名，代表者名，住所，電話番号，資本金，営業所などを記載します。

④　事業の特徴

　自社の事業が他社と違う点，新規性や独創性など差別化している点を示します。

⑤　会社の将来像

　数年度の売上高や利益高，資産，株式公開時期など，企業の将来像やビジョンを書きます。

（2）　製品，サービス

⑥　製品，サービスの概要

　企業が販売する製品やサービスの構成や特性を説明します。それらの特徴は，

194   Ⅲ 「技」の章

どのような性能や便益を持っているのか，価格はいくらなのかなどを書きます。
図表，写真，カタログなどを活用するとわかりやすくなります。

⑦　他社製品，サービスとの差別化

　他社の製品やサービスに対して，どのような点で差別化するのかを述べます。
品質，機能，価格などの部分で，競争優位を構築する点を明確にします。

⑧　製造技術・設備，オペレーション

　製造業では，製造技術，工場，設備，特許などについての特徴を述べます。
サービス業では，必要とする設備，技術，労働力などの特徴について説明します。

⑨　研 究 開 発

　顧客ニーズに対応するため，どのような製品やサービスを開発しているのか
を説明します。

(3)　マーケティング戦略

⑩　業界・市場分析

　業界構造や規模，市場の特徴，顧客ニーズ，今後の方向性などについて説明
します。その中で，これからの成長可能性を述べます。

1）　業　　　　界

　　経営環境の変化と業界動向，業界の構造，現在の規模と将来の規模，法的
　規制，技術進歩の状況などがあります。

2）　市　　　　場

　　市場の特徴，市場規模と将来の規模，成長率，顧客のニーズ，主要企業の
　分析，自社の市場戦略などがあります。

3）　マーケットリサーチ

　　一般情報（官公庁資料，業界紙など），特別情報（調査報告書，専門家情
　報）などがあります。

⑪　競 合 分 析

　競合する企業について，その特徴，強みと弱みを分析し，戦略を説明します。

○主要な競合企業の規模，成長性，財務内容など

○主要な競合企業の製品やサービスの強みと弱み

○主要な競合企業の製品やサービスの品質や価格の違い

○主要な競合企業の製品開発力

○自社の競合企業に対する差別化戦略

⑫　マーケティング計画

標的顧客に対して，どのような製品やサービスを購入してもらうのかというマーケティングの基本計画を説明します。

製品，サービス	どのような製品やサービスを販売するのか
価　格	どのような価格設定をするのか
流通経路，場所	どの販売チャネルやルートを通じて流通させるのか
販売促進	どのような媒体を使い，どのような販売促進活動をするのか

(4)　経営チーム

事業に関する主要な経営陣について，その経歴や実績を述べ，事業計画を推進する能力を十分に備えていることを説明します。

⑬　経営陣の一覧

主要経営陣について，職位や年齢などを紹介します。

⑭　経営陣の経歴

主要経営陣のこれまでの経歴などを記載し，実績のある高い能力を持った経営チームであることを示します。学歴，職歴，主な実績，起業動機などを述べます。

⑮　経 営 組 織

どのような組織形態で，企業経営をしていくのかを述べます。重要事項の意思決定プロセス，役割分担，責任範囲などを明確にします。

⑯　協力パートナー

社外のブレーンや専門家，アウトソーシング先，協力先などを示します。企

業を支援する体制が整っていることを説明します。

(5) 財 務 計 画

財務計画は，事業計画と資金面の整合性，その事業の実現可能性を判断する重要資料となります。

⑰ 資金の調達と運用

資金の調達と運用については，どこからどのくらいの資金を調達して，それらを何に使うのかを述べます。

○資金の調達

自己資金，金融機関からの借入金，株式発行などの方法があります。

○資金の使途

機械設備，工場や土地などの資金，研究開発資金，材料などの仕入，販売促進費，人件費などの運転資金があります。

⑱ 販 売 計 画

1） 販売予測，コスト予測

商品の販売予測については，初年度は月ごとの予測を立てます。さらに年度の伸び率，売上原価の予測をします。次年度以降は，年度ごとの予測として最低3か年分を計画します。

2） 損益分岐点売上高

損益分岐点売上高は，採算面からビジネスプランが成立するかどうかを判断するのに有効です。

損益分岐点は，収支トントンの状態をいい，売上高から変動費を差し引いて限界利益を出し，その限界利益と固定費が等しくなる状態の売上高です。

【損益分岐点売上高の計算式】
損益分岐点売上高＝固定費÷限界利益率
限界利益率＝1－変動費率
変動費率＝変動費÷売上高

変動費は，売上高の増減に連動する費用をいい，固定費は売上高の増減に連動しない費用をいいます。

事業の損益分岐点がどのあたりに位置しているかは，重要ポイントであり，算出根拠は確実に把握しておく必要があります。

⑲　売上予測と粗利益率

売上金額予測の計算方法は，業種によって異なりますが，以下のようになります。

○1ヶ月の売上金額＝単価×1日の売上数量×1ヶ月の営業日数

○季節変動のない業種：年間売上高＝1ヶ月の売上金額×12ヶ月

○季節変動のある業種：年間売上高＝各月の売上金額の合計

なお，粗利益率は，同業他社の実績を参考にしたり，仕入原価や製造原価にどのくらいマージンをのせるかを考慮して決めます。

⑳　損 益 計 画

損益計画は，販売計画をもとに，事業目標をどのように達成するかの計画であり，事業活動の基本となります。事業の見通しを立て方向性を明確にします。

具体的には，売上成長率や原価率，経費などの算定根拠を慎重に検討し，作成していきます。

㉑　損益計算書

損益計算書は，一定期間における企業活動の成績を記録としてとらえるものです。収益と費用を対応し，売上高，売上原価，売上総利益，営業利益，経常利益，当期利益というように段階的に算出していきます。

初年度だけは月別に作り，最低3か年は作成します。売上高などは，販売計画や損益計画などの数値と連動しています。

【損益計算書の項目と内容】

1	売上高	主要製品別に売上高を出し，合計を算出します。
2	売上原価	売上高に一定の原価率を掛けて算出します。
3	売上総利益	売上高—売上原価で算出します。
4	営業利益	売上総利益—販売費・一般管理費で算出します。 本来の営業活動から得られた利益です。
5	経常利益	営業利益に，支払利息などの営業外費用や，営業外収益を加減して算出します。
6	当期利益	経常利益に特別損益を加減して，税引前当期利益を出し，納税額を差し引いた額が，当期利益になります。

㉒ 貸借対照表

貸借対照表は，一定時点での企業の財政状態を示しています。

資金の具体的な運用状態を示す「資産」と，その資金の調達源泉である「負債＋資本」から構成されています。

資産，負債，資本のそれぞれの科目を算出し，貸借対照表を作成し，他の計算書との整合を図ります。

科　　　目	金　　額	科　　　目	金　　額
流動資産 固定資産 　有形固定資産 　無形固定資産 　投資その他の資産		流動負債 固定負債 負債合計	
		資本金 純資産合計	
資産合計		負債・純資産合計	

(6) 添付資料

事業内容をより理解してもらうのに役立つさまざまな資料を，ビジネスプランの補足として付けます。

製品やサービスのパンフレット，新聞や雑誌などの関連記事，取引先一覧表，データの原資料などがあります。

HPとSEO対策

SEO（Search Engine Optimization）は，検索エンジン最適化という意味で，検索エンジンで特定のキーワードを検索した際に，上位に表示されるための対策のことです。

ウェブサイトの訪問者は，多くは検索サイトから特定のキーワードを検索した結果として，ウェブサイトを訪れます。アクセス数を増加させるためには，検索時の表示の順位を上位に上げることが重要となります。

検索エンジンを運営する企業から良いウェブサイトと認識されるためには，従来は多くのウェブサイトからリンクを張ることを対策としていました。多数のウェブサイトからリンクされているウェブサイトは良いものであることを前提にしたものです。

しかし，中身があまり優良ではないウェブサイトが，作為的にリンクの数を増やすだけで，検索の上位に来ることには疑問が持たれてきています。

そのため，本来の対策として，良質なコンテンツ（内容）であるウェブサイトであることが重視されてきています。ウェブサイトに記載されている情報が，オリジナルの内容であり，豊富な情報量であることが基本となります。地道なコンテンツの内容の充実こそが，本来のあるべきSEO対策であるかもしれません。

コラム 21

クラウドソーシングの活用

　クラウドソーシングは，インターネットを利用して不特定多数に業務を発注して受注者の募集を行うWebサービスです。企業等がクラウドソーシングのサイト上に業務内容や発注条件などを案内し，希望する人が応募をします。発注者側は応募者の中から適任者を選び，業務を発注します。

受注者側のメリットとデメリット
～メリット～
① 好きな仕事を選択できます
　自分の得意な仕事のみを選択して受注することができますので，強みを活かして報酬を得ることができます。
② 自分の好きな時間に働くことができます
　仕事を開始する時間も，終える時間も自分で調整できます。また隙間時間をうまく使って収入を得ることができます。
③ 営業する必要がありません
　仕事を得るために営業する時間が必要ありません。例えば，地方にいながら都内の仕事を受けることができます。
④ 打ち合わせの手間がかかりません
　基本的に発注者側と受注者側のやりとりはメールで行います。実際にクライアントに会うことはなく，打ち合わせの手間や時間，交通費などの経費がかかりません。
～デメリット～
① 報酬の相場は安いです
　発注者側は安価に発注できることができ，ひとつの業務の報酬は高いとは言えず，数をこなす必要があります。
② 意思疎通が不十分になりがちです
　実際に会って打ち合わせをしませんので，わかりにくい点は何度も説明をしてもらったり，誤解のないように業務を進める必要があります。
③ 発注者のことがよくわかりません
　本当に信頼できる発注者なのか見抜くことが難しいです。発注内容やルールを確認し，過去に発注済の依頼内容をチェックすることが必要です。

Ⅲ 「体」の章

1　社会に貢献する起業

これまで，起業に向けての心構えと起業へのスキルを学ぶことができました。これからは実際の成功者のケースを取り上げてみましょう。

いろいろなパターンの実際のモデルケースを学んで，これからに活かしたいです。

それでは，まずは，社会起業というミッション中心のケースから学習しましょう！

1 社会起業家とコミュニティビジネス

　環境問題，格差の拡大，過疎化，高齢化，介護医療，うつ，ひきこもりなど，社会における課題は拡大さらには深刻化しています。それらの社会課題に対して，ビジネスの手法を用いて解決していくことを目指す社会起業家が注目されています。そして，社会課題を解決するためのビジネス手法のひとつがコミュニティビジネスです。ここでは，今，注目されている社会起業家やコミュニティビジネスについて，具体的な事例も交えながら紹介しましょう。

① 社会起業家について

　20世紀後半，世界経済の成長の限界が見え始め，地球温暖化や貧困問題など社会的な課題が深刻化する中，公共機関も民間企業も手をつけることが難しい解決が困難な社会課題を事業によって解決していこうと立ち上がったのが，社会起業家です。

　世界的に有名な社会起業家としては，マイクロクレジットやマイクロファイナンスと呼ばれる貧困層を対象にした無担保融資を農村部などで行っているグラミン銀行を創設し，2006年にはノーベル平和賞も受賞したムハマド・ユヌス氏や，ニューヨークのマンハッタンで非営利組織「コモン・グランド」を設立し，ホームレスや低所得世帯の人々に供給する居住施設の開発と運営を行っているロザンヌ・ハガティ氏，などがいます。

　また，社会起業家を支援する世界的な組織としては，1981年にビル・ドレイトン氏が立ち上げ，これまでに80以上の国々で活躍する3,300人以上の社会起業家を支援してきたアショカ財団などがあります。日本で活躍する社会起業家も多数います。ここでは，"葉っぱビジネス"として有名な株式会社いろどり代表の横石知二さんを紹介します。

　30年ほど前，農業経営指導員として上勝町農業組合で勤務していた横石さんは，徳島県の内陸部にある人口2,000人足らずで高齢化率が50％を超える過疎

高齢化の進む町を何とか元気にしようと，山間部で採取した葉や花を販売する（いわゆる"葉っぱビジネス"）を始めました。

しかし，当初は全く売れなかったため，横石さんが自費で京都や大阪の料亭に足繁く通ったり，料亭で働いたりして，料理のツマとして使われる葉や花に関する研究を行い，正確な用途とニーズを把握したこと，さらには地元の高齢者の積極的な協力を得ることができたため，事業を軌道に乗せることに成功しました。

さらに，事業に参加する高齢者が，いろどり事業にかかわることで元気になるため，徳島県内で最も高齢化が進む町でありながら，高齢者の1人あたりの医療費はトップクラスに少なくなっています。このいろどりの事例は，地域の資源を使って，地元の高齢者の雇用をつくりだし，そして地域全体を活性化した好事例として，世界的にも注目されています。

さて，日本で社会起業家が注目されるようになったのは，21世紀に入ったころです。2003年に田坂広志氏が社会起業家フォーラムを立ち上げ，2005年に渡邊奈々氏著の『社会起業家が世の中を変えるチェンジメーカー』（日経BP社）が出版されるなどされていく中で，社会起業家への関心が広がっていきました。そして，病児保育事業を中心に働く親の就労支援事業を展開するNPO法人フローレンス代表理事の駒崎弘樹氏や，株式会社マザーハウス代表取締役の山口

絵理子氏など著名な社会起業家も誕生，さらには，2010年に日本初の社会起業家の育成に特化したビジネススクールである社会起業大学が開校するなど，社会起業家への注目が高まってきています。

　こうやって社会起業家の歴史をたどってみると，あたかも欧米から輸入されてきた概念のようにもみえてきますが，この社会課題を解決するためにビジネスの手法を用いる考え方は，実は，もともと日本に古くからある事業や経営に対する考え方でもあるのです。

　パナソニック創業者で，経営の神様と言われている松下幸之助氏は，「産業人の使命も，水道の水の如く，物資を無尽蔵にたらしめ，無代に等しい価格で提供する事にある」という，いわゆる「水道哲学」をもって，日本を経済的にも豊かな国にしていくにあたって大きな貢献をしてきました。

　そして，鎌倉時代以降，全国で商いを行っていた近江商人の哲学である，三方よし（売り手よし，買い手よし，世間よし）の思想，つまり「売り手の都合だけで商いをするのではなく，買い手が心の底から満足し，さらに商いを通じて地域社会の発展や福利の増進に貢献しなければならない。」という考え方は，まさしく社会起業家に通じるものです。

　さらに，日本資本主義の父といわれる渋沢栄一氏の「論語と算盤」，財閥住友家の家訓の「浮利を追わず」，そして，「本業を通じて社会貢献をする」「利益とは社会貢献をした証である」などの言葉が表している通り，もともと日本の経営者がもっていた経営哲学には，社会起業家的な考え方が含まれています。バブル崩壊以降，欧米主導型の金融が中心となる資本主義や成果主義の考え方が，日本でも広がってきておりますが，それに伴い増え続ける社会課題を目の前にしたときに，日本が古くから大事にしてきた社会性を重視した経営哲学の必要性や有効性を感じる人が増えてきています。

　一方で，欧米でもこれまでの資本主義の考え方から脱却する動きが始まっており，その代表的な例が，競争戦略で有名なマイケル・ポーター氏が唱えるCreate Shared Value（通称“CSV”）です。CSVとは，企業が本業を通じ，企業の利益と社会課題の解決を両立させることによって社会貢献をめざすという

経営理念です。これまで利益の最大化のみを志向してきた欧米経済界から，社会性を重視する概念が唱えられるようになったことも，大きな変化と言えるでしょう。そして，この考え方の先にあるものは，地球上に住む我々人類の共通価値である地球そのものが持続してくために，人類それぞれが地球益を考え行動していけるようになることです。2015年９月に国連サミットで採択されたSDGs（Sustainable Development Goals 持続可能な開発目標）もこの流れを汲んでいると言います。

　ここまで見てくると，社会起業家が注目されることによって，日本が本来持っていた経営哲学をとりもどす，つまり経営が原点回帰するきっかけを提供していることに気づかされます。そして，経営者それぞれが，社会性を重視した経営に戻ることを認識するとともに，私たち一人ひとりが社会起業家として，身近にある社会課題を解決していきながら，地球益を考えた行動をしていくことが求められていると言えるでしょう。

参考比較表：『社会起業家』と『儲けだけを目指す起業家』の違い

	社会起業家	（儲けだけを目指す）起業家
出発点（始め方）	社会を良くするため	儲かりそうだからやる
やり方（プロセス）	持続可能な手法をとる（始めたらやめられない）	手法はこだわらない（持続性は考慮せず）
ゴール	ソーシャルインパクト（社会的価値の拡大）	利益（儲け）

　さて，この項の最後に，特に若い方々に参考にしていただきたい若手社会起業家の事例として，震災後の復興支援だけでなく，地域の活性化に向けて活躍している三井俊介さんを紹介しましょう。

　三井さんは，大学３年生の時に，大学のサークルで行っていたチャリティーフットサル活動（フットサル大会の運営で得た収益の一部をカンボジアのサッカー場の修繕などのために寄付する活動）を事業化するべく社会起業大学の門をたたいています。学びを深める中で，自分のやるべきことが他にあることに気づき模索している中，東日本大震災が起こりました。

208   Ⅲ 「体」の章

　震災後，１週間ほどしかたってない状況で，三井さんは，復興支援活動に加わるために被災地に飛び込み，その後１年間，東京都と広田町を行き来する生活が始まります。支援活動を行う中で，三井さんは，震災の復興活動だけでなく，地域の活性化が最も重要な課題であることに気づきます。

　そして，広田町に多くの若者が来るようにするために，地域の課題解決に取り組む機会を提供するためのスタディーツアーを企画。さらには，地元の女性にPCが使えるようにとPC教室を開講。また，余った野菜を通販で東京在住者に売る事業なども展開しました。

　三井さんが大学を卒業するころには，大企業からもたくさんの声掛けがありましたが，広田町の住民の方からの強い要請もあり，本人も悩んだ末に，大学卒業してすぐに広田町に移住する決断をします。

　移住したのちも，先に紹介した事業に加え，コミュニティカフェの開設支援，農業・漁業支援，復興支援事業などに積極的にかかわり，着実に活動範囲を拡げています。そして，三井さんの活躍に元気や勇気をもらった地元の人たちが中心になって，三井さんを推薦し，2015年９月に陸前高田市の市議会選挙に出馬することになり，見事に最年少トップ当選となりました。

　地域を活性化するために何が必要なのか，それを考え抜き，試行錯誤しながらも行動をつづけたからこそ，今や地元の人からも受け入れられ頼りにされる存在になっている三井さんは，若いながらも立派な社会起業家です。

　この三井さんの事例が物語っているのは，経験やスキルが足りない状況でも，自分が解決したいと思える社会課題と正面から向き合い活動を続けることで，多くの人を巻き込みながら，社会課題を解決していくことができるということです。

　自分が心から解決したい，もしくは解決するべきと思える社会課題を見出したなら，あとは勇気をもって一歩踏み出していくことです。その先には，自分にしかできない社会への貢献が見えてきます。

　さて，次の項では，社会課題を解決する手法のひとつとして注目されているコミュニティビジネスについて，事例を交えながら説明しましょう。

② コミュニティビジネスについて

　コミュニティビジネスとは，各地域やコミュニティにおける課題を解決するためのビジネスです。主に，地域における人材，ノウハウ，施設，資金等を活用することにより，対象となる地域やコミュニティを活性化し，雇用を創出しながら，人の生き甲斐や居場所などをつくり出すことが主な目的や役割となる場合が多くなっています。

　わかりやすい事例として，東日本大震災による甚大な被害を受けた岩手県陸前高田市において，NPO法人りくカフェが運営する『りくカフェ』があげられます。

　陸前高田市の震災による被害はあまりにも大きく，震災で受けた心のダメージが癒えぬまま，仮設住宅での不自由な生活を続けている方が大勢います。そういった中，『りくカフェ』は，その地域で雇用を生み出しているだけでなく，地域の人々の憩いの場として，そして人々が誇りに思える場・力が湧き出る場として大きく貢献しています。

　そして，『りくカフェ』の企画運営に，自らも被災した地元の医師たち，地域の女性たち，建築・まちづくりの専門家たちも集い，新しい活気のある地域づくりを実践していることも特筆すべきことです。

　さらに，コミュニティビジネスに期待されていることとして，行政コストを削減することもあげられます。この行政コストを著しく削減した事例として，島根県海士町の変革を紹介します。

かつては北海道夕張市か海士町かと言われたほど日本で最も財政事情が悪い市町村の1つだったのですが，今やその町が日本の地方自治体の模範生のように言われるまでになっています。

　その見事な変革は，2002年に海士町の町長に就任した山内道雄さんの行った数々の産業創出施策により生み出されました。中でも，最新の瞬間冷凍技術「CAS」（急速特殊冷凍により，細胞を壊すことなく保存できる技術）の導入は，海士町で捕れた貝や魚を他地域へ販売にすることに大きく貢献しました。以前は本土に運ぶ間に傷んでしまっていた特産物の岩ガキや白イカなどを，まったく損傷無しで販売できるようになったのです。

　さらに，ブランド牛「隠岐牛」を育成し，松坂牛に匹敵するレベルにまでにしたこと。そして，Iターンの積極的な受け入れにより，働き盛りのやる気のある人材の確保を積極的に行うなど，特筆すべき施策がたくさんあります。その結果として，赤字続きの町の財政が，見事に黒字化しています。
このようにコミュニティビジネスにより行政コストを著しく削減することが示されたため，海士町には多くの市町村からの視察が絶えないそうです。

　さて，これまで社会起業家及びコミュニティビジネスについて紹介をしてきましたが，読者の皆さまとすれば，どうすれば社会起業家になれるのかも気になるところでしょう。次の項では，社会起業大学で活用されている社会起業家になるためのメソッド概要を説明しましょう。

③　社会起業家になるための強力なメソッド

　会社に依存しない自分らしい生き方や縛られない働き方を求め，さらには自分のやりたいことを実現するために，起業・独立という選択肢を真剣に考えている人が増えています。

　一方，やりたいことはあるのに，どうやって稼ぐかがわからず，なかなか起業に踏み出せない人も多くいるのも事実です。実際，１年後に残っている企業は40％，10年後ではわずか６％といわれています。そういった中，どうやって起業に踏み込むのか，失敗をしない起業をするために必要なことは何なのでしょうか。

　社会起業大学には，起業に踏み込み，そして成功させるための強力なメソッドがあります。それは，『自分らしさ』『社会貢献力』『ビジネス力』の３つの重なりである『ソーシャルバリュー』を向上させることです。そのメソッドを構築する中で，特に大事にしていることは以下の３つになります。

◆１つ目は持続性。

　儲けだけを目指す起業は，一旦は成功するかもしれませんが，その成功が持続することは極めて難しいのです。百年以上続いている企業をみても，本業を通した社会貢献など，地域への貢献も含めて，社会性を重視していることがわかります。もちろん，確固たるビジネスモデルを持ち，利益を出し続けることが必要であることは言うまでもありません。社会性と経済性を両立し，ステークホルダーから選ばれ続ける事業であることを目指していきます。

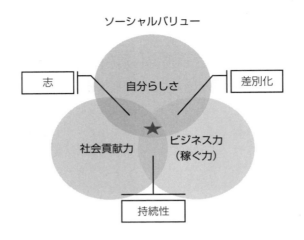

◆2つ目は差別化。

　どのようなビジネスにも必ず競合は存在します。顧客から選ばれ続ける事業にするためにも，自分にもともと備わっている力（個性）を生かしつつ積み上げたスキルや経験を武器に圧倒的な強みを発揮し，他者にはまねのできない付加価値を生み出していくことを目指します。

◆3つ目は，志（ミッション）。

　自己分析により自分自身のことが知ることだけでは不十分で，自分が心からやりたい，もしくはやるべきと思えることで，さらにそれが社会からも求められていることが必要になります。つまり，社会における自分のお役立ちポイント（志）を真剣に見つけ出し，その志の実現に向けて信念を持って行動できることを目指します。

　これらの3つの重なりでもある『ソーシャルバリュー』は，自分の中にある想いや本当の強みを磨きながら，真の社会課題を深堀し，最も自分の価値を発揮できる稼げるポイントを見出したとき，その事業は成功し続けるものとなります。社会起業大学は，このメソッドを用いて，400名以上の社会起業家を

輩出してきました。

　自分の中にある"やむにやまれる思い"を引き出しながら，ビジネスの手法を用いて社会課題解決に積極的に取り組むことで，どんな人でも社会起業家になることができます。ぜひ，皆様も社会起業家を目指してみてはいかがでしょうか。

ここに注目

【ソーシャルビジネスグランプリのご紹介】

　ソーシャルビジネスグランプリは，社会起業大学が主催するこれから世に出る社会起業家を応援するためのビジネスコンテストです。一般から広く集められたソーシャルビジネスプランから選抜されたプレゼンターの発表，そして参加者による投票等も行う参加型イベントです。

　「未来の社会起業家誕生に立ち合い，皆でその活動を応援する」というコンセプトのもと，当日発表する社会起業家の卵が，どのようにして共感資本を集めていくのか，参加者各々が自分の事業の参考にしたり，これから世に出る社会起業家を支援するなど，参加者全員が新しい生き方働き方への第一歩を踏み出すきっかけの日としていただくことを目的にしています。

　他には，ソーシャルビジネスに精通した有識者による講演や，社会起業家の中でも政治分野の変革に挑戦する政治起業家（※）の表彰もあります。

　これまで政治起業家として表彰された方は，クローズアップ現代元キャスターの国谷裕子氏，元サッカー日本代表監督でサッカーを通した地域活性に挑戦するFC今治オーナーの岡田武史氏，俳優として輝かしいキャリアを積む傍らクラウドガバメントラボなど新しい政治システムの構築を目指す活動をしている伊勢谷友介氏，川崎市役所を中心とする「チーム川崎」で見事オープンイノベーションを推進した藤沢久美氏と「チーム川崎」，投稿型ニュースサイト8bitNewsを運営するなどでパブリックアクセスの国内実現を目指している堀潤氏と，錚々たる顔ぶれとなっております。

政治起業家評価基準：以下の５つの項目で評価をする	
原 体 験	自分の経験が生きているか。自分やステークホルダーの ノウハウ・技術・インフラ等が活用されているか
社 会 性	誰のために何をどうしたいか。世の中から必要とされていると感じる か。社会的意義を訴求できているか。
ポリティカル インパクト	公的・政治分野から必要とされているか。公的意義がどれくらいある か。
実現可能性	実現・持続可能な仕組み，計画になっているか。公的意義や社会ニー ズを捉えた内容になっているか。
ソーシャル インパクト	新しい世界観を提供できているか。活動を通じて，新しい当たり前を 創りだしているか。

　2016年より，新たに高校生大学生枠も設けられ，ビジネス経験がなくと も，斬新なアイデアを持つ学生も挑戦できるビジネスコンテストとなりました。 2018年２月に開催されたソーシャルビジネスグランプリ2018では，「場の力で パーキンソン病の方の運動継続を促しいつまでも豊かな暮らしを」を発表した 小川順也さんが社会企業家グランプリを受賞しました。社会起業家を目指す， 多くの方のチャレンジを心よりお待ちしております。

※　政治起業家の７つの類型

政治起業家の類型(1)：ネット選挙実現のために活動する社会起業家

ONE VOICE CAMPAIGN（原田謙介さん）

選挙総合サイト「ザ選挙」を運営する株式会社VOICE JAPAN（高橋茂さん）

高校生による政治参加の活動「僕らの一歩が日本を変える」（青木大和さん）

選挙と政治について語り合う「せんきょCAMP」

政治起業家の類型(2)：メディアや政治報道を変える社会起業家

パブリックアクセスの国内実現を目指している投稿型にニュースサイト「8 bitNews」（堀潤さん）

報道検証サイト「GoHoo」を運営する日本報道検証機構（楊井人文さん）

政治起業家の類型(3)：新しい福祉の仕組みを作る社会起業家

「ワンコイン健診」を展開するケアプロ株式会社（川添高志さん）

障がい者に雇用機会を提供するパン屋「スワンベーカリー」を運営する株式
　　会社　スワン（海津歩さん）

日本の介護保険制度のモデルにもなった取組みNPO法人　ケア・センター
　　やわらぎ（石川治江さん）

政治起業家の類型(4)：政治の意思決定の仕組みを変える社会起業家

パブリックコメント用のクラウドサービスを「政治山」サイトで自治体等へ
　　提供

株式会社　パイプドビッツ（佐谷宣昭さん）

行政・市民・産業と一緒に地域再生を支援する株式会社　サイネックス
（村田　吉優さん）

政治起業家の類型(5)：国民資産の再配分の新しい仕組みを作る社会起業家

誰もが寄付先を選べるプラットフォームを作ったチャリティープラット
　　フォーム（佐藤大吾さん）

購入型のクラウド・ファンディング・サイト「CAMPFIRE」（家入一真さん）

「READYFOR？」（米良はるかさん）

地域の元気のために少額投資するクラウド・ファンディング「元気玉プロ
　　ジェクト」（伊勢谷友介さん）

政治起業家の類型(6)：行政に変革を起こしている首長

住民が自治に参加する住民協議会を作った三重県松坂市　山中光茂市長

企業との連携やソーシャルメディア活用を実践する佐賀県武雄市　樋渡啓祐
　　市長

民間事業の育成により財政再建を果たした島根県隠岐郡海士町　山内道雄町
　　長

政治起業家の類型(7)：国政に変革を起こしている国会議員

憲政史上初，国会に民間専門家の調査委員会を設置するため新たな法律「東
　　電福島原発事故調査委員会法」成立に尽力した塩崎恭久　衆議院議員

「児童売春・児童ポルノ防止法」を8年かけ全会派一致での議員立法を成立
　　させた野田聖子　衆議院議員

新しい公共を提言し，改正NPO法を成立させた松井孝治　参議院議員

2　女性起業家とワークライフバランス

①　はじめに

　女性の起業支援の一つである，仕事と育児・家事・介護の両立ができる
「ワークライフバランス（Work‑life balance）」は，社会に活力をもたらす
ための重要な手段の一つであり[1]，社会参画や収入を得られることができる
自宅において1人で起業する自己雇用型起業が有効な形態のひとつと考えられ
ます。高橋が「自己雇用という働き方の現状と可能性」[2]でも述べています
が，"自己雇用"（いわゆる自営）は，ライフサイクルや置かれた環境に応じて，
多様な働き方が可能であり，女性が雇用者として働くための環境整備が進んだ
としても，自己雇用という選択肢の重要性が弱まることはないと思われます。

　また，1990年代以降，起業率が廃業率を下回る事態が続いており，このよう
な起業率の低迷により経済活力の低下が懸念されています。この解決策として，
女性にとって裁量的に働ける起業（自営）は，魅力的な就業形態で労働供給を
促進させると，高畑は指摘します[3]。

　このようにワークライフバランスのコントロールができる女性の起業創出が
促進されれば，少子化を含めて，吉澤・高田[4]が指摘しているように，財政
や経済に関する問題のみならず，国土計画においても，既存の社会基盤の利用
率低下，過疎化の進展，さらには地域コミュニティの喪失など，多様な問題が
生じることを回避できる可能性があります。

　自己雇用型女性起業家育成には，一般的な起業支援施策とは異なり，管理職
経験もなく，経営資源（ヒト・モノ・カネ）が乏しい女性のバックグランドを
考慮し，また，女性特性を活かすことにより，一般的な経営資源がなくてもで
きる起業支援施策が必要と考えらます。そのためには，関東経済産業局がまと
めた女性起業家支援施策ガイドブックの施策[5]や21世紀職業財団が調べた起
業に当たっての課題と必要とする支援[6]，新規開業白書[7]，日本とアメリカ

8) 等と比較しながら，行政を中心に公的機関の連携による女性に特化した支援施策に効果があると言えます。

② 女性起業家の特徴

平成22年度女性起業家実態調査（経済産業省）9) 含めて，一般に言われているのは，女性の場合は，管理職経験や斯業（しぎょう・この分野の意）での起業が少ないこともあり，「個人経営」が多く，従業員数，月商ともに小規模な傾向にあります。業種では，「小売業」，「飲食店」，「教育・学習支援業」，「一般消費者を主な顧客とするサービス業」の業種などが多く，また，男性に比べ，事業規模拡大傾向は比較的少ないです。

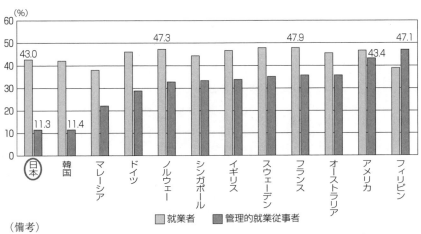

（備考）
1．総務省「労働力調査（秘本集計）」（平成26年），独立行政法人労働政策研究・研修機構「データブック国際労働比較2015」より作成。
2．日本は平成26年，その他の国は2013（平成25）年のデータ。
3．総務省「労働力調査」では，「管理的職業従事者」とは，就業者のうち，会社役員，企業の課長相当職以上，管理的公務員等をいう。また，「管理的職業従事者」の定番は国によって異なる。

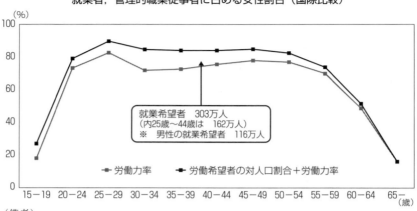

就業者，管理的職業従事者に占める女性割合（国際比較）

（備考）
1．総務省「労働力調査（詳細集計）」（平成26年）より作成。
2．「労働力率」は，15歳以上人口に占める労働力人口（就業者＋完全失業者）の割合。

　自宅において1人で起業する自己雇用型起業が，経験不足や家庭環境の影響を受けやすい女性には有効な形態のひとつです。

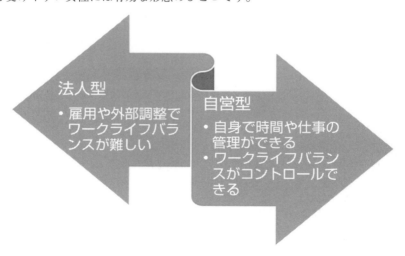

③ 女性起業家創出に特化した支援プログラム

- 一般的な起業セミナーとは違い，経営資源（ヒト・モノ・カネ）が乏しくても可能な女性特性を活かした起業手法を学ぶ

- ロールモデル（見本）が少ない女性起業家の基で実践的に学ぶ

- 空き店舗や空き家にて，期間限定で実際に店舗運営を学ぶ
- ロールモデル（見本）が少ない女性起業家の基で実践的に学ぶ

- 恒常的に同じ女性起業家同士での情報交換や共同イベント開催，研修の場を作る

④ 男女別起業支援の効果

　男性の起業と違い，女性の起業に多いのは，仕事と育児・家事・介護の両立ができる「ワークライフバランス（Work–life balance）」のコントロールが実現できることです。そして，収入を得られることで自立につながります。

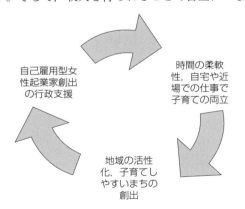

その他，女性起業家の特徴的な事の一つに，前職より収入が下がっても満足度が高いという調査結果が出ています。

⑤　今後の課題

冠だけ"女性対象"とした従来の起業支援が多いのは，一般的に起業の指導手法は同じで，対象者を"女性限定"とするのみで，安易にステレオタイプのイメージで対応しているのが現状です。ワーク・ライフ・バランスのコントロールができる形態で，女性に特化した起業支援はまだまだ少ない状態です。ジェンダー（男女の特性）や女性の起業への経緯，家庭環境等を，しっかりと把握したうえで，これまでの起業支援から女性向けの起業支援が必要と言えます。

また，女性が活用する場には，託児サービスか，子供連れでも大丈夫な個室の存在が不可欠であるが，起業塾や相談所でも準備されているところはまだまだ少数です。

その場合でも，下記のことまでの対応が望ましいと言えます。

・　参加時間前後30分の預かり拡大時間が必要

　　預けの準備や終了後，参加者や講師との意見交換や後片付け時間が必要なためです。

・　駐車場が出入口に隣接，或いはエレベーター等で連結していて，車が出入口前に一時駐車できること

　　ベビーカーに乗せた幼児や，数人の歩くのがおぼつかない幼児と，伴う荷物をいったん託児所に預けるためです。

・　当日のキャンセルや追加変更が柔軟に対応できること

　　数日前の対応になると，幼児の体調や身内での預かり有無の環境が随時変わるためです。

1 社会に貢献する起業　*221*

＜注＞

1）　武石　恵美子：ワーク・ライフ・バランスの意義と課題労働調査，pp.6－7，2007.
2）　高橋　徳行，自己雇用という働き方の現状と可能性，日本労働研究雑誌，No.538，p.59，2005.
3）　高畑雄嗣：就業形態と就業する産業の決定要因分析，日本経済研究，p.1，2003.
4）　吉澤智幸，高田和幸：育児に伴う意識変化とライフスタイル変化に関する基礎的研究，第28回土木計画学研究発表会・講演集，Vol：28，p.1，2003.
5）　関東経済産業局，女性起業家支援施策ガイドブック，2013.7.
6）　21世紀職業財団，女性労働の分析2006年，2006.
7）　日本政策金融公庫，新規開業白書2009年版，pp.59－104，2009.6.
8）　後藤宣代，女性の起業家支援：日本とアメリカ，中小商工業研究，94号，pp.21－27，2008.1.
9）　経済産業省，平成22年度女性起業家実態調査，p.100，2011.3.

ここに注目

【ケース】

日本海側初のご遺体のカバーメイク，ご遺体専門の死後処置専門施術士
テンウェーブ　代表　浮津あゆみ
平成27年8月起業
若くして結婚出産，離婚等で，管理職や営業経験だけでなく，正社員経験がなくとも，専門機関と専門家の伴走と，地域をまたがった連携が実れば，短期間で新たな業種での起業が可能となった例。

　※　この事例は，2017年度　経済産業省の女性起業家支援コンテスト（ジョキコン）において，伴走賞，広域賞受賞。
（関連ホームページ）
http://joseikigyo.go.jp/jokicon/
（表彰事例概要）
http://www.meti.go.jp/press/2017/01/20180116002/20170116002-1.pdf

業務内容

死後の処置（ヘアメイク）
- 死後変色を経過時間に合わせたカバーメイク
- 経過時間毎にリカバリーメイク

生前に近い修復施術
- 浮腫，黄疸のあるご遺体は体液出血傾向が強く，それを抑制
- 閉眼，閉口処置

→ 美しく活き活きとした姿で見送りたい，見送られたい

不慮の事故，自殺，滑落したご遺体等の損傷の激しい修復

起業までのプロセス

　ご遺体のカバーメイク，ご遺体専門の死後処置専門施術士へのきっかけは，祖母の葬儀の時に，生前の綺麗な祖母の姿で見送りたいと，死化粧と死装束を自己流で施した時，自身だけでなく周囲も「おばあちゃん，生前と変わらずできれい！」と言ってもらえたことがきっかけで，他の方も同じように美しい死後処理を求められているのではと起業を考える。

　それから，（独）中小企業基盤整備機構　アドバイザー制度で女性の起業アドバイスをしている筆者（萩原）のところで，関連業務の有無や必要な知識，知識取得のための機関等のアドバイスを受けた。

　浮津さんは，女性の起業家に多い経営知識がないのはもちろん管理職等の経験もなかったが，だからこそできる起業方法や特色を創出していった。また，小学生の二人のお子さんの母親で，シングルマザーでもあったが，実家でご両親と同居という点で，突然，深夜等に依頼の多いこの業種に対応が可能でした。

　また，女性ならではの交渉や人前での場慣れ，ビジネスマナー等を学ぶために，筆者（萩原）が，市町村と連携しコーディネーター務めている。
　上市町　女性のためのプチ起業塾
　夢をかなえるための「かなざわ女性起業塾」等
を，受講し研鑽と同じ女性起業家のネットワークづくりも行っていきました。
　さらに，得た女性ならではの知識や経験を仲間たち伝えるためと，同じ女性起業家との情報交換等を図るために，下記の団体にも加入しました。
　市姫東雲会（上市町　女性のためのプチ起業塾卒業者有志の会）
　女性起業家交流会　in HOKURIKU（JKK）等

ステージに応じた課題と支援内容

ステージ	起業課題	支援内容	連携支援による効果と，次のステップにどのように繋いだか
ステージ0	起業したいけど，若くして結婚出産，離婚等で，管理職や営業経験だけでなく，正社員経験がないため，何をどのようしていいのか，まったくわからない。 自身が若く（25歳），外見もキャピキャピ（茶髪，ミニ・スカート，ピンヒール，モデル並みの外見）しているために，人から軽んじられるのではと不安を持っていた。	起業以前に社会人としての服装，立ち振舞，言葉遣いを指導と学べる場や，"起業とは何か"を，同じレベルだったメンバーがどのようにチャレンジしていっているのかを直（じか）に接し，"自分でもできるかも！"と思ってもらえる会と塾の紹介をおこなった。 何より，私（萩原）がメンターとしての信頼関係構築を行った。	アドバイスを定期的に受けさせ，がんばれば起業できるかもの意識を高めさせ，徐々に相談できるおねーさんの存在にした。 女性起業家交流会 in HOKURIKU（JKK）やかみいち女性のためのプチ起業塾の参加を促し，同じ立場のメンバーの何が足りず，それによりどう見られるのかをミラーリングさせた。ライバル意識をもたせ起業に必要な知識や意欲につなげた。
ステージ1	起業するための事業者としての服装，立ち振舞，ビジネスマナーだけでなく，言葉遣いもタメ語以外話せない。塾や会の中でも，組織の上下や責任者や依頼者の優劣がわからなかったので，会の中でも，どの依頼を受けていいのか，誰に許認可を取ればいいのか，わからない。これで事業できるのかと仲間にも指摘されてしまった。	かみいち女性のためのプチ起業塾の継続受講で学びを深め，販促機会が多い金沢市の状況を知り，人脈形成を広げるために，かなざわ女性起業塾の受講と女性起業家交流会 in HOKURIKU（JKK）活動の積極的参加を指導。市姫東雲会は設立の時であったため総会の資料や運営に携わらせた。塾では支援機関と積極的に交流を図れる運営をおこなった。	塾で用いている幹事制度の参加を促すことで，事業者（トップ）としての組織や序列による座る場所，報・連・相や交渉の仕方，話し方などを学ぶ経験を積んでもらった。支援機関（金沢市，上市町等）担当者と塾や会を通して交流できる機会を都度作り，何を支援してくれて，自分レベルで活用してもいいことかを認識してもらった。
ステージ2	ワンサイズの女性下着の製造販売を目指すが，知識経験がないため1年半志し，公的支援機関，塾や会等を通じて，支援を試みるが，安定的な売上や仕入先確保等を結びつ	知識経験不足は，イベントや塾，会での責任者やアシスタントとして運営に携わせることで取得。亡くなった祖母に，下着製造ノウハウで死装束は制作できたが，メイクは	祖母の死の施術の話しを聞く機会があった。病気や怪我で生前とかけ離れた外見が，処置により生前と同じにできる喜びと，誰もができることではないため

	けるには，時間と資金が掛かり過ぎると感じていた。	死後の肉体変化に対応できずの雑談から，死後処理に特殊メイクで死後も綺麗な施術を提案したところ，本人も興味を持ったため学べるところをアドバイス。	競合が少ないと考え，新事業を提案。死後処理の現状を塾や会のメンバーに聞かせ，病理の安全管理や産廃など法的な制約を支援機関の協力で調べさせた。
ステージ3	服装，交渉，マナー取得と事業の独自性，技術力と葬儀関係の人手不足から，葬儀関連会社から，自社専門や雇われ店長の依頼増で，安定的な仕事を得られ，多方面の施術経験ができるので受諾かどうか迷う。北陸３県のシェア８割以上を抑える願望をもつが一人では無理だが，人の管理経験がない不安と技術流出不安が課題。	シェア獲得には，労務管理や技術流出阻止，営業が現状の知識経験では難しいと判断。対象顧客を全国の富裕層や芸能界等に絞ることで，シェアより技術を秘技としオンリーワンによる売上確保を提案。継続して，交渉手法，ICT活用等を，各機関への参加や指導でレベルアップを試み事業者としての信頼性につなげた。	立ち位置に応じた対応や交渉ができるよう各関係機関にスタッフ参加させ，報・連・相が適時にできるようICT能力アップさせ，活動計画，収支管理に携わせ，ビジネス文章の上達，経営プラン作成につなげられるように，支援機関や塾，会の先輩メンバーに，皆で育ててあげよう！とアドバイスしてもらえる流れを作った。

活用した起業支援機関と団体

夢をかなえるための「かなざわ女性起業塾」
かみいち　女性のためのプチ起業塾
こまつ女性起業チャレンジ塾

金沢市商業活性化アドバイザー事業
中小企業基盤整備機構「中小企業・ベンチャー総合支援センター」北陸　経営支援アドバイザー

女性起業家交流会in HOKURIKU（JKK）
市姫東雲会（上市町　女性のためのプチ起業塾卒業者有志の会）
グループ小まめ（こまつ女性起業チャレンジ塾がコアとなって設立）

姫たちのフェスティバル（姫フェス）
１日限りの女性起業家のための北陸ウーマンズ・マーケットby JKK

3 「起業教育」をテーマとする産学官連携の新潮流

① JPXによる起業家人材輩出支援策

　日本取引所グループ（JPX）は，わが国最大の証券市場である東京証券取引所グループと大阪証券取引所が2013（平成25）年1月に経営統合して誕生した取引所持ち株会社です。これまでも，全国の証券取引所や日本証券業協会では，「証券知識普及プロジェクト」として学校向けの金融経済教育の支援活動を行ってきましたが，新たに誕生したJPXでは，CSR（企業の社会的責任）活動の一環として，金融経済教育プログラムの新機軸という位置づけで，資本市場に関する専門性を活かした起業家人材輩出支援策を展開しています。

　「起業・創業の促進」というテーマに関しては，産学官でチャレンジする人を支援する様々な施策が用意されていますが，そうした活動に真摯に取り組んでいる方々の声として，「起業家を支援しようにも，その手前となる"起業家を目指す人"の数がそもそも少ない」「起業家を目指す人が増えるような土壌づくりから始める必要がある」「起業や起業家に対する認識・理解不足（誤認や先入観も依然として根強い状況）」といった課題が指摘されています。こうした課題の背景として，そもそも「起業」している人が身近に存在しないことや，「起業しやすい」ビジネス環境がないといったことが挙げられます。事実，世界銀行が世界190ヵ国・地域の「起業しやすさ」などを順位付けした「2018年ビジネス環境ランキング」によると，日本の順位は34位と前年から変わらず，起業手続の煩雑さや時間を要する点がマイナス材料となっています。

　このように，「起業・創業」に関する支援活動を行っていますが，各自の活動が社会の動きと結びついて有効に機能するには，それぞれ単独での情報発信では不足と感じている団体がまだ多いとの認識のもと，JPXでは，広く社会に貢献するための新たな取り組みとして，起業家を目指す人材を数多く輩出するための支援を2014（平成26）年4月からスタートしました。

　この新たな活動は，「自ら課題を見つけ，自ら考え，主体的に判断し，より

よく問題を解決する資質や能力を育てたい」との考えのもと，キャリア教育や総合的学習などを実践している教職員と，教育現場において連携した活動を目指すものとして位置づけていることから，以下の3つの柱で構成されています。

「起業教育」の3つの柱

教職員向け情報誌の発行
・中高生，大学生の段階から，起業の意義や重要性への「気づき」を促す。

起業体験プログラム
・座学だけでなく，模擬体験を通じた起業プロセスの学習機会を提供。

次のステージへの橋渡し
・他団体による起業教育への協賛等を通じて，次のステージへ橋渡しとして側面支援。

(1) JPX起業体験プログラム

主に中学生や高校生を対象に，模擬店ビジネスを行う株式会社を擬似的に設立・経営する体験等を通じ，自ら学び・自ら考える力な

どの「生きる力」を育むことを目的とする起業教育プロジェクトを展開しています。JPXがCSR活動として，「JPX起業体験プログラム推進委員会」という主体となって，学校や地域とともに実践しています。

「起業家」としてゼロからビジネスを立ち上げる経験を提供する体験型の教育プログラムで，会社の経営の全体の流れを，本物のお金を使って，本物の公認会計士や司法書士らのプロフェッショナルの協力のもと，現実世界に限りなく近い条件で体験できるのが特徴です。

2014（平成26）年度に，東京・中央区の産業文化展（へそ展）で初開催されたのを皮切りに，2015（平成27）年度には全国12ヶ所で230名，2016（平成28）年度には全国14ヶ所で417名，2017（平成29）年度には全国21ヶ所で1,089名の生徒・学生が参加するプログラムに成長しています。

(2) 次のステージへの"橋渡し役"として

　起業体験プログラムをはじめとした「起業教育」を原体験とし，ビジネスプランコンテスト等へのエスカレーション（段階的な拡大・深化）展開を目指しています。

　最近では，中学生・高校生の段階から参加することができるビジネスプランコンテストが多数開催されていますが，そのなかでも，創業者向け融資を行ってきた経験・ノウハウを「起業教育」の現場に還元し，若者の創業マインドの向上を図ることを目的として実施されている，日本政策金融公庫の「高校生ビジネスプラン・グランプリ」や大学・大学院起業家教育推進ネットワーク及び経済産業省が起業家教育の効果向上を図るため，起業家教育を実施する大学・大学院の学生・教員を対象に展開している「University Venture Grand Prix （UVGP）」を後援しています。

　こうしたビジネスプランコンテストに，JPX起業体験プログラムの参加者がチャレンジしていくような「起業教育におけるエコシステム」を構築し，起業家精神（アントレプレナーシップ）の涵養に向けた循環型の教育が広がることを期待しています。

(3) 教職員向け起業教育情報誌「OCOSO（オコソ）」の発行

　中高生，大学生の段階から，起業の意義や重要性への「気づき」を促すための起業教育教材として，教職員に活用してもらうことを目的とした情報誌を制作・発行し，全国の中学校・高等学校の社会科担当教諭及び教育委員会向けに発送しています。

　授業で役立つ内容の提供を主眼に置き，実際に起業した経験を持つ企業経営者や，起業に関する研究・意義の啓蒙，教育の実践などに取り組む第一線の方々へのインタビュー記

事を中心とした内容になっています。

　創刊号（2014（平成26）年7月発行）では，わが国を代表する起業家・経営者の稲盛和夫・京セラ名誉会長に，自身の経験や子どもたちへのメッセージなどをお聞きしました。また，第2号（同12月発行）では，東京都内で既に起業を経験した2人の高校生を特集し，学校や家族，同級生らにどう反応され，起業することを通じて何を学んでいるのか，その率直な想いを聞きました。

②　「起業」×「教育」×「地方創生」の広がり

　2014（平成26）年度に始動したJPX起業体験プログラムは，次第に展開地域を拡大しており，全国に「輪」が広がりつつあります。当初想定していた，地域イベントとしての開催だけでなく，小学校における総合的な学習の時間，中学校における課外授業，高等学校における正課の授業，大学のゼミとキャリアセンターの協働主催など，教育現場での導入が相次いでいます。

　このプロジェクトを通じて，参加する生徒・児童らは働くことの意味を理解し，チームで模擬会社を運営することで，思考力・判断力・対話力など21世紀型人材に不可欠となる資質の向上を目指すことができると考えています。このため，参加者には「世の中のために，人のために何をしたいのか」「社会の一員として，自分は何ができるのか」「自分の資質・能力を世の中でどう活かせるのか」といった，自らの志（こころざし）を改めて確認させることを学習効果として狙っています。

　このため，①リアルなビジネス体験（生きた商売の体験を，本物〔現金・店舗〕に触れることで実施することで，ビジネスの理解を深める），②仲間とのコミュニケーション（模擬会社の運営をチームで一から議論して実行させることで，仲間との相互刺激による成長を目指す），③失敗体験（お金を稼ぐことの大変さ〔模擬会社の赤字も「学び」として許容する〕を通じ，社会で生きることの意義を再確認させ，勤労観・職業観の育成を図ることでキャリア教育にもつなげていく）という特徴を盛り込んで実施しています。こうした教育上の工夫により，学校の現場から，今後一層必要とされている，課題の発見と解決

に向けて主体的・協働的に学ぶ学習（いわゆる「アクティブ・ラーニング」）の充実にも寄与するものであるとの評価もいただくようになりました。

　また，このプログラムは，「教育現場」（学校）－「地域」（市町村等）－「民間企業」（地域金融機関やベンチャー企業等）という，"産学官"のコンソーシアム形式で取り組むことが望ましい姿としており，JPXがアレンジャー（調整）役として，学校側のニーズを踏まえ，地域における課題分析等の調整を経て行います。

　具体的な実施フェーズでは，協賛・後援を要請するセクター，プログラムの実施に係る専門家（①司法書士（又は行政書士），②公認会計士（又は税理士），③ベンチャーキャピタル（VC）役）の協力・支援先の確保が課題となります。このため，プログラムの実施に係るカリキュラム編成や専門家の協力要請，その他の運営業務は地域における各主体の相互調整・連携が必要となりますが，こうした"つながり"が「地方創生」のテーマとなり，「企業誘致だけでは地域経済の活性化に限界がある」「起業することができる地元人材を増やしていきたい」との考えを持つ自治体へのアピールにつながっているようです。

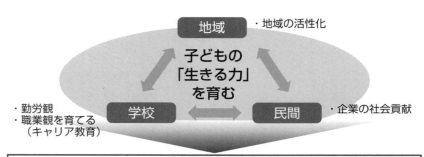

　このような中，JPXでは，2015（平成27）年度中に全国12ヶ所で開催されたJPX起業体験プログラムについて，①参加した中高生から寄せられた感想文を審査し，同プログラムへの参加を通じて，自分の成長が著しいことが認められた生徒，②プログラムを主催または共催することで主体的・効果的に起業教育を推進し，参加者の育成に貢献したことが感想文を通じて確認された団体等について，以下のとおり表彰しました。

(1)　感想文コンクール表彰
　　最優秀賞：渡邉啓介（東京都立日比谷高等学校）
　　優　秀　賞：伊藤舞梨（宮城県登米高等学校），野々ひかり（愛知県立知
　　　　　　　立高等学校）
　　東京証券取引所社長賞：藤田彩那（秋田県立西目高等学校），伯耆原進
　　　　　　　之介（ぐんま国際アカデミー中等部）

　　　　　　　　　　　　　　　　　　　　　　　　※カッコ内は受賞時

(2)　団体等表彰（日本取引所グループ賞）
　　・宮城県登米市，秋田県由利本荘市　　　　　　※五十音順

　JPXでは，このような「起業教育」を巡る新たな流れを途切れさせないよう，これからも，教育関係者をはじめ，地域社会，企業などの連携などにより，実践的な教育としての起業教育がさらに推進されるための役割を果たしていきた

いと考えています。

＜JPX起業体験プログラム事例＞

東京から最も遠い市で広がる「起業教育」の輪

　JPXが支援している「JPX起業体験プログラム」のなかでも，学校やNPOなどが一緒に"地域での自走化"に取り組んでいる事例として，島根県の江津市があげられます。江津市は島根県のほぼ中央部に位置し，市の中央を中国地方随一の大河である「江の川（中国太郎）」が南北に悠々と流れ，河口を中心として開けた地域です。南北朝時代の昔から，山陽と山陰を結ぶ江の川の舟運要衝として栄え，江戸時代中期には全盛を誇りました。万葉歌人で有名な柿本人麻呂ゆかりの地としても知られ，人麻呂とその妻「依羅娘子（よさみのおとめ）」にまつわる多くの歌や伝説が伝えられています。

　一方，人口減少による過疎化と少子高齢化に歯止めがかからず，1955（昭和30）年には44,875人だった人口は，2016（平成28）年7月31日現在で24,415人と大幅に減少しています。また，東京からの移動時間距離が全国で一番遠い都市として高等学校の地理の教科書やテレビ番組などで紹介されるなど，「起業」にとって不利な現状や地理的条件を，「地域ぐるみで人材を育てる」というキャリア教育モデルの創出や地域の課題解決につながるビジネスの掘り起こし・支援活動により克服しようと，2015（平成27）年度から，初等中等教育での「JPX起業体験プログラム」実践を目指しました。

　しかし，多くのカリキュラムをこなさなければならない学校の現場にとって，このプログラムを一から導入することは負担が大きく感じられ，実際に授業として採用されるまでには，相当の困難がありました。そんななか，「さつまいもプロジェクト2015」として，地元にゆかりのある食材をテーマにした授業展開を検討していた渡津小学校の4年生（全13人）が授業（総合的な学習の時間）で実践することになりました。

＜渡津を元気にする「起業体験プログラム」実施概要＞

実 施 校　　江津市立渡津小学校

スケジュール　2015（平成27）年９月～11月

後　　援　　江津市教育委員会

運　　営　　JPX起業体験プログラム推進委員会（株式会社日本取引所グループ：JPX）

支援団体　　特定非営利活動法人（NPO法人）てごねっと石見

主要ルール

- ・　参加するチームごとに，架空の「株式会社」を設立することとし，参加者はチームでの役割（社長，副社長，会計部長，製造部長，営業部長，監査役の６役）を決定する。

- ・　各チームは，模擬店の出店に関し，①ビジネスモデル策定（模擬店での出店内容に係る「事業計画書の作成」）と②資金調達（仕入・加工・販売準備のために必要となる資金を調達するための「プレゼンテーション」）を行う。

- ・　JPX起業体験プログラム推進委員会（株式会社日本取引所グループ）では，各チームへ５万円を上限に投資（出資）を行うこととする。

- ・　投下された資本に対する収益率が最も高いチームを「優勝」とする（当該ルール説明は簡易に行う）

- ・　模擬店出店後に，当該架空株式会社を解散するための「決算及び監査」と「株主総会」を実施し，参加者は事業計画の妥当性と振り返り（チーム・ディスカッション）を行い，本プログラムで実践してきたことのアンケート（個人）を実施する。

1　社会に貢献する起業　233

回数	日　時	場　所	概　要
第1回	9月11日（金） （午前3コマ）	渡津小学校	・オリエンテーション ・ルール説明 ・チームでの役割決定
第2回	10月16日（金） （午前3コマ）	渡津小学校	・事業計画の発表プレゼンテーション ・資金調達（出資額）決定 ・模擬会社の設立
課題 形式	10月中 （宿題形式／放課後等）	渡津小学校	・商品開発 ・商品仕入れ ・出展の準備
第3回	11月15日（日） 09：00～15：00	＜地元催事＞ わたづまつり	・模擬店出店 ・売上集計 ・試算表作成
第4回	11月26日（木） （午前3コマ）	渡津小学校	・決算書類の作成，会計監査 ・株主総会（事業報告，分配案決議，解散） ・結果発表及び全体総括

＜授業の様子＞

・第1回

金融経済教育用の既存教材
「シェア先生と楽しく学ぼう　株式会社のしくみ」を活用
・「株式会社のしくみ」，「社会や経済の動きと株価」の2つのテーマについて，小学生用にアレンジした内容で導入授業を展開。
・1～2時間の授業時間で実施可能なコンパクトな内容により，目的意識を生徒に醸成させることが狙い。

「起業体験で「生きる力」を育む」
（江津市Facebook掲載）
・ 江津市小学校4年生の総合的な学習の時間に，児童が会社を模擬的に設立・経営する，「起業体験プログラム」授業が行われました。
・ 授業は，自ら学び考える力を育むことを目的に，11月までの全5回で行われ，企画した商品は，わたづまつりの模擬店で児童自ら販売します。
・ 第1回の授業では，4年生13人が2組に分かれ，アイデアを出し合いながらさつまいもをテーマにした商品を企画し，案を発表しました。

ビジネスモデル
の企画・立案

「ディスカッション」の
教材は付箋のみ

・第2回

・課題形式〜第3回（地元催事への出店）

1　社会に貢献する起業　　235

・第4回

nikoniko株式会社 (サツマイモクッキーの販売)	
売上金	35,980円
営業利益	18,072円
純利益	12,651円
利益率	35.2%

株式会社サツマーズ (サツマイモごはんとサツマイモ汁の販売)	
売上金	31,696円
営業利益	11,649円
純利益	8,155円
利益率	25.7%

➢ 会社における「決算」や「監査」の意味についても学習。模擬的な納税(税率30%)を通じ,税金が果たす役割についても学ぶ(模擬納税分は地元で協力してくれた方への感謝に活用)。
➢ その他,地元で活動する司法書士をゲストに招いて,感想を語っていただく場面も設定。
➢ 模擬株式会社の活動を支援してくれた保護者等への「感謝の品」を贈ることを前提に,株主への配当は「0円」とした(ただし,配当がないことの意味についても学習)。

<児童の振り返り結果>

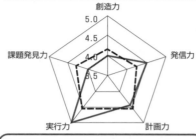

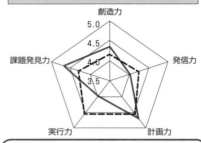

- 有償チームでは,「利益」をシッカリと出せたことに対する自らの実行力を認識(オール5回答)。
- ただし, 機会損失や埋没費用などの過大を認識するに至らなかった面も。
- 参加者は,「会社ではたらくことは大変」との感想も抱くも,「完売できたのでうれしい」との声。

- 優勝できなかったことで,「実行力」の不足を感じながらも, 敗因分析により「課題」を認識。
- 仕込みや販売の煩雑さを理解しつつも, チームワークの重要性から「計画性」を自己評価。
- 1名少ない体制ながら,「みんなで協力できた」「話し合いができた」と協調性を重視する声。

注) 各項目(平易な内容で質問)で「自分がどの程度頑張れたか?」を5段階評価。破線部分は全体平均。

設問1:「起業体験プログラムにまた参加したいか」

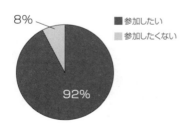

設問2:「将来, 自分で会社をつくりたいか?」

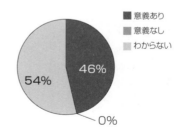

1　社会に貢献する起業　**237**

> どんな「困難」にチームで対処したか？

- 株式会社総会でのセリフを忘れてしまったとき，他のみんなが助けてくれた。
- 株式会社について，わからない内容を聞いて，教えてくれた。
- 社長がわからないときは，みんなで教えてあげることができた。
- サツマイモの裏ごしを協力しあった（先生や保護者も協力）。
- 利益の使い道を一緒に考えた。
- お祭りで売る商品を一緒に考えることができた。何かを作ることを決める時に協力した。
- ゴミ袋をどうするかを考える時，おぼんなどをどう使うかを考えた時に一緒に考えた。

- ◆ 会社の目的は「利益をあげること」だが，役割として「いい商品・サービスを提供して，私たちの暮らしを豊かにすること」を常に強調。
- ◆ 導入時の授業テーマ「私たちの暮らしと国や会社のかかわり」や「夢をかなえる」ことを終始，チームで話し合うことを徹底。
- ◆ 評価項目として，①本当にできるかな（実現性），②本当に売れるかな（収益性），③売れなかったらどうするか（柔軟性）であることをディスカッション時に何度も説明。

注）事由記載。「困ったことや分からないことがあったとき，チームでどう協力したか？」を聞いた。

振り返り内容を板書で整理

ここに注目

【ニュース１】

文部科学省「青少年の体験活動推進企業表彰」審査員奨励賞を２年連続で受賞

　学生を対象に，模擬店ビジネスを行う株式会社を擬似的に設立・経営する体験等を通じ，自ら学び・自ら考える力などの「生きる力」を育むことを目的とする「JPX起業体験プログラム」は，文部科学省が主催する2015（平成27）年度及び2016（平成28）年度「青少年の体験活動推進企業表彰」にて，審査員奨励賞を受賞しました。

　この「青少年の体験活動推進企業表彰」は，社会貢献活動の一環として青少年の体験活動に関する優れた実践を行っている企業を表彰し，全国に広く紹介することにより，青少年の体験活動の推進を図ることを目的として，2013（平成25）年度より実施されているものです。金融界が「起業教育」において受賞する初のケースとなりました。

【ニュース②】

世界の取引所で「起業教育」も連携へ

　JPXでは，資本市場に関する専門性を活かした様々な金融経済教育及び起業教育プログラムに取り組んでいますが，世界各国・地域の取引所と連携した生徒・学生への金融経済教育及び起業教育プログラムの連携・協働に向けた行動を開始します。

　具体的には，JPXが学校向けに展開している「株式学習ゲーム」や模擬的な株式会社設立を通じアントレプレナーシップの喚起・涵養を行うことを目的とした「JPX起業体験プログラム」など，体験型の金融経済教育及び起業教育プログラムについて，国際的連携・協働のためのスタディ・グループ（FESG：Financial Education & Literacy Study Group）を23か国・地域30取引所・機関の参加により創設しました。

　同グループでは，体験型の金融経済教育及び起業教育プログラムについて，実施を検討する取引所へのサポートや，各国・地域の取引所でプログラムに参加した生徒・学生から選定された優秀者から，さらに世界レベルでの優秀者を選定し表彰する方策を検討するなど，国際的な金融経済教育及び起業教育プログラムの輪を広げていきたいと考えています。

　金融経済教育については，2008（平成20）年に発生した国際的な金融危機を踏まえ，利用者の金融リテラシーを向上させ，金融行動を改善することが重要であるとの認識がOECD（経済協力開発機構）やG20（金融世界経済に関する首脳会合）等における国際的な議論において共有され，国民の金融リテラシーを向上させていくことがこれまで以上に重要となっており，金融経済教育の一層の推進が求められています。

4　3社の事例と起業家的思考法

　ここでは，これまで学生たちが，「企業家インタビュー」や「インターンシップ」等でお世話になったなかで印象深かった3名の経営者をケースとして取り上げます。事業分野は，「ものづくり」「教育」「ライフスタイル」（家事代行）と違いは見られますが，驚くほど共通性のある3社の事例を取り上げてみることにしましょう。

ケース研究(1)　新たなライフスタイルの創造主

ベアーズ　副社長　高橋ゆき氏

　同社の取締役副社長の高橋ゆき氏は，自分の生まれ育っていく過程で母親の会社が倒産するとは思っていなかったそうですが，ゆき氏が26歳のときに倒産し，倒産の後始末や処理を自分自身が行ったといいます。実際に倒産をした経験こそが，経営者としての，お金では買えない貴重な経験になったそうです。どうやって会社は無くなっていくのか，どうやって会社は処理されるのか，どうやって立ち直していけるのかといった，プロセスや方法が学べたということでしょう。

　そして，商社在職時のマーケティングマネジャーとして香港に滞在した時に，スーザンというフィリピン人のメイドの素晴らしい人柄とスキルに心を打たれたことがあったといいます。

　香港では共働き夫婦が多く，20代でも活用するほどメイドサービスが一般的で，ちょうど第1子を出産した時でもあったので，育児や家事を手伝ってもらうことになったのです。東南アジアから来ているメイドが香港の若い共働き夫婦を支えている現実を目の当たりにしたわけです。経験豊富なスーザンのおか

げで，第1子誕生後も無事家庭と仕事を両立しながら自分らしさを保つことができたといい，メイドを雇った経験が後の起業につながることになります。

　帰国して早速メイドサービスを探したゆき氏。ところが香港では普通にあったサービスが当時の日本にはなく，お掃除専門のハウスクリーニングとビルメンテナンスの会社か富裕層向けの家政婦紹介所しかありませんでした。ゆき氏の望んでいたような，日常の掃除から始まって買い物や料理，洗濯にアイロンがけ，お子様のこと，植物の手入れなど，一般の家庭でのママのお仕事代行をしてくれる"家事代行サービス"の専門業者はなかったということです。日本には「家事代行」というコンセプト自体ない時代で，市場もない状態でした。

　そんな中，現社長の夫の高橋健志氏から，『社会が必要としていて，そのサービスがないなら創ろうよ』と言われたということです。納得のいくメイドを育てることで，世の中のがんばる女性のためになるのではないか，女性の笑顔がどれだけの人に勇気を与えられるか。母親，妻が笑っていると，子どもも旦那もうれしいことでしょう。そういった『HAPPY バランス』のツールとして，これからの日本社会に"家事代行サービス"が必要になってくると確信したということです。「女性活躍」が叫ばれる今日，女性が結婚して出産後も輝いて働く時代に，がんばる女性を応援する新しい産業を作りたいと決意し，夫婦で1999年に家事代行サービスの株式会社"ベアーズ"を起業しました。そして，家事代行業が他のインフラと同様に当たり前になれば，女性の活躍や出生率の向上にもつながると考えているとのことです（2016年10月31日の産経新聞朝刊）。最初は，自宅をオフィスに夫婦二人三脚でハウスクリーニング業からスタートしました。現在は，「家事代行サービス」，「ハウスクリーニング」，「キッズ＆ベビーシッターサービス」，「高齢者支援サービス」を手掛けていて，政府による，国家戦略特区を活用した外国人による家事代行サービスにも認定されています。

　在留外国人の方のご利用やお子様の外国語教育等の観点から海外人材を望む傾向が強まったこともあり，近年では国家戦略特区を活用して，家事支援外国人受入事業に従事する外国人スタッフを東京都で初めて受け入れ，2017年から

３年間で300名の外国人家事支援人材スタッフ受入を予定しているといいます。

　また，１人でも多くの方に，家事に関心を持っていただき，家事を楽しみ，慈しみ，実践性を重視することで，暮らしに愛が輝く，明るい人生を送るため，そして，家庭生活の向上と社会経済の発展に寄与することを目的として，家事大学を設立しました。家事に関する最高峰の教育機関として，家事を学び，社会に活かす術を通して，WEBでの学習も取り入れながら，家事の国家資格の認定を目指しています。

　急速に市場規模が拡大する家事代行・家事支援サービスを通して，日本社会へ“新しい暮らし方”を提案し，女性活躍や“日本の新しい雇用創造”につなげるような家事のリーディング・カンパニーを歩んでいます。

　これらの経緯の物語は，夫婦で出演したテレビ東京『カンブリア宮殿』で放映されました。

＜問題意識＞

　日本には，お掃除専門のハウスクリーニングとビルメンテナンスの会社か，富裕層向けの家政婦紹介所しかなかったが，納得のいく新しいサービスを創ることで，世の中のがんばる女性のためになるのではないか，女性の笑顔がどれだけの人に勇気を与えられるか。

＜ニッチ市場＞

　日本では，一般の家庭でのママのお仕事代行をしてくれる“家事代行サービス”の専門業者はなかった。

＜参考＞　社名のつけ方

　なお，なぜ“ベアーズ”（熊）という社名かというと，社長で夫の健志氏が，お客様は女性が多くなるであろうというところから，何か親しみやすい，動物の名前などがいいなと思っていたそうです。そんな時に，幼少期に好きだった「がんばれベアーズ」というアメリカ映画が想起したそうです。映画のストー

リーを反映させて，会社も様々な人が集まってチーム一丸となって，大きくなっていけるといいなという思いから，"ベアーズ"という社名になったそうです。また，社旗の六文銭は，大阪の陣で最後まで戦った真田幸村を敬愛する社長の趣向から来ているとのこと。

ケース研究(2) 進学塾の逆張り経営

アースライト　代表　岡本貴士氏

ベンチャー企業は今まで社会にないニーズに応え，新しい価値の創造を生み出すため，自分が働く上でその価値に共感できるかどうかが重要です。

アースライトの岡本貴士代表は，大学時代は脳波解析を研究しつつも，在学中にアルバイトでは大手学習塾講師として勤務していました。しかし，成績は良いのに家庭の事情で辞めざるを得ない生徒や，正しい勉強方法がわからず成績が上がらない生徒に関わる機会がありました。その後，この子達は今後どうしたらいいのだろうかと考え，この子たちこそ真に教育を必要としている子ども達（ターゲット）であり，個別にきめ細かい地域にあった教育をしたいと思うようになったといいます。学習塾の業界も大手になればなるほど，能力が高く，経済的に恵まれた子ども達ばかりを大切にするようになっていく，そこに矛盾を感じるようになったのです。

そこで2003年，23歳の時に地域教育の向上を目指し，学習塾クリップアカデミーを運営する有限会社アースライトを起業することになります。「怖さに勝つ」のが起業という想いがあり，「情熱」で駆け抜けてきたといいます。最初はもちろん大変なこともありましたが，自分が本当に達成したいと想ったことができる環境がそこにはあったので，毎日が楽しくて仕方なかったといいます。

大学時代の脳波解析を生かし，独自の指導法や経営スタイルから，自身も一

指導者として長年直接生徒の指導に当たっています。

　岡本氏は，「私が考える教育における一番大切なもの。それは子ども達の『自尊心＝“自分はできるんだ！”という気持ち』だといいます。自尊心のある子どもは，自然と成長していくものです。でも，現代の社会では，子ども達の『自尊心』が摘み取られてしまっているような気がしてなりません。子ども達自身はもっとドキドキワクワクするような機会や経験を求めています。どんなに時代が変わっても，子ども達の「好奇心」は変わらないものです。「好奇心」が子ども達におかしな夢や目標を与えてくれます。そして，自尊心がその夢や目標のために子ども達を努力させてくれます。子ども達ひとりひとりの好奇心と自尊心を高めてあげることで，子ども達の可能性をもっともっと伸ばしていきたい」と述べられています。そこで，地域や学校との関わりを大事にしながら，座学だけの授業でなく，理科の実験イベントや，季節行事などを行っているそうです。

＜３つのwin＞

　最大のターゲット：①普通の地域の子ども達が，楽しんで笑顔になって欲しい。②共働きなど家族のライフスタイルに合わせた“子どもを預かる”という社会問題。③起業家：自分が本当に達成したいと想ったことができる環境がそこにはあったので，毎日が楽しくて仕方なかったという。

＜問題意識＞

　学習塾教育は，その経営規模の拡大とともに合格実績を求め，潜在的な学力の高い子どもや指導時間が多くとれる経済的に恵まれている子どものための教育に重点を置いてゆく傾向がある。

　「親の所得による子どもの学力格差」に問題を感じ，解決したいと思い，地域の子ども達や父母に事情を合わせた教育を創造したい。

1 社会に貢献する起業　**245**

<ニッチ市場>
　エリートの一般層ではなく，学校の時間内の補習

<参考>　社名のつけ方
　『アースライト』という社名は，岡本貴士が起業の際，土光敏夫氏の精神に感銘を受け，氏の苗字を英語にして社名としたものです。
　（アース＝Earth＝土　ライト＝Light＝光）

ケース研究(3)　天皇と首相の視察を受けた第二創業のチャンピオン

浜野製作所　代表取締役CEO　浜野慶一氏

東京下町の町工場が集結した墨田区八広で，部品の金属加工・金型製作・プレス加工，板金加工を行い，成長し続けている町工場である浜野製作所は第2創業ではありますが，これからの日本の中小企業，町工場の正にフロントランナーです。

株式会社浜野製作所は，1968年に浜野氏の父親，浜野嘉彦氏が創業しました。最初は部品を量産するために使われる「金型」作りがメインで，金型を使った部品の量産も請け負っていました。両親が他界し，家族経営の町工場を引き継いだのは1993年の28歳の時でした。当時の中小企業は大企業の下請けの構造の時代から，後継者不足や大手メーカーの生産拠点が移り，中国・東南アジアへの海外進出する企業が増えた時期に当たります。

　従来工場で量産を進めてきましたが，これまでの量産ではなく，精密板金加工による試作をやらないと会社は生き残れないと判断し，別の場所に新工場の建設を進めました。そんななか，7年後の2000年にもらい火による火事で本社兼工場が全焼します。翌日仮工場で営業を再開し，その後新工場が完成したも

のの交渉相手の住宅メーカーが融資予定日の直前に倒産したため，資金繰りがうまくいかず，焼き跡から持ち出した金型のさび落としが日課でした。この時期が，これまでで一番厳しい局面だったとのことです。

　新工場の立ち上げ準備と火事が重なったこの時期，全焼燃え跡から金型を掘り起こし，試作品の営業で頭を下げる日々で，現在常務で腹心ともいえる金岡裕之氏とともに一緒に二人でサビとススを落としました。浜野氏は「金岡，残業代も払えずすまないな」と謝って退職を勧めましたが，「金のためにやっているわけじゃないさ」「浜野さんが好きだから働いている」という言葉をもらって信頼感が増して，浜野社長の右腕として現在までにいたっています。

　2002年にプレス・新本社や工場が完成し，続いて金型工場が完成します。そして「量産」中心から「試作品」中心への営業の転換を進めていきます。この「試作品」のマーケティングとしては，①「安いこと」，②「難しい仕事で他ではできないこと」，③「納期が短いこと」が挙げられますが，このうち③の「納期が短いこと」，つまり注文書受付から出荷・納品までの業務プロセスの整理を軸にして進めていくことを決断し，試作品の注文を受けてから納品するまでを1週間以内で実現するようになります。

　この過程では，短期納品のために会社全体を巻き込んで，社員と徹底的に話し合いながら改善活動を行い，「生産管理システム」を構築していきました。生産システムを営業，管理と結びつけてPC上での「見える化」をしていきます。具体的には，①作業指示書に基づいた納期管理，バーコードを使っての工程管理・見える化し，②見積もりを標準化した「見積もりモジュール」を導入し，標準単価を設定してスピードアップを実現していきます。そして

③「工程管理版」を導入し，稼働時間がPC上で把握でき管理ができるようになりました。

顧客からの要望に対して，一つ一つ柔軟に対応していくことで，顧客の獲得に成功しました。少量多品種の製品や試作品，一品物の製造をメインにしたことで，結果的に量産型の仕事の受注につながっていきました。試作品の仕事で自社の技術をアピールできて，量産型の仕事につながっていったのです。短納期で評判が立ち，量産型の仕事も増え，従業員も増えていきました。「短納期」の「試作品」を軸にしてから取引先が4社から現在1,800社に急増していき，売り上げも伸ばしていきます。

成長の背景は，顧客との接点，信頼関係をつくることで，小さな仕事から大きな仕事につなげることにありますが，これ以外にも「人」を意識した町工場の常識を変える数々の取り組みにあります。これまでは，従業員の間には新しいことを受け入れようとしない，何をやってもうまくいかない停滞した雰囲気がありました。

そこで，2003年に墨田区が衰退しつつある町工場の再興を目指し，一橋大学と連携してスタートした，若手経営者を対象にした経営塾に参加したことがきっかけで，一橋大学の学生をインターンシップとして受け入れるようになります。また同じ2003年には，墨田区と区内の中小企業，早稲田大学が産官学連携を行い，2004年には早稲田大学地域経営ゼミ立寄所を開設し，電気自動車「HOKSAI」の開発につながっています。

小さな会社では技術や情報が属人化してしまい，その人がいないと何が何だかさっぱり分からないなんてことが起こります。その人に辞めてもらっては困るので，気をつかいながら働いてもらうわけです。そこで，凝り固まってしまった文化，風土を変革していくため，そして技術や数字の"見える化"を図るために，インターン生が触媒となり，彼らを説得することで広報マインドの醸成にもつなげていったのです。

属人化していた技術・情報がみんなで共有されるようになると，これまで職人の頭にあったコツや工夫，視点が"見える化"されました。勘や阿吽の呼吸

の暗黙知が，みんなで共有できる形式知化されていったといえるでしょう。これによって，高い技術力が継承されることにつながっていったのです。

　また，高品質で短納期で製造することを可能にするためには，知識，経験をともなった技術力が必要です。そこで，国家資格の取得を給与に反映させたり，社外コンテストに関わらせたり，若手従業員を外部のプロジェクトに積極的に関わらせることで，技術の向上につなげていきました。こうして，地域や世の中に役立っていることが社員のモチベーションにつながり，自分の仕事にプライドが感じられるようになっていったのです。

　中小の町工場が培ってきた基盤技術は，先人から引き継いできたものです。現在の工場が生き残っていくことも含めて，次の世代に引き継いでいく義務があるのではないかという思いがあるそうです。"下請けの町工場"というイメージを変えていき，町工場で働きたいという若者を増やしていきたい。そして，『ベンチャーを立ち上げる場所は，シリコンバレーだけではなく，日本にも，東京にも，墨田にもある。ということを全世界に発信していきたい。』そんな浜野社長の力強い思いがあるのです。工場の中の壁も青や黄色で塗られた奇抜な町工場は，表面の明るさだけでなく，社内が活性化し社外と接する土壌も育っていき，また墨田区内の他の工場とも連携し，さまざまな要望に応えられるようになって，地域資源を活かして多くの商品化につながっていきました。それが他の町工場にも仕事を生み，墨田区全体の底上げにもなっていく好循環が生まれています。さらには，大学との連携は大学発ベンチャーの芽を拡げています。浜野社長は，ニュービジネスの機会を導く，現代の錬金術師なのかもしれません。

＜浜野製作所の携わった（進行中のものを含む）代表的なプロジェクト＞
（異業種連携）
＊　「配財プロジェクト」：墨田区の産業廃棄物として排出される「廃材」を再利用し，「万華鏡」など新たな商品開発につなげている。
＊　「アウトオブキッザニア」：子どもを対象とした職人体験プログラムで，1

人5,000円を払えば実際に現場で使う工作機械を使い，モノづくりを体験することができる。子どもを連れてきた父親の中には大手メーカーに勤めている人もいて，そこから仕事が生まれるケースも多い。アウトオブキッザニアを通じて，設備，技術力，社員のこと，モノ作りに対する考え方などを知ってもらえるので，効果的な営業活動にもつながっているという。

（産学官連携）

* 電気自動車「HOKSAI」：地域資源の宝は地元の町工場の仲間たちである。地域資源を活かして，新しいものづくりの中小企業をつくるお手本のようなケース。

* 深海シャトルビークル「江戸っ子1号」：2013年，東京海洋大学や芝浦工業大学と深海探索のためのロボットプロジェクトに参画。東大阪の下町ロケットが宇宙であったので，逆張りの発想で海底となった。この世界初となる深海用小型無人探査艇「江戸っ子1号」は，7,800m海底の3D映像の撮影でメディアに多数取り上げられた。

* 「Garage Sumida（ガレージスミダ）」：2014年の開設で，2017年にリニューアルした最新のデジタル設備を導入し，レーザーカッターや3Dプリンターを持つ，ものづくりベンチャー等と町工場をつなぐインキュベーション施設で，ハブ機能を持ついわばミニシリコンバレー。若者やベンチャー企業等のアイデアを形にして商品開発を支援するモノ作り試作品工房で，クリエイターと職人が出会い，化学反応を生むアイデアとマーケットを創造する場。起業のアイデアと起業支援ノウハウを持つ（株）リバネスと共同でテクノロジーベンチャーを育成・支援し，スタートアップのための会社設立をサポートした。例えば，台風発電の株式会社チャレナジーと次世代風力発電，首都大学東京の学生，嘉数さんの提案の「EV猫台車」，孤独を癒す遠隔コミュニケーション分身ロボット「Orihime」。高齢者や障がい者らが使いやすい「ユニバーサルデザイン」の製品開発として，企業の世界コンテストで優勝した次世代型電動車イス「パーソナルモビリティWHILL」がある。シリコンバレーの投資会社は，この車イスに投資を決定した。現在も東京オリンピック

に向けて「下町カヌー」開発するなど，テクノロジーベンチャーを対象にした，ものづくり支援のプラットフォームから出たケースは枚挙にいとまがない。

　MITスクールからも来訪するなど，そのフィールドは世界的規模に拡大しています。町工場の強みは，技術者が自分の手を介在させながら試行錯誤して顧客の問題解決に取り組む提案力との考えのもと，設計や製造，事業計画を含めてアドバイスを行い，適切な納期やコスト削減につなげたり，モノづくりの知識がないベンチャーの卵に対して，ベテランの職人が開発・設計の段階から助言を行いました。コンサル料は，全体の売上げの１割にも達しています。また，第７回ものづくり日本大賞を受賞しています。

＜問題意識＞
　経営危機を契機につくられた「製造業はサービス業である」「製造業版ディズニーランド」という考え方のもと，「おもてなし」の心を持ってお客様・スタッフ・地域に感謝・還元し，夢（自己実現）と希望と誇りを持った活力ある企業を目指そう！である。

＜ニッチ市場＞
　新たなパートナと環境変化への対応力のアイデアを生み出し，試行錯誤しながら課題を実現してwin-winの関係を築く。大企業の下請から脱皮しそのオープンなつながり，ネットワークをつくるために，常にコラボレーションするビジネスパートナーを求めています。

＜参考＞
　経営理念「お互いの心を理解し，自分たちのできることを精一杯やって，世のため人のために尽くす」息子さんが石田光成を尊敬しているということで，「大一大万大吉」（皆は一人のために，一人はみんなのために）ということが，

会社経営にもつながっているようです。「ひとりが万人のために尽くし，万人がひとりのために尽くせば，全員が満足できるに違いない」，社員が生き生きとお客様や取引先，地域社会のために働ける町工場。「ものづくりはひとづくり」。そして，「若きエンジニアを変えたい，日本を変えたい」。

課題：海外展開を行うモノづくりの視野の拡大・モノづくりの「市場化」に関して，浜野製作所のケースから，成功要因をまとめてみよう。

承継と第二の創業

株式会社ソーケン
有吉徳洋代表取締役社長からのメッセージ

　弊社は2017年12月に，創業50年を迎えるオフィス空間の場を作るものつくり会社でございます。

　本社は，日本橋近くにあり，自社工場は千葉県市川市にあるデザイナーから職人さんまで幅広い部署がある社員60名の会社でございます。

　その中で，ソーケンの歴史の中で大きい出来事があった2004年に，創業者でもあり私の父でもある先代有吉徳礼社長が，急に亡くなる中，当時は役員ではない私はソーケンという会社を知ることから始めたのです。

　引継ぎが全くない中で，ソーケンという強みとは？課題部分とは？を財務状況から把握し，ソーケンという会社が，どちらの方向へ向かうのかを考えました。

　今ソーケンがあるのは，先人たちのお陰ということを忘れずに，リスペクトし，本業を活かしつつ，先人たちのお陰でもある！という基本コンセプトを作り，会社のブランドイメージを上げるには，という考えから一つの方向性が見えて来ました。

　それは，先代が残してくれた社長心得という手帳です。

　この手帳を三回忌の時に整理した際に見つかった父の手帳から，先代は「何を伝え何を残したかったのか？」の事業の本質をつかむために１年かけて読み解きました。

　その中で，先代が記載していた言葉に，"木の命を預かっている。だから大事にしよう"そのような言葉が記載されていました。

　そうだ，弊社は木材を扱っている会社だ！木の命を預かっている会社なのだ！と今更ながら気づきを，先代の手帳から頂いたのです。

　木の命から，木を大事にしていこうと思い，その木をどう世の中にお役に立つのかを考えました。

　弊社は自社工場があり，特注の造作家具や木工にいたるまで技術はありますので，その技術を活かして，社会にもっと貢献できる企業つくりを目指すべきだと思ったのです。

　弊社は，木の技術を活かしたオフィス空間をつくる社会貢献活動（CSR）として，親に恵まれない児童養護施設様に訪問し，先方のニーズを聞き，組み立て式クリスマスツリーや子供向けのイスを作りプレゼントしたのが最初です。

　最初の訪問先は実績が無かったので，怪しいリフォーム会社なのかと怪しまれたりしましたが，若手社員さんたちも頑張ってくれて，良いご縁に巡り合えたのです。

　最初のプレゼント先で，子供たちの笑顔を見て仕事とは違う喜びを知り，本業と真ん中の社会貢献を，先人をリスペクトしつつ，第二の創業としてCSR経営をスタートしました。CSR経営とは，本業を生かした社会貢献活動のことです。

ですが，簡単に事は運びませんでした。

古参の役員さんには，「若社長どうしたいったい！？」とか，親戚からは「宗教にでも入ったか？」など，私が日ごろの行いが悪いせいか，今では笑い話ですがたくさんの誤解を招いてしまいました。その時，助かったのが先代の手帳です。

先代が残してくれた社長心得の手帳から，創業者の想いの言葉を入れながら，社員の皆さまに理解をして頂きました。

そして，継続は力なり！

段々とCSR経営が周りにも認知され，本業ど真ん中からブレないCSR経営を進めていくことが出来ました。

このCSR経営の最大のメリットは，経営者自身のコンプライアンス向上です。

良い会社つくりを目指す中，2008年のリーマンショックの影響で，弊社も経営がピンチとなりました。

その時には金融機関さんからの社員のリストラなどの要求もありましたが，CSR経営をしている自分として，「外面は良く社員は助けないは，ありえない！」という気持ちから粘り強く交渉を続けさせて頂き，社員1名もリストラをせず，この苦境を乗り越えることが出来ました。

社員を減らさなかったお陰で，景気回復の際は社員一丸となったため，バブル期の過去最高業績を更新することが出来るなど，これも第二の創業でもある，CSR経営をしていたお陰です。

あの時に，金融機関の意向を聞いて，社員を半分リストラしていたら，景気回復でも企業の実力不足で受注が出来なかったと思います。

また，イマジンプラスの笹川様とは，同じ道産子経営者としてご縁を頂き，本業を通じたビジネス交流として，匠アカデミー様の活動に協力させて頂いております。

日本橋にある弊社サロンを使っての勉強会や，自社工場を使っての木の工房などの協力体制も今後検討しております。

ソーケンの今があるのは，三回忌で見つかった先代の手帳の発見から，第二の創業でも本業ど真ん中でもあるCSR経営のお陰により，私自身が経営者という立場で，単なるコンプライアンス（法令遵守）から"良い会社づくり"にシフトしたお陰だと思います。

数字ありきではなく，まずは人材ありきという思考で，これからも第二の創業でもあるCSR経営を軸に，本業の繁栄が，社員さんとその家族と協力会社様に繋がるかなと思います。

254　Ⅲ　「体」の章

コラム23

"セレンディピティ" と "エフェクチュエーション"

セレンディピティ

　温かく緑が生い茂り，鳥のさえずり，海に太陽が照らしているような，スリランカの"セレンディップ"が語源です。そんな雰囲気の中でひらひらと蝶が舞い込み，いわば，それをキャッチできる構えが"セレンディピティ"です。

　世の中は，目に見えない機会，潜在的な機会で溢れています。捕まえるか捕まえられないのかは，ちゃんと準備をしていたか，していなかったかの差であるともいえます。同じ情報であっても。ある人はスルーした情報が，ある人にとっては別の価値を発見することができるかもしれません。見つけること。それは「気づき」にほかならないわけですが，チャンスは，単にオープンにしているだけでなく，心の準備をして自分から運を呼び込む能力が必要です。いわば予期せぬ事態に対応し，手に入る資源を活用して新たな価値を生み出す，運を導きつかみとる能力，それが「セレンディピティ」です。科学では，仮説に基づいて実験と検証を繰り返すなかで，本来の計画した研究とは異なる見方の結論が出たり，ハプニングが別の新たな発見を生んで，ノーベル賞につながったケースもあります。

　それでは，チャンスを準備してふとした偶然をきっかけに直感やひらめきを得て，幸運をつかみ散る能力。例えば，想定外のことを発見したり，同じ物にこれまでとは違う意味や価値を付与させる，セレンディピティの能力を高めるにはどうすればいいでしょうか。

　その心構えとして，

(1)　人や情報との接触頻度を増やす（インプット）

　そのためには，アンテナを拡げること。常にオープンにして人脈をつくったり，情報収集や情報検索を怠らないこと。今の問題や当面の目標達成に直接関係のないことを含めて，いろいろなことに意識を向けて観察したり，遊び心を持つ好奇心・飽くなき探究心を持つことが求められます。これによって情報感度を高め，明確な目標とオーバーラップして視角化・イメージすることで，発想力も豊かになるでしょう。

(2)　ギアをニュートラルにしておく（スループット）

　そのために，自分時間を持って「リラックスすること」，「"マインドフルネス"などの瞑想」も有効でしょう。また(1)とも関連しますが，「異質な世界に接触すること」「環境を変えてみること」「海外の文化に触れること」など，別の世界に生きることも偏らない判断につながります。それによって，物事の本質や意味・価値を理解できるセンスを磨く洞察力を高め，目先の損得勘定や偏見に左右されないで，より広い視野や展望を持つことが可能となります。

(3)　肯定から入り，まず動く，とりあえずやってみること（アウトプット）

　やりたいことや方向性に合わせて自分軸を定まれば，ポジティブ・楽天的に実行に移

し，試しにやってみて失敗を恐れないことです。

　成功している起業家は，「大量のものを試して，その結果によって見つかった偶然によって成功している」という研究もあります。経験を糧にして失敗を成功に転じる工夫のセンスや能力も磨かれていくことになるのです。

　何かを探しているときに，人生には「やってくる偶然」だけではなく，「迎えに行く偶然」があるともいえ，そのためには，「好奇心」・「持続性」・「楽観性」・「柔軟性」・「リスクを取る姿勢」が重要となります。

　そして，不確実性や偶発性を活かす，このような能力を高めることで目標達成に近づくことが可能となります。

　こうした構えによって直感が磨かれますが，共鳴するためにはそれがみんなのものであるという意識も重要です。

　なお，セレンディピティの反対は，不幸や不運に遭遇してもパターン化された行動しかできない“ゼンブラニティ”です。

　スタンフォード大学のジョン・D・クランボルツの「計画された偶発性理論」（Planned Happenstance Theory）は，「セレンディピティ」のキャリア版といって良いかもしれません。

＜参考となる文献＞

　宮永博史著（2006）『成功者の絶対法則　セレンディピティ』祥伝社。

　J. D. クランボルツほか著・花田光世ほか訳（2005）『その幸運は偶然ではないんです！』ダイヤモンド社。

エフェクチュエーション

　優れた起業家の意思決定には，「原因と結果」の関係を理解することが全くできないような状況を生み出すことがしばしばあります。

　連続して立て続けにベンチャー事業を起業する起業家を，連続起業家（シリアルアントレプレナー）といいますが，この人たちは，起業のコツ（視野や概念枠）を感覚的に学習することのできた人であるといえるでしょう。

　ベンチャー企業を立ち上げた後に事業を軌道に乗せることに成功すると，その事業から半ばあるいは完全に手を引き，また別のベンチャー企業の立ち上げに取り組んでいるといいます。あるいは，事業が不成功に終わり倒産することになった場合も，失敗を糧として，やはり次の事業をスタートするとのマインドがあるといわれます。

　ポイントは「成功・失敗の結果」ではなく，「新規事業への挑戦をしたこと」自体が，結果として売上高・利益の増加をもたらしているというところです。

　手元にある利用可能な手段を出発点として，その時その時の流れで目標が生まれてくるのに任せる「手段」ありきの場合，「今できることの中で何ができるのか？」という問いからスタートします。そこでは，未来を予測することは不可能であるという前提に立ちます。もちろん目的はあるわけですが，何となく決まっている程度で，自分の外の環境は自分たちが働きかけることによって変えられるとの，楽観的でポジティブな心理が働いています。

これらは，バージニア大学ダーデン経営大学院のサラス・サラスバシーが，起業家が成功に関する理論として提唱したもので，手元にある利用可能な手段を出発点として，その時その時の流れで目標が生まれてくるのに任せることだとします。サラスバシーは，普通にビジネスへのアプローチを尋ねるのではなく，新製品の導入に関連する10の意思決定問題からなる17ページの問題集を渡し，これを解いてもらいました。さらに起業家に対し，問題を解いている時に頭の中で考えていることを声に出して語るよう依頼し，発言内容を文字に書き起こして内容を精査しました。この研究によって特定されたパターンが，"エフェクチュエーション"として理論化されるにいたります。対象となるエキスパートの起業家は，「1つ以上の企業を創業し，創業者としてフルタイムで10年以上働き，最低でも1社を株式公開した人物」です。成功した企業の創業者30人と面談し，起業家的行動の分析に適したものとなっています。

(1) 手中の鳥（Bird in Hand）の原則

　ビジネス仮説シナリオを立てられるだけの質的情報（専門家や利害関係者へ自らがインタビューすることを含め）と変化の初期微動を捉えるキー指標から，新事業の構築に着手したとき，私は誰（ポジショニング）・私が知っていること（オペレーション）・私が知っている人（実現するための協力者）から実行可能な手段を起点に，可能性を探ります。

　（メッセージ：**やりかたをよくわかっている事柄から始めなさい。**）

(2) 許容可能な損失（Affordable Loss）の原則

　リスクを最小限にした活動から得られるリターンを目標とするのではなく，許容できる損失の大きさによってリスクの限度を定め，そのリスクの範囲内で起こり得る高い方の目標とアクションを選択する。「悪い」ニュースやサプライズに出くわしても，むしろそれは新たな市場を作り出す潜在的機会をもたらすと解釈し，その代わりに最悪の事態に対処するための「仮説」シナリオを作る。これは，デザイン思考等で顧客に試作品を使って試してもらって，成功をするための確率を上げることにも通じます。

　（メッセージ：**行動を選択する際には，大成功を狙うのではなく，大きな失点を避けるようにしなさい。**）

(3) クレージーキルト（Crazy-Quilt）の原則

　利害関係者に自ら交流し，その中からビジネス仮説シナリオに興味を持ってくれた（相互作用しあえる）参加者を自ら選んで，事前に約束をとりつけ不確実性を減らし，ベンチャー初期のパートナーとして新たな市場を共同開発する。キルトのように，周囲を取り巻く様々な関係者と協力しながらパートナーシップ（Partnerships）をつくり上げていく。自ら情報収集をしビジネス仮説シナリオを立て，利害関係者と交流し協力を得て，その中から初期のキー・パートナーを見つけ出し，リスクも含め自分がリードしてやっていけると確信できるなら実行する。ベンチャー初期のビジネス仮説シナリオを実行していくと，そこでまた新たな利害関係者との交流が生まれ新たなパートナーができ，新たな実行可能な手段と目標が見つかることにもつながります。

　（メッセージ：**今までにない能力をもたらしてくれる人たちと働きなさい。**）

(4) レモネード（Lemonade）の原則

予期せぬ事態を避けたり，克服したり，適応したりするのではなく，寧ろ偶然をテコとして活用すること（Leverage Contingencies）。粗悪なレモンならばレモネードとして売るように，失敗作も発想の転換や何かとセットとして新たな製品やサービスの価値を高めることも出来ます。

（メッセージ：**予想外の出来事を大いに活用しなさい。**）

(5) 飛行機のパイロット（Pilot-in-the-plane）の原則

コントロール可能な活動に集中し，予測ではなくコントロールによって，望ましい成果を帰結させる。予測よりもコントロールを重視するとは，自ら情報収集の行動をし，エージェンシーとしての人間に働きかけることです。

ある意味，予測を行う「シナリオプランニング」とは逆の発想であるということになります。

（メッセージ：**自らのチカラと才覚を信じて，情報収集と人間関係を活用しよう。**）

エフェクチュエーションの概念は，社会科学において長らく持たれていた信念「原因と結果」に対して，社会現象についての新しい洞察を産み出す源泉でもあります。

このように，"エフェクチュエーション"は手段ありきということがいえますが，目的ありきと考えるのが"コーゼーション"ということがいえるでしょう。

問題を解決しようとする時，たいていの人はまず目標を設定し，決めた理想に向かってまっすぐに突き進みます。目標を定め，手元にあるリソースをもとに何ができるのかを考え，逆算して必要な要件を定め，この目標を達成するための最適化を図ります。結果を固定化し，未来を予測しつつ，それをできるだけ実現するために戦略を立てていきます。これが因果律とロジックに打ち立てられた"コーゼーション"の思考方法です。目的に基づく思考法では，前もって目的地に向かう道順の地図を描こうとします。うまくいけば，自分の描いた道筋どおりにいくでしょう。ただ通常は，予期せぬ様々な困難や地形の複雑さが築かれることになります。合理的で論理的な意思決定である，コーゼーション（因果論）は，最適な戦略を選ぶことで，リターンを最大化することに焦点を合わせていますが，うまくいかないとそれ自体が全て達成されないことにもなります。目的に基づく思考法，原因と結果の連鎖で考える思考法に対して，エフェクチュエーションは，手探りで推論しながら前へ前進する思考法ですので，全てが失敗に終わるリスクは小さいのです。なお，スタートアップではエフェクチュエーションが，発展過程ではコーゼーションが重視されてくるといいます。

ビジネスを始めるに当たって2つの思考回路を比較して考えてみると，「コーゼーション」は，「不確実な未来における予測可能な側面を重視」で，それはコントロールできるとします。「エフェクチュエーション」は，「不確実な未来のコントロール可能な側面を重視」し，「予測ではない，偶然性を引き込むためのアンテナや仕掛けをめぐらし，可能性を拡げてコントロール」していくナビゲーション能力重視といったイメージでしょうか。エフェクチュアルな起業家は，まずビジョンをつくり，関与者同士のダイ

258   Ⅲ 「体」の章

ナミックな相互作用から将来の目標や融合されていく姿に対して取り組みを集中させて
います。それによって「自己の強み」の再発見や磨きがかかったり，新たな才能・強み
の方向に切り替えていくこともできるようになります。
　また，エフェクチュアルな起業家ほど，偶発性を認め，活用する。すなわち，"セレ
ンデピティ"の考え方にもつながっているのです。

＜参考にした文献＞
　サラス・サラスバシー著　加護野忠男監訳　高瀬進訳　吉田満梨訳『エフェクチュ
エーション　市場創造の実効理論』碩学舎，2015。

＜課題＞3社の事例の共通点と経営者の思考方法を交えてまとめてみよう！

5 グループ・ワークの実践中継

《編集部取材》
起業家寺子屋かいぎ
地域資源を活用し外国人観光客との交流を
深めるビジネスを考える　ミニアイデアソン

　若き経営者が，いろいろなところで活躍しているのが「現代」であるし，また活躍できるのも「現代」と思われます。

　大学の授業でも起業のシミュレーション体験があったり，大学生も「起業」について興味を持つ科目もあるようです。非常によい体験であり経験であろうと思われます。

　また大学生だけでなく，社会人などを対象としたビジネスパーソンにとっても参加・出席・体験のできる数多くの「起業についてのセミナー」も開催されています。

　今回はその「起業についてのセミナー」のひとつを紹介したいと思います。

　取材させて頂いたセミナーは東京ニュービジネス協議会の「起業家寺子屋かいぎ」。サブタイトルとして，「地域資源を活用し外国人観光客との交流を深めるビジネスを考える　ミニアイデアソン」です。寺子屋かいぎプロジェクトは，キャリア選択の中で経営者という生き方を20代の若者に知ってもらうために，実際にいま会社を経営されている経営者のみなさんに交流して頂き，若い起業家を育てて頂くというコンセプトで開催しています。

　夕方より
　第1部　河合克仁様ご講演・質疑応答
　第2部　グループワークと発表
　第3部　懇親会
　という内容で，大学生の司会進行のもと，様々な大学から来た大学生ととも

に若き経営者の方々も参加され実施されました。

具体的な内容に入ってまいりましょう。

第1部　河合克仁様ご講演・質疑応答

河合克仁様の自己紹介から始まりましたが，お若いにもかかわらず，スゴイ。

筑波大学を卒業され，人材教育コンサルティング業を営む会社に入社し，数々の社内表彰も受賞しましたが，2014年に退社され，1年後の2015年に株式会社アクティビスタを設立，代表取締役に就任し，自ら日本中を飛び回っております（詳細は，講師略歴を参照）。

〈講師略歴〉
株式会社アクティビスタ　代表取締役
河合　克仁（かわい　かつひと）
・筑波大学非常勤講師（キャリアデザイン担当）
・内閣府地方創生推進事務局拝命地域活性化伝道師
・上場企業経営者勉強会志絆塾代表事務局

1982年，愛知県豊橋市生まれ。
2006年，筑波大学体育専門学部卒業。同年，人材教育コンサルティング業を営むアチーブメント株式会社に入社。営業・コンサルタントとして，社長賞，MVPなどの社内表彰も多数。同社歴代記録の6倍以上の契約受注数の記録を成し遂げる
2014年4月，同社を退社。約1年間の事業考案期間を経て，2015年3月に"みらいをつくるきょういく"をスローガンにした，株式会社アクティビスタを設立，代表取締役に就任。

最初は「なぜ起業したのかということ」からスタートしますが，大学時代でのキャリア教育や数多くの学ばれてきたソースをベースに「未来をつくる教育」をコンセプトとして，現在の会社のポリシーにつながっているのではないか思われます。

起業目的をしっかりまとめておくこと，またひとつひとつの「縁」のつながりを大切にすることなど，講師ご自身の体験なども含め講演されていました。

「アイスブレイク」から何がみえるか？何にみえるか？

これはいろいろな角度からいろいろなものにみえる，つまりひとつの物でも見る方向・角度が違えば，いろいろなものに，いろいろな考え方が創造できる，それがものづくり・起業には必要なのではないかと思える。考え方・気付きのヒントがそこには隠されているのでしょう。

「あみだくじの事例」や「ナインダッツの事例」など出席者にわかりやすく具体的に説明をされてきました。

1　社会に貢献する起業　　**261**

　また別紙のような用紙に出席者に記入をさせて，それをグループごとに発表させて，全体の総括をされました。

　まず別紙1ですが「モチベーショングラフ」に記入をし，また具体的な事項に記入をさせて想いを文面化させています。

　なぜ創業したいと思っているのか，誰とするのか，どこを目指していくのか，すごくシンプルかも知れませんが，こういったポイントが押さえられているだけでも，違うのでしょう。創業時のメンバーなりお客様なり，応援者であったり，力を

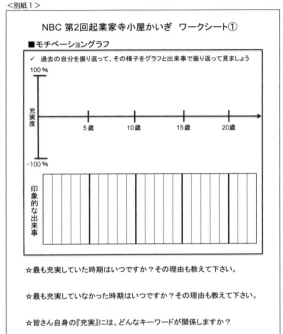

貸していただける方々につながっていける，というわけです。

　別紙2では，

　「あなたの"ゴールデンサークル"を考えてみよう」ということで，質問事項に記入していくというかたちです。

　「あなたはなぜ外国人観光客・異国の人々との交流促進のビジネスを行うのですが？」と書いてあるのですが，

　河合氏は，「もしこの分野でなくてもその分野でそもそもなぜ皆さんは起業するのでしょうか，そして起業したらお客さんはなぜみなさんに仕事を依頼しますか，もし皆さんがいなくなってしまったら誰が悲しむのか，皆さんの情

熱って何でしょうか，なぜそこに情熱部分があるのでしょうか，今後，メンバーを募っていくとしたら，なぜ社員の方がたやパートナーの方がたは皆さんと一緒に働こうと思うのでしょうか，そもそもなぜその業態を選んだのか，もし一生生活をするに困らないお金をできているとしてもその事業をしていきたいと思いますか，皆さんがお客さんの立場であるとするならば皆さんに依頼するで

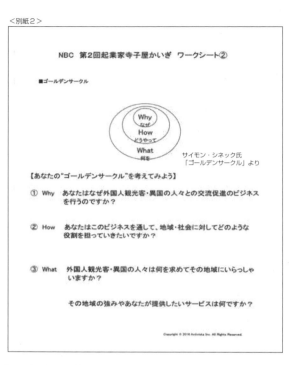

しょうか，おそらく差別化，商品の性能的なこと，サービスの内容も大事だと思います。しかしWhatやHowだけで勝負するということは比較検討が強くなってしまう。一方で，なぜその事業を行っていくのかということに共感してくださった方々は，おそらく比較検討する比率が下がって選んでもらえることにつながっていくと思います。

　これから学生の方々は社会人になり，いまはそれほど差はないと思いますが，3年から5年ぐらいのはじめの活躍，覚悟。たった一度しか違わないかもしれませんが，当時すごいがんばっているメンバーの3年から5年といま10年15年，そこからさきは，がんばった分の覚悟で自然と差がつくんじゃないかな，と感じています。まずはいまこの場に来ていることがすごいことだと思うし，こうして出会って，つながっていければいいなと考えております。ドラッカーも「第一に身につける習慣は，なされるべきことを考えることである。何をした

いかではなく，なぜするのかを考えることが成功の秘訣である。おそらく今後就職活動をされるかもしれません，どんな仕事につきたいのかな，何をしたいのだろう，考えること，起業しようと思ったかもしれません，どんな事業をしようか，もちろん考えることが重要ですが，そもそもなぜその事業したいのか，なぜその会社を作っていきたいかを考えていくことこそが秘訣。」と言っておられます。

　起業について，またベンチャーに関して関心のある大学生の集まりであり，実際に経営されている経営者との問答がなされ，また質疑応答では，白熱した議論が飛び交い，大変有意義な時間になったことだろうと思われます。また新たな発見やヒント・見方の方法などに気付かされたのではないでしょうか。

　起業を考えている方々にとって少しでも参考になればという思いから取材をいたしましたが，ご協力いただきました河合克仁様はじめ関係者の方がたに感謝するとともにお礼申し上げます。

6 自社のPRをしてみよう！

　4社の会社紹介の広報デザインに関して，4つの会社の説明を評価して下さい。いずれのケースも理念と事業の内容を明確にして製作しています。

　そして，以下の4社をモデルケースにしながら，自社をPRしてみましょう。

1　イマジンプラス（266ページ）

　イマジンプラスという社名には企業理念である「想像力をプラスオンしていく社会に喜ばれる企業体に」という想いが込められています。

　また，イマジンプラスのイマジンは漢字で書くと「今人」。

　社会から，クライアント様から「今」求められる「人」材を輩出し，今求められるサービスを提供していきます。

　また，ロゴは「今」という文字を崩して「人」に見えるようにし，弊社のコーポレートカラーであるオレンジでデザインをしています。また社名の"Ｉ"大文字にしている理由として「天と地をつなぐ」という意味も込めております。

2　ソーケン（267ページ）

　ソーケングループは，今年12月に創業50周年を迎えます。

　弊社は，ものづくり企業として，自社工場を持ちワンストップでお客様の期待に応えるべくオフィス空間づくりのお手伝いをする企業です。

　以上のコンセプトから，弊社は外注ではなく，自社でモノを作っていく企業として，他社との差別化をデザイン上に出したく，自社工場のアピールを四コマ漫画風にイラストを中心としたデザインで作成しました。

（メインビジュアルについて）

　ソーケングループには，沢山の部署が存在し，その部署がそれぞれ責任ある仕事をしていくので，お客様への信頼を頂いているというイメージを持って頂

1　社会に貢献する起業　**265**

くよう，メインビジュアルのデザインでは，職人さん風のキャラクターを作り
ものづくり企業であるというイメージを表現しました。

　今後のソーケングループの企業は，どこへ向うのかを50年の歴史とこれから
をイメージできるようにデザインをしていきます。

3　パートナーオブスターズ（268ページ）

　以下のキーメッセージから，会社サービスは構成しています。

　パートナーオブスターズは，クリエイティブスキルを磨きあう場として仲間
が集まりました。ブランドマネージャー，デザイナー，PRプランナー，コピー
ライター，音楽制作といった様々な専門家がビジョンのもとに結集し，クリエ
イティブを創出します。ベンチャー企業を中心としたクライアント，各企業が
取り扱う商品やサービスに対して，ブランドを新規開発，再活性化するパート
ナーとして，トータルサポートを提供します。

　コンセプトメッセージを中心に，当社はビジネスを展開していますので，
メッセージスタートで，そこから事業の展開を年号形式で発信しています。

4　和 か ら（269ページ）

　数学というワードから少し硬い会社をイメージする場合が多く，最上部には
皆の集合写真を掲載することで柔らかい，顔が見える組織であること，そして，
下部にはメディア実績も掲載することで信頼性ある会社であることをアピール。
会社名や理念と方向性，私たちの大切にしていることを視覚的に，かつ，文章
としても伝えています。何をやっているは小さいスペースで表現しきれないの
で，シンプルに写真で伝えることで，興味のわいたワードで検索しやすい形に
しています。

10年連続でベストベンチャー100を受賞!!

■代表プロフィール
笹川祐子（ささがわ ゆうこ）
株式会社イマジンプラス代表取締役社長。北海道出身。藤女子大学英文学部卒業。
札幌市内の出版社やパソコンスクール運営等に携わり、29歳のときに起業を目指し上京。
▽略歴
1997年創業。2003年独立。
セールスプロモーションの人材教育、人材派遣、看護師紹介、教育事業を全国展開で経営。
社長ブログは本・読書ランキングで常に上位にランクイン。道産子社長会や女性経営者の会の運営も行う。
■受賞　平成23年度、日刊工業新聞社「優秀経営者顕彰」にて"日刊工業新聞社賞"を受賞。
■社長ブログ　イマジンプラス社長 笹川祐子の感謝ブログ http://ameblo.jp/imagineplus/

■お問い合わせ
TEL 03-4521-1100
info@imagineplus.co.jp

「㈱エデュケーショナル工務店」を設立。（3つ目の会社です!!）グループ会社化を積極的に展開中。新規事業の社長候補も募集しています！

イマジンプラス

人材総合サービス / **データ分析サービス**

- お客様に売る
- お客様を集める
- お客様の声を聴く
- お客様を知る
- 施策を実行する

- スタッフ派遣　店頭販売員
- スタッフ派遣　セグウェイを活用したプロモーション
- データの収集　スタッフ派遣＋アンケート
- データの入力　集計
- データの分析　レポート

マーケティング分析センター

2016年5月23日（月）日経新聞朝刊に掲載されました！！「イマジンプラスBI」

IMAGINE NEXT イマジンネクスト

企業様向け研修サービス / **コンテンツ制作トレーニングサービス** / **職人養成サービス**

ヒューマンスキル研修からIT系研修など、幅広くお受けしています。

従業員の教育用ツールや販促ツールなどを制作。トレーニングも請け負います。

Copyright (c) imagineplus Co.,Ltd. All rights reserved.

1 社会に貢献する起業

おかげさまで株式会社ソーケンは創立50年を迎えました。
これからもお客様の笑顔の為に走り続けます。

オフィスインテリア事業、特注家具、国宝重要文化財展示ケース及び収蔵庫等、国の宝を守る世界品質レベルのモノづくり会社です。
これもソーケングループとして、自社工場を持ち、モノづくりと管理、営業、設計の全てが密に連絡を取れる体制が、高い品質・信頼に繋がっています。
また環境問題・福祉作業所・養護施設・動物愛護・災害応援等、私たちにできること、本業を活かして何かできないかを日々検討し、CSR活動(企業の社会的責任)として多岐に渡り活動しています。

ソーケングループ代表取締役社長　有吉徳洋

★間伐材を使った地産地消と地域連携でのソーシャルビジネス★
※平成25年度：千葉県知事賞(ちばコラボ大賞)
※平成24年度：農林水産省(林野庁長官賞・東北復興応援特別賞)

★プロジェクト施工事例★
※某世界遺産、平成の大修理(400年の歴史施設)
※日本最古の有名美術館：展示ケース・国宝収蔵庫施工
※有名企業のオフィス施工
※地域観光素材発掘プロデュース：某アンテナショップ施工
※大企業本社移転(グループ従業員1万人集結プロジェクト)
　　　　　　　　　　　　　　　　　　　　…その他多数

★登録★
※公益社団法人 日本インテリアデザイナー協会 賛助会員
ハーマンミラー正規販売代理店

環境省 地球温暖化対策地域協議会登録「間伐材普及促進会」
SANBU-CEDAR KANBATSU
★その他★
※2016年韓国政府よりCSR活動で評価を頂き来賓として登壇。
★日韓ソーシャルビジネス国際会議in青松
★GIFグローバルイノベーションフェスタ
　　　CSR in 大邱

ソーケングループ（株式会社ソーケン）
〒104-0033 東京都中央区新川1-4-1 住友不動産六甲ビル3F
tel. (03) 6280-4192　fax. (03) 6280-4193
url. www.soken-net.co.jp

PARTNER OF STARS

わくわくをカタチにする会社

私たちはブランドマネジメントを専門領域として、3つの取組み実現にチャレンジし続けます。
- 会社をキラリと輝かせることで、わくわくする人を増やす。
- わくわくする事業を創出する。
- 自信をもって働く人を増やし、かっこよく働く人を増やす。

会社概要

パートナーオブスターズ株式会社
代表取締役　星野善宣
東京都港区南青山2-8-2
info@partner-stars.co.jp

代表者プロフィール

1979年新潟県生まれ。北海道大学工学部卒業。就職を機に東京に。大学卒業後、大手商社にて海外営業経験、コンサルティングファームを経て、2007年パートナーオブスターズ株式会社設立、同社代表取締役に就任。成長企業の仕掛け人として、ブランド戦略、広報PRをサポート。また、30社を超えるベンチャー企業支援、起業サポートを行っている。近年、地元新潟の活性化に向けて、地元ベンチャーキャピタル役員等も兼務。

Facebook

2007.1.9 創業

【組織マネジメントサービス】

中小企業向けに組織体制構築、マネジメントシステム導入支援サービスを提供し、企業基盤構築をサポート。

2009年

【ブランディングサービス】

ベンチャー企業を中心とした成長企業に対するブランディングサポート。働く人がわくわくする会社を増やすことを目指して、特化したサービス提供。

2012年

【ベンチャーの採用サポート　ビズキャン】

「採用コストを教育投資」をにコンセプトにベンチャーの採用をサポートすべくサービス提供。

2016年

【ベンチャーPR】

リソースの限られたベンチャー企業にとって、広告費に頼らない広報PRで認知アップをサポート。

今後も、新たなわくわく創出するためサービスを提供。

1　社会に貢献する起業

エピローグ　**271**

エピローグ〜本書をさらに発展させるために

⑴　「“イノーベーティブ”である」こと

　今回の書籍をつくってみようと思ったきっかけは，NHKで放映されていた
ティナ・シーリグの「スタンフォード白熱教室」を視聴したところから始まり
ます。スタンフォード大学のような「こんな授業ができたら楽しいだろうな」
と思っていましたが，本書は，いろいろと起業に関する新たなヒントとなる要
素が詰まっておりますが，内容を盛り込み過ぎ，欲張り過ぎた感もあります。

　それを書籍化した『スタンフォード大学　夢をかなえる集中講義』（CCCメ
ディアハウス，2016）のオビには，「想像力がクリエイティビティを生み，ク
リエイティビティがイノベーションにつながり，イノベーションが起業家精神
を呼び起こす。そして，起業家精神が新たな想像力を刺激する」と書かれてい
ます。これの趣旨は，「新たなマーケット・技術が新たな仕事を生み，新たな
仕事が新たなLIFEを形成し，新たなLIFEが新たなキャリアにつながっていく。
新たなキャリアが新たなマーケット・技術を触発する」という流れを示してい
るといってよいでしょう。

　その際に重要なのが“キャリア”の視点です。本書では，未来の姿を思い描
いてもらい，そこに到達するまでのロード・マップを築く手助けを行うことが
重要な要因であると指摘してきました。合わせて，人とのつながり，つまり人
脈形成の重要性を指摘しております。

　例えば，とある大企業に勤めていて，そこで培った取引先との関係や人脈・
ネットワークがあったとしましょう。それらを利用して，新たなビジネスのた
めに活用できないのかを考えてみることが重要です。「志」を軸にした人との
ネットワークを通して，これまでにない新たな事業（新規事業）を創造するプ
ロセスも，“イノーベーティブである”重要な要素です。

図表1　情報に付加価値がつくことによる事業化・市場開発のプロセス

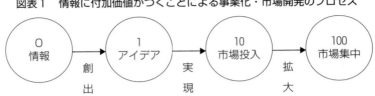

　新規事業とは、新たな顧客を獲得し、（0→1）の価値を生み出し、その後1を10や100に拡大するものですが、0→1の価値を生み出すこと（いわゆる"破壊的イノベーション"）と、1を10や100に拡大すること（いわゆる"持続的イノベーション"）とは別のフェイズです。前者は、これまでのやり方を根本から否定し、ゼロベースで捉えるものです。そのために、プロトタイピングして、試作を通して試行錯誤と失敗を繰り返しながら、早く仮説と検証を行うことによって起業の成功確率を上げる「リーンスタートアップ」（ムダをなくし、より早く顧客の求める製品やサービスを生み出し続けること、無駄を省くリーン生産方式の発展系）が注目されるわけです。その答えを見つけ出すプロセスのできる人材が求められています。これまでの日本では後者が得意とされてきました。しかるに、戦後復興はソニーの井深大や盛田昭夫、ホンダの本田宗一郎など、様々な技術革新や新たなビジネスを生み出す経営者が多くいたことを忘れてはなりません。

　これら二つのタイプの人材、すなわち「0から1を生み出し、全く新しいものを生み出すケース」である（0→1）人材と、「効率を高めてこれまで発展してあったものを改善・改良・成長させるケース」である（1→10）人材です。（0→1）人材は、「起業をするために必要なこと」がメインとなり、「答えを創り出す」アナログ的世界観を持っています。（1→10）人材は、どのように会社を持続させるか、発展させていくかの次のステージで、ここではこれまで蓄積された経営理論が問われることになり、「答えを導き出す」デジタル的世界観の意義が高まります。しかし、これまでの想定のフレームワークにとらわれずに考えること、ゼロベースで問題を変えることほど、難しいことはありま

せん。一度興した事業の再構築であれば，ラジカルに見直して一層シンプルな方法で考え，進める必要があります。したがって，０から１を生み出すことが一番付加価値の高い仕事であるといえましょう。

　世に新たな付加価値を生み出そうとする行為につながる（０→１）人材となるためには３つのフェーズがありますが，ここではまず起業への意識が向かない環境を考えます。

　ここにいたる精神は，「起業家精神」とか「アニマルスピリット」（不合理な野心的意欲）とかと表現されるわけですが，しかし，それは単に新たな付加価値を生み出すという現象面だけでは捉えきれない側面があります。そこでそのためのヒントとして，ここでは，まず３つの時間軸の流れで起業を考えてみましょう。一つ目は，①"起業"という一つの職業を考えた場合の，子どもから大人にいたるまでのキャリアの意識づけはどうかということです。子どもが将来の職業として起業家を望むかどうか，シンガポールのような起業が当たり前のような国では，上位３位に「起業家」が選択されますが，日本だけ「会社員」がトップで，他のアジア諸国には見られない現象であると思われます（前述のアジアの子どもの「将来就きたい仕事」に関する調査）。

　二つ目として，②"スタートアップ"を開始するまでのノウハウや手続きに関することです。この面での支援は充実してきました。しかし，問題は長続きするかです。したがって，三つ目は③"スタートアップ"後に，いかに持続的に続けることが可能なのか，ということになります。これら３点は，それぞれ別の問題を抱えています。

　まずは，①の段階では「心」，つまり"マインドセット"の側面が重視されてくると思われます。論理的でシステム的な思考法と合わせ，近年重視されている"デザイン思考""ストーリー"といった要素を交えて，新たなイノベーションへつなげていく方向に持ってっていく必要性があります。そして，何よりも起業家精神（アントレプレナーシップ）が低いという日本において，"起業"をキャリアの一つとして認識できるようにしていくこと，または実際に事業を起ち上げる局面においても，認知の準拠枠，つまり「水が半分もある」と

考えるのか,「水が半分しかない」と考えるのかといったモノの見方と合わせ,困難を乗り切る強い心が求められてくるでしょうし,そのための支援も欠かせません。

②の段階では「技」,即ち"スキルセット"の面が重視されてくるものと思われます。これには,様々な資金調達方法から,登記の仕方,法人口座の開設,契約書の書き方,経理の方法,人材の集め方といった側面が重視されてきます。具体的には,誰が誰に(who, when)に,どんな価値(what)を,どのように(how)提供していくか,なぜそれが利益を生み出すのか(why)に尽きますが,この間の手続きと合わせ,法律やマーケティングなど,実際に進めるためのスキルも必要となってくるでしょう。また,近年はインターネットを利用した様々な手法が編み出されていますので,さらに起業への接続の機会は増えていて,販促手法も多元化してきています。

③の段階になって,「体」の側面の比率が重視されてくるものと考えています。この「体」とは,これまでの「経験」であり実際の「体験」であり,かつ"ツールセット",つまり実行するために必要な道具や環境を自ら創出していくことであると述べました。気持ちがあっても,技能があって実際にやってみても,自分自身で制度を活かして起業してみたり,道具を使って有利な環境を導き出すことができなければ絵に描いた餅です。これには,成功した経営者の成功体験や失敗体験を活かしながら,自分自身で咀嚼(そしゃく),噛み砕いてマネジメントを行うロールモデル(見本となるモデル)や,ベンチマーク(参考となる事例)と,創業初期の活動を通じて学習するなかで,いわば"起業感覚(ある種の経営センス)"を体得していくこと。そして,自分自身が活動していく「場」を考えることが重要になってきます。まずは,それをイメージしてみて下さい。

そこで次に「心」の章の53ページの「図表1　人間の認知フレームとメンタルモデル」を振り返ってみて下さい。,「自分を見て,環境を見る」という,(自分自身や環境・資源を客観的にみる)もう一つの鳥瞰した目から,自分とそれを取り巻く環境を全体の拡がりをとおして考えてみましょう。

エピローグ **275**

　本書でいう"イノベーティブ"とは，2つの視点で考えるものです。1つの課題は，自分自身のキャリアに関するものです。これから自分自身で主体的に物事を捉え直す方法であり，どのような方向に向かって行くべきかを考えることです。そのために，どのように周囲を巻き込み，あるいは人脈を開拓しながら自分の考えるビジネスを実現していくかということになってきます。もう一つの課題の対象は，商品やサービス，そして環境や状況といった自分周辺のモノ・事象をどのように差別化し，構築し直して付加価値をつけるか（リフレーミング）ということになるかと思います。リフレーミングの仕方につながる"モノの見方"は一面的ではありません。

　そこで，「自分を見て，環境を見る」を「自分軸」と「環境軸」（対象軸）を中心に設定します。その根底には世界観・ものの見方や考え方の基本となる，もう一つの目（source）である"認知"があるとみなします。

　例えば，"起業"を本書で取り上げている"デザイン思考"で考えることは，新商品やサービスの開発のみならず，人のキャリアにおいての"ブランディング"することにも通じます。

　また，"セレンディピティ"が，キャリア論においては，クランボルツの"計画的偶発性理論"という文脈で登場してくるのも同様の現象であるといえるでしょう。

(2)　日本型起業社会へ向けて

　「世界を変えたい」「社会問題を解決したい」「世の中にインパクトのある付加価値を生み出したい」という思いがあっても，また制度的に機会が開かれるようになったとしても，機会の道しるべが見えなかったり，失敗のリスクが大き過ぎてはなかなか起業に踏み切れない（あるいは再チャレンジが難しい）でしょう。そうした状況下で，起業に向かう人を多くしていくことは期待できません。実際に10の事業を起業して1の成功があれば上出来であり，起業には失敗はつきものですから，失敗があっても再チャレンジできる条件整備，"起業"を形成し易くする環境である"エコシステム"の構築のために時間的にも

空間的にも追求すべきであろうと思われます。

　これまでもベンチャーブームは何回かやって来ていますし，アベノミクスでもその重要性が取り上げられています。しかし，その後ブームが下火となり，また元の状況に戻ってしまうことを繰り返してきました。中には，流行を追い求めているがあまり，地に足がついていない議論も，多々見受けられます。

　起業やベンチャーに関する用語として，"スタートアップ""エンジェル""アクセラレーター""インキュベーター""エンジェル""ユニコーン""メンター""ハンズオン""ハッカソン""オープンイノベーション""エコシステム""産業クラスター""シリアルアントレプレナー""ピッチ""イグジット""クラスター""ピボット""アジャイル開発""モックアップ""ヒューマンインターフェイス""IAデザイン""UI""UX"……。これらは，みな起業や起業に関連する，カタカナ文字や英文字の用語です。

　横文字が多い日本のベンチャー研究は，それだけ日本で起業が進んでいないことの証左・裏返しともいえます。ただ，矛盾するようですが，ただ「起業を増やす」，「起業すればいい」というものではありません。起業に向かうに当たっての原理を徹底的に学習し，見えない面も含めて可視化してメンタルモデルを抜本的に変革していかなければ，一過性のブームで終わってしまうことを繰り返してしまうことでしょう。

　そこでまずは，"エコシステム""産業クラスター"といわれるような"場"の共有化や，川上から川下のサプライチェーンによって築かれる"流通ルートや情報ルートの構築・確保"の側面が重要です。もう一つは「ヒト」の文脈の重要性です。資金を供給するエンジェルにしても，技術をはぐくむアイデアの創出やインキュベーションにしても，「ヒト」を意識した「パートナーとの協力」ができる人的資本の"エコシステム"が求められます。

　このエコシステムには，複数の起業家が共同して運営していく土壌や起業家のみならず，コアメンバー以外の人材のイマジネーションが問われる場面が出てくるわけで，その場合の"イマジネーション"をつくる，"場の文化"も問われることになります。また，大企業がベンチャー企業と組んで進める"オー

プン・イノベーション”（企業内部と外部のアイデアを有機的に結合させ，価値を創造すること）も注目されています。また，人工知能やモノのインターネット，ロボットによる自動化，第4次産業革命など，新たな産業の時代を迎えています。これらの変化によって，そこに大学が入って産学連携の大学発ベンチャーやベンチャーが，大企業のそれぞれの強みを活かして連携する動きも出てきていますが，一過性に終わらない取り組みが必要です。

　エコシステムというと，シリコンバレーだけでなく，それぞれ背景や強みは異なりますが，軍事産業と結びついたイスラエルや，シンガポール，深圳（中国），バンガロール（インド）といった国や地域が思い浮かびます。しかし，日本ではどうでしょうか。

　例えば，燕三条（新潟）や鯖江（福井）のような地域が思い浮かびますが，共通点はあるものの，その内実は，果たして一致しているといえるでしょうか。

　また，空間・場としてのエコシステムはもちろん重要で，モノ・技術・情報やハード面，空間のエコシステムが注目されがちですが，メンタルモデルや文化・ソフト面，時間のエコシステム，それに時間軸でのソフトな面での起業振興策の一つとされる起業家教育も重要です。しかし前述したように，起業家教育に関する各種調査でも，他国に水を空けられている現状があります。

　自分自身のキャリアは，幼少期の教育や学生時代から社会人になってからの様々な学習過程や教育環境にも影響されてくるものと考えます。その時のマインドが最も大事なのかもしれません。

　幼少期には「チャレンジ精神」などの「起業家マインド」を育み，想像力，創造力，課題発見力，ポジティブ思考などの「起業家的能力」を獲得し，お試しの模擬的なビジネスや社長の意思決定に関わる素養を身につけ，新しいビジネスの創造につなげていくことです。

　起業家教育には，想像力を刺激する環境をつくることを経時的に行っていくことが大切で，それが創造力と自信につながっていくのです。

　ティナ・シーリグの「未来を発明するためにいまできること」（2012）のなかで触れられていますが，バブソン・カレッジのダニエル・アイゼンバーグに

よれば，一つの成功事例が想像力をかきたて，模倣者を生み出し，さらなる競争によって市場が拡大していくといいます。

　他方で，これまでの「生産性」を軸とした教育や道徳教育はこれらを阻害する側面があるといいます。不確実性を減らして"リスク"を取らない環境を生み出すことは，失敗が許されない（省く）文化の裏返しでもあります。また，起業の方法がわからないのは，学習環境・教育のなかで教えてこなかったということに尽きます。

　「心」編で，未来をデザインするには，車の両輪となる２つの経営の思考方法があることを述べましたが，それに関連して，ヘンリー・ミンツバーグは，予期された機会，前もって予見し，意図的に追求することができる機会を中心とする計画を実行するのを"意図的戦略"といい，他方，企業が予期されない機会を追求し，予期されない問題を解決するうちに進める戦略を"創発的戦略"といっています。起業家となるための人生に戦略を持ち，切望する目標と予期されない機会とのバランスを図ること。これらは，どっちがどっちということではなく，バランスが求められると，クリステンセンは述べています。さらには，自分の目的をはっきりと意識することは，長い目で見れば，ハーバードで教える重要な経営理論の知識に勝るとも語っています。

　なお，本書は，「心」編が，どちらかといえば"創発的戦略"。「技」は"意図的戦略"によってつくられています。また，「体」はそのための具体的な事例を交えた道具立て，すなわち"創発的戦略"と"意図的戦略"の組み合わせを中心となった構成になっています。

　さて，『中小企業白書』（2014年版）の指摘にあるように「開業率が低い理由」として，(1)起業意識，(2)起業後の生活・収入の不安定化，(3)起業に伴うコストや手続きが挙げられていましたが，それらに加えて，一度失敗して再起が不可能である可能性が日本では大きいことについて，「心」編で述べてきました。そこで，認知と感情と行動の統合モデル，これらを体系的に捉えられる理論はあるのでしょうか。

エピローグ **279**

　ここで，社会心理学で取り上げられる計画的行動理論を使った起業意志と起業行動の関係を使ったモデル取り上げてみましょう。計画行動理論は，Ajzen（1991）が意図的な行動を説明するモデルとして発表して以来，元来は行動意志につながる理論ではありますが，起業にそった内容で図表2を見ながら考えてみましょう。これは偶発性ではなく，計画的であるということから，"意図的戦略"を企図した考え方であり，これまでの「心」編の論調とは異なるということで，エピローグで取り上げることにしました。

図表2　Ajzen（1991）やKrueger（1993）らの計画行動理論からみた起業意志

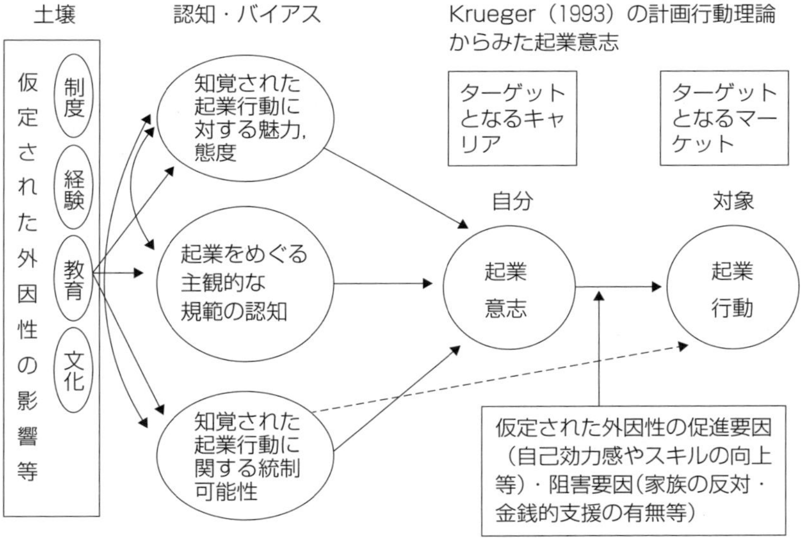

　一般的なモデルは，「行動に対する態度」（望ましい行動か），「主観的な規範の認知」（社会的な規範に合致しているか），「知覚された行動の統制可能性」（実行できる資源を持ち合わせているか）が「意志」を作り，さらにそれが「行動」につながっていくものです。統制可能性は，意志を介さずに行動につながっている面もあります。スキルや能力は，意志から行動への促進要因となりますが，失敗したときの安全弁がないと阻害要因になるかもしれません。

　日本では，この計画的行動理論を使った起業研究はほとんど行われていませ

んが，起業家教育との絡みで取り上げられることがあります。この理論から示唆されることとして，起業家教育には，以下の5点が前提であるように思われます。

① 意図的にプログラム化され，秩序化されて動機づけられ，仕組みに組み込まれれば人間は変化する。

② 場や状況，政策によって起業意志は変化する。

③ 時間的変化によって意識は形づけられる。

④ コミュニティ（人間関係）次第で人間は意識づけられる。

⑤ 不確実性の集合は可能性の集合でもあるのだが，同時に制約の中から無から有を生み出すことを意識させることで現実化する（エフェクチュエーション的思考法）。

スティーブ・ジョブズが「人生を突っつけば，実際に反対側から何かが飛び出してくるとわかったとたんに，人生を変えたり，形づくったりできるようになる。それこそが一番大事なことなのだ」と述べているように，ここで大切なのは，小さな成功が自信につながっていて，持続につながっていることです。繰り返しになりますが，「小さな場所を決めてそこでお試しで失敗体験や成功体験をつくる」ことが，起業の発展には欠かせないことがわかります。

さて，臨床心理学には，これまでのような人間中心のアプローチ（human-centered approach）に加え，コミュニティアプローチ（community approach）があります。一般的には，地域や共同体に働きかけることによって，精神的・心理的な問題の発生を予防する活動となります。

ここでの"コミュニティ"は，特定の地域であれば当該地域資源を活用する人々・利害関係者（ステークホルダー）ということになりますが，個人を取り巻く社会全体として捉えるのが妥当でしょう。そのなかには，ベンチャーの育成を支援するベンチャーコミュニティも含まれます。活動を担う人々への専門家によるコンサルテーションや関係・連携の構築していくこと。そして，全体を問題として捉え，全体を対象として実施することになります。それによって，

対象者の自己効力感が高まり，エンパワーメント（自己決定で生きる力を持つ状態）を獲得することになります。

　ですから，起業率を高めるには，個としての起業・創業という視点だけでは解決できない問題が横たわっています。そこには，ガバナンスと先に述べた起業を生み出す仕組み（エコシステム）があるわけです。これらは，"産業クラスター論（産業集積論）""イノベーション・ミリュー論"（ローカルな産業環境論）や，"イノベーション・ネットワーク論"（異質なものの連携によって付加価値を生み出す作用論）といった，単体での産物ではなく，集合的な学習過程として議論されてきたテーマですが，「"環境"がイノベーションをつくる」ということと，「"個"を育てるための教育で環境を生み出すのか」といった「鶏が先か，卵が先か」の議論を超えて，双方の側面からアプローチしていく必要があるでしょう。これらは，大学院生向けの研究となりますが，個別に検索してさらなる学習につなげていきましょう。

　さらなる論点は，開業率と廃業率の関係です。

　経済産業省の産業構造審議会の「新産業構造部会」が2016年4月にまとめた「新産業構造ビジョン〜中間整理〜」によると，従来の漸進的かつ連続的なイノベーション（持続的イノベーション）」を前提とする安定した「剛構造」の産業・就業構造ではなく，破壊的なイノベーションを前提とする多様なチャレンジが生み出され新陳代謝が活発に行われるような「柔構造」の産業構造・就業構造を構築していく必要性が主張されています。廃業率も高めて開業率も高めるということでしょうが，現実は廃業率の上昇に比べると（以前よりは上がってはいますが）開業率が高まっていないのが気になります。破壊的イノベーションは，そうそう簡単に起きるわけではないので，日本のものづくりの強みを活かしたかたちの，硬軟を入り交えた改革こそが求められているのかもしれません。

　「目標を追求する勇気と忍耐力さえあれば，大胆な目標を叶えられる」と考えていたジョブズ同様に，日本にもかつては進取の気象あふれる経営者がいっ

ぱいいました。サントリーの創業者の鳥居信二郎は、「やってみなはれ、やらしてみなはれ」という有名な言葉を残しましたが、失敗を恐れず、新たなフロンティアの境地を開こうという意味です。同時に自ら先頭に立ち、必死の覚悟でやるならやり抜くことを求めています。社長がやらなければ社員も動くことはありません。ベンチャー精神は、とにかくやるか、やらないかであって、失敗を経験してでも試行錯誤、トライ＆エラーをしながら学習して勘所をつかみ、前に進む覚悟が求められているのです。

　その意味において、「日本型ベンチャーの成功要件」とは何かを究明するために、あるいはそれに向けての起業家教育や一人ひとりが起業家精神を発揮で

StartupとSmall Businessの違い

	Startup	Small Business
成長方法	Ｊカーブを描く 成功したら、巨額のリターンを短期間で生むことができる	線形的に成長 そこそこのリターンを着実に得ることができる
市場環境	市場が存在することが確認されていない 不確実な環境の下で競争が行われタイミングが非常に重要である	既に市場が存在することが証明されている 市場環境の変化は少ない
スケール	初期は少数だが、一気に多くの人に届けることができる	少数から徐々に増やすことができる 少数のままで運用できる
関わる ステークホルダー	ベンチャーキャピタルやエンジェル投資家	自己資金、銀行
インセンティブ	上場やバイアウト（買収）によるストックオプション、キャピタルゲイン	安定的に出せる給料
対応可能市場	労働力の調達・サービスの消費があらゆる場所で行われる	労働力の調達・サービスの消費が行われる場所は限定される
イノベーション 手法	既存市場を再定義するような破壊的イノベーション	既存市場をベースにした持続的イノベーション

田所雅之『起業の科学　スタートアップサイエンス』日経BP社、2017より

きる社会にすること。そのために，本質に根差した問いの立て方を変えて何が必要なのかを議論したうえで，その問いを解決するために何が必要なのかをしっかりと検討し施策が打ち出されていく必要があるでしょう。

なお，スタートアップとスモールビジネスとは意味が異なります。本書では起業後のマネジメントについてはほとんど触れられてはおりませんので，今後の課題となります。これらの詳細は，あらためて機会を設けて記述したいと思っております。

本書が皆さんの起業への関心を高める契機のその一助になれば幸いです。

これまで，嶋根ラボ（嶋根研究室）では多くの起業家のゲストをお呼びし，課題解決型のPBL（プロジェクト・ベースト・ラーニング）を行ってまいりました。外部の審査員を招いたビジネスプランのコンテスト，能登七尾での浦安グッズの販売や軽井沢での他大学との共演を含む模擬ショップ演習，地元特産品の販売，企業家インタビュー，企業家講演のほか，挙げればきりがありません。本書の執筆者や本書で取り上げた起業家以外にも，お世話になった経営者は多数おり，取り上げられなかったのは大変残念ですが，この場を借りて御礼を申し上げたいと思います。

また，出版をお奨めいただきました，慶應義塾大学の佐野陽子名誉教授，編集者としていろいろとご苦労いただき，温かく見守っていただき取材等にもご協力いただきました泉文堂の佐藤様には，あらためて心より感謝いたします。

また，清水，佐藤の両氏はコンサルタントとして，中小企業診断士・行政書士としてのご相談に乗っていただく機会を開放しております。なお，直接問い合わせは，出版社泉文堂までご連絡下さい。

最後に，この書籍を起点に人的ネットワーク（未来課題戦略研究ネットワーク）の構築を進めたいと思っております。ご興味のある方は，出版社泉文堂か編著書代表の嶋根まで，直接ご連絡いただければと思います。後日ホームページを立ち上げ，起業フレームワークシートなど，本書に関連する事項も掲載す

る予定ですので，ご期待下さい。

編集代表　嶋根　政充

おすすめの書籍・情報源等　〜さらに学習したい人のために〜

Ⅰ　「心」の章

・エレン・ランガー著　斎藤茂太訳『心はマインド…“やわらかく”生きるために』フォー・ユー，1989。

・奥出直人著『デザイン思考と経営戦略』NTT出版，2012。

・角和昌浩「シナリオプランニングの理論：その技法と実践的活用」『アナリシス』2016.9，Vol. 50，No. 5

・クレイトン・M・クリステンセン，タディ・ホール他著『ジョブ理論　イノベーションを予測可能にする消費のメカニズム』ハーパーコリンズ・ジャパン，2017。

・サイモン・シネック著　栗木さつき訳『WHYから始めよ！－インスパイア型リーダーはここが違う』日本経済新聞出版社，2012。

・佐宗邦威著『21世紀のビジネスにデザイン思考が必要な理由』クロスメディア・パブリッシング，2015。

・佐藤航陽著『未来に先回りする思考法』ディスカヴァー・トゥエンティワン，2015。

・J. D.クランボルツ，A. S.レヴィン著　花田光世他訳『その幸運は偶然ではないんです！』ダイヤモンド社，2005。

・田中靖浩著『米軍式　人を動かすマネジメント』日本経済新聞出版社，2016。

・テイラー・ピアソン著　児島修訳『THE END OF JOBS　僕たちの20年戦略』TAC株式会社出版事業部，2017。

・中土井僚著『U理論入門　人と組織の問題を劇的に解決する』PHPエディターズ・グループ，2014。

・P. F.ドラッカー著　上田惇生訳『経営者の条件』ダイヤモンド社，2006。

・P. F.ドラッカー著　上田惇生編訳『イノベーションと企業家精神』ダイヤモンド社，2015。

・ピーター・M・センゲ著　守部信之他訳『最強組織の法則　新時代のチームワークとは何か』徳間書店，1995。

・前野隆司編著『システム×デザイン思考で世界を変える　慶應SDM「イノベーションのつくり方」』日経BP社，2014。

・柳井正著『経営者になるためのノート』PHP研究所，2015。

Ⅱ 「技」の章

- 池田紀行著　トライバルメディアハウス著『Facebook　マーケティング戦略』翔泳社，2011。
- 神田昌典著『あなたの会社が90日で儲かる！－感情マーケティングでお客をつかむ』フォレスト出版，1999。
- コミュニティビジネスサポートセンター著『〈入門〉コミュニティビジネスの成功法則』PHP研究所，2006。
- 杉田峰康著『交流分析のすすめ　人間関係に悩むあなたへ』日本文化科学社，1990。
- 滝岡幸子著『図解ひとりではじめる起業・独立　自分らしい会社を作る＆育てるための事例とアイデア』翔泳社，2005。
- ダン・S.ケネディ著　神田昌典監訳　斎藤慎子訳『究極のマーケティングプラン　シンプルだけど、一生役に立つ！お客様をトリコにするためのバイブル』東洋経済新報社，2007。
- 中小企業診断協会編『コンサルティング・コーチング』同友館，2001。
- 長門昇著『決定版！〈個人事業〉すすめ方と運営のすべて　すぐに事業が始められる－業種選びから運営のポイントまで』モール・オブ・ティーヴィー，1993。
- 堀公俊著『ビジネス・フレームワーク』日本経済新聞出版社，2013。
- 宮城まり子著『成功をつかむための自己分析　自分らしさを最大限に生かす』河出書房新社，2007。
- 横浜市中小企業指導センター編『起業に失敗しないための起業家読本　ビジネスプランから会社設立・運営まで』同友館，2007。
- 『販売士ハンドブック（応用編）　マーケティング』カリアック，2017。
- 『販売士ハンドブック（応用編）　販売・経営管理』カリアック，2017。
- 「日本クラウドファンディング協会HP」2015。
- 「開業ガイドブック」東京商工会議所，2014。
- 「夢を実現する創業」中小企業庁，2014。
- 「J-Net 21　中小企業ビジネス支援サイト」2015。

Ⅲ 「体」の章

- 板庇明著『起業家マインドの秘密－「お金」と「自由」を獲得するためのレッスン』モール・オブ・ティーヴィー，2001。

- 大江建，平井由紀子著『子どもを伸ばす５つの遊び－小学生からの「起業家教育」のすすめ』青春出版社，2001。
- 忽那憲治，長谷川博和他著『アントレプレナーシップ入門－ベンチャーの創造を学ぶ』有斐閣，2013。
- クレイトン・M・クリステンセン，ジェームズ・アルワース他著　櫻井祐子／訳『イノベーション・オブ・ライフ　ハーバード・ビジネススクールを巣立つ君たちへ』翔泳社，2012。
- サラス・サラスバシー著　加護野忠男監訳　高瀬進訳　吉田満梨訳『エフェクチュエーション　市場創造の実効理論』碩学舎，2015。
- 田坂広志著『目に見えない資本主義　貨幣を超えた新たな経済の誕生』東洋経済新報社，2009。
- 田所雅之著『起業の科学　スタートアップサイエンス』日経BP社，2017。
- 津田真吾，INDEE Japan著『「ジョブ理論」完全理解読本　ビジネスに活かすクリステンセン最新理論』翔泳社，2018。
- ティナ・シーリグ著　高遠裕子訳『未来を発明するためにいまできること』CCCメディアハウス，2012。
- ティナ・シーリグ著　高遠裕子訳『スタンフォード大学　夢をかなえる集中講義』CCCメディアハウス，2016。
- デヴィッド・I・ローム著　日笠摩子訳　高瀬健一訳『マインドフル・フォーカシング　身体は答えを知っている』創元社，2016。
- パブリックリソースセンター編『NPO実践マネジメント入門』東信堂，2012。
- 藤和彦著『子どもが自立する－起業体験プログラムの可能性』英治出版，2002。
- 藤和彦著『我が子を起業家にする方法－親子で考える経済・マネー入門』経済界，2003。
- 藤野英人著『「起業」の歩き方：リアルストーリーでわかる創業から上場までの50のポイント』実務教育出版，2013。
- 宮永博史著『成功者の絶対法則セレンディピティ"偶然のひらめき"は、失敗のあとにやってくる』祥伝社，2006。
- 横石知二著『そうだ、葉っぱを売ろう！過疎の町、どん底からの再生』SBクリエイティブ，2007。
- 米倉誠一郎編　清水洋編『オープン・イノベーションのマネジメント　高い経営成果を生む仕組みづくり』有斐閣，2015。

編著者紹介

嶋根　政充（しまね　まさみつ）〈各章編集責任（主にⅠ「心」の章，Ⅲ「体」の章担当）〉
　嶋根ラボ（明海大学嶋根研究室）ヘッド
学習院大学大学経済学部経営学科卒業後，電力中央研究所，東京商科学院専門学校（経営マネジメント）講師，お茶の水女子大学ジェンダー研究センター研究員，産能大学，産能短期大学講師（経営組織），関東学院女子短期大学（経営史）明海大学経済学部専任講師，助教授，准教授（経営管理），中央学院大学講師（経営労務），東京国際大学講師（人的資源管理），早稲田大学理工学術院講師（企業行動と経営），跡見女子大学講師（コミュニティビジネス）等を歴任（現職含む）。
横浜市立大学大学院経営学研究科博士課程単位取得満期退学（人間科学修士）。
経済産業省男女共同参画社会研究会委員，浦安市産業振興ビジョン研究会委員（委員長），浦安市男女共同参画懇談会委員，東京都内労政事務所講師，日本販売士協会賛助会員，ほか。
専門分野：起業論，人的資源管理論，キャリア論，ジェンダー・マネジメント，コミュニティ・マネジメント。様々な学際的研究を模索中。
主著：『ジェンダー・マネジメント』東洋経済新報社（佐野陽子・志野澄人と編著），『組織と人的資源の経営学』税務経理協会（斎藤毅憲編著）など。

清水　敏行（しみず　としゆき）〈各章編集責任（主にⅡ「技」の章担当）〉
　清水経営コンサルタント事務所代表。NPO法人日本人材教育協会元常務理事。
明治学院大学社会学部卒業。専門商社でブランドマネジャーを担当。その後，経営コンサルタント会社・教育機関で，経営支援や人材教育に携わる。
東京商科学院専門学校（経営マネジメント）講師，秋草学園短期大学（マーケティング）講師，共栄大学（リテールマーケティング）講師，目白大学（ビジネス論，能力開発論）講師，ユーキャン（中小企業診断士）講師，企業経営通信学院（中小企業診断士）講師，日本販売士協会論文審査委員，文京区起業家支援センター講師，豊島区中心市街地活性化基本計画策定委員会委員，東京商工会議所エキスパートバンク専門家登録，創業・第二創業促進補助金審査員
専門分野：消費財マーケティング，HRM，コミュニティビジネス，福祉サービス第三者評価。
主著：『販売管理のすべてが身につく本』山下出版（単著），『グローバル・マーケティング』税務経理協会（共著），『能力開発』三修社（単著），『企業経営理論』三修社（単著）など。

執筆者一覧（五十音）

有吉　徳洋（ありよし　のりひろ）〈コラム22担当〉
　　株式会社ソーケン代表取締役社長
昭和42年，代表有吉徳礼が，オフィスインテリア事業の振興を目的に，株式会社ソーケンを設立し，その後，代表取締役社長となる。昭和60年に（株）ソーケン製作所がグループに加わり，平成９年には，プロシード（株）がグループに加わりCG，映像部門も大きな飛躍を遂げ，グループの３つの柱である「デザイン」「設計」「施工」の力がさらに大きな果実として結実し，グループ全体の年間売上も「25億」を超えるほどになりました。
公益社団法人日本インテリアデザイナー協会，環境省地球温暖化対策地域協議会間伐材普及促進会。
専門分野：CSR，社会起業，事業承継支援

河合　克仁（かわい　かつひと）〈Ⅰ「心」の章２，コラム２担当〉
　　株式会社アクティビスタ　代表取締役
筑波大学体育専門学部卒業。同年，人材教育コンサルティング会社に入社。営業・コンサルタントとして，社長賞，MVPなどの社内表彰も多数。同社歴代記録の６倍以上の契約受注数の記録を成し遂げる，のち同社を退社。約１年間の事業考案期間を経て，2015年３月に"みらいをつくるきょういく"をスローガンにした，株式会社アクティビスタを設立，代表取締役に就任。
筑波大学非常勤講師（キャリアデザイン担当），内閣府地方創生推進事務局拝命地域活性化伝道師，上場企業経営者勉強会志絆塾代表事務局。
専門分野：人材育成，採用コンサルティング

笹川　祐子（ささがわ　ゆうこ）〈コラム６担当〉
　　株式会社イマジンプラス代表取締役社長
　　株式会社イマジンネクスト代表取締役社長
　　和田裕美事務所株式会社　社外取締役
　　道産子社長会　会長
　　東京滝川会　副会長　そらぷちキッズキャンプ理事
藤女子大学英文学部卒業。札幌市内の出版社やパソコンスクール運営等を体験し，その後起業を目指し29歳で上京。1997年創業。
セールスプロモーションの人材教育，人材派遣，看護師紹介，教育事業を全国展開で経営。
専門分野：人材サービス，採用，育成，セールスプロモーション，セカンドキャリア。
主著：「絶対幸運体質～あなたを成功に導く50のルール」（電子書籍）。

佐藤　浩史（さとう　ひろし）〈Ⅱ「技」の章担当〉
　イデアルコンサルタント行政書士事務所　代表
東洋大学経済学部卒業。大手婦人服専門店でブランドマネジャー，中期経営計画室室長を務める。その後，経営コンサルタントとして独立。専門学校，短期大学で資格取得支援に携わる。2014年イデアルコンサルタント行政書士事務所設立。専門分野は，マーケティング，創業支援，事業計画策定支援，経営改善支援。行政書士，１級販売士（養成登録講師），知的資産経営認定士，経営革新等支援機関。
専門分野：マーケティング，創業支援，事業計画策定支援，経営改善支援
主著：『販売士リテールマーケティング検定１級』税務経理協会（清水敏行・大宮祐一と共著）
　『販売士リテールマーケティング検定１級問題集』税務経理協会（清水敏行・大宮祐一と共著）。

田中　勇一（たなか　ゆういち）〈Ⅲ「体」の章1**1**担当〉
　社会起業大学学長／リソウル株式会社代表取締役
京都大学理学部卒業。住友銀行（現三井住友銀行）入社。米国カーネギーメロン大学にてMBA取得。帰国後，銀行のALM業務に携わったのち，ビジネススクール運営会社に転職し，人材・組織開発コンサルティング会社の立ち上げに参画。その後，経営人材の紹介をコアとする成長事業支援会社を経て，新銀行東京設立プロジェクト草創期に２年間携わり，採用総括責任者として5,000人以上の応募があった公募採用で陣頭指揮をとり，銀行立ち上げに大きく貢献する。現在は，リソウル（株）を設立し，イオン銀行など企業の採用業務支援コンサルティング，経営相談，起業支援，転職支援，カウンセリング等に取り組む。2010年４月には日本初の社会起業家育成のビジネススクールである「社会起業大学」を設立し，グローバルに活躍できる社会起業家育成にも従事。将来の夢は理想の中高一貫教育を実践する学校の設立。
2013年４月に多摩大学大学院客員教授に就任。2016年４月に一般社団法人公益資本主義推進協議会副会長に就任。
専門分野：社会起業，人材・組織支援，キャリア支援
主著：『たかがMBAされどMBA』産学社（奥村昭博監修）。

永田　豊志（ながた　とよし）〈コラム４担当〉
　知的生産研究家／株式会社ショーケース・ティービー共同創業者兼取締役副社長
九州大学卒業。リクルートで新規事業開発を担当し，出版事業の立ち上げに参画。その後，コンピュータ系雑誌の編集長やキャラクター版権管理ビジネス会社社長などを経て，2005年より企業のeマーケティング改善事業に特化した新会社，ショーケース・ティービーを共同設立。新規創業９年目で東証マザーズへ上場，その１年半後には東証一部へ上場。現在は，商品開発やM&Aなど経営全般に携わっている。またライフワークとして，ビジネスパーソンの知的生産性研究に取り組んでおり，そのノウハウを広めるべく執筆活動や講演などを行う。
専門分野：知的生産，新規事業プロデュース
主著：『結果を出して定時に帰る時短仕事術』ソフトバンククリエイティブ（単著），『頭のいい人は「図解思考」で考える！』三笠書房（単著），『会社では教えてもらえない仕事がデキる人の資料作成のキホン』すばる舎（単著）など。

萩原　扶末子（はぎはら　ふみこ）〈Ⅲ「体」の章1 **2** 担当〉
株式会社ジーアンドエス　代表取締役社長
http://www.g-and-s.co.jp
女性起業家交流会in HOKURIKU（JKK）代表
http://www.jkk-hokuriku.jp/

1986年，株式会社ジーアンドエスを設立。ジェンダー（男女の特性）活用した"地方での女性のプチ起業"，ジェンダー（男女の特性）に基づく女性管理職育成や女性社員の活性化などのコンサルティングやこれらに関連する執筆，講演，研修，運営企画，調査，研究に携わる。
2006年に女性起業家交流会in HOKURIKU（JKK）を発足し代表に就任。北陸三県において，女性起業家支援関連の運営企画に携わり，約1,000名の受講生輩出の一翼を担う。北陸三県で女性起業家が設立している，いしかわ百花の会，のと女（め）の会，グループ小まめ，市姫東雲会　等の発足から携わり，相談役として支援を行っている。
2006年，南山大学大学院において「女性起業家創出のための公的支援施策－石川県の事例研究－」修士（経営学）取得。金沢大学大学院　博士課程単位取得満期退学。
専門分野：女性のプチ起業支援，女性管理職育成，女性社員活性化。
主著：連載コラム「読むみるく」（2002年－2012年）読売新聞石川版，『4画面思考で学ぶ「成功するために必要な15の"起業力"』』日本マネジメント・リサーチ，『あなたも20代で自分の会社を持ちなさい』明日香出版社。

日野　佳恵子（ひの　かえこ）〈コラム3担当〉
　株式会社ハー・ストーリィ代表取締役。http://www.herstory.co.jp/
島根県生まれ。広島市でタウン誌の編集長，広告代理店プランナーを経て，1990年にハー・ストーリィを創業。女性特性マーケティングという女性特有の購買行動を研究。理論「クチコミュニティ・マーケティング」（登録商標）を確立。多数の企業に提供している。取引先は，トヨタ自動車，積水化学工業，プルデンシャル生命など，大企業から中小企業，小売店，自治体まで多数。「第一回ハイ・サービス日本300選」受賞。スティービーアワード女性ビジネス大賞銀賞受賞。講演は年間100本を超える。
女性客を獲得するためのビジネス誌「HERSTORY REVIEW」発行人（http://www.herstory.co.jp/review/lp/），一般社団法人プラチナエイジ推進協会理事，一般社団法人整理整頓マイスター協会理事。
専門分野：マーケティング
主著：『クチコミュニティ・マーケティング』朝日新聞出版（単著），『クチコミュニティ・マーケティング2』朝日新聞出版（単著），『ファンサイト・マーケティング』ダイヤモンド社（単著）など。

星野　善宣（ほしの　よしのぶ）〈Ⅰ「心」の章3担当〉
　パートナーオブスターズ株式会社　代表取締役
　新潟ベンチャーキャピタル株式会社　取締役
北海道大学工学部卒業。専門商社にて海外（アジア市場）営業経験。コンサルティングファームにて，業務変革，事制度構築，採用コンサルティング，組織リストラクチャリングに従事。高い評価に後押しされ独立，2007年1月パートナーオブスターズ株式会社設立。同社代表取締役。ブランディングを切り口として，ブランド力ある企業／組織構築をサポート。
専門分野：ブランディング・ベンチャーキャピタル・ベンチャー育成／支援。
主著：『IDEAL Business若者達へ告ぐ』ギャップ・ジャパン（共著），『近代中小企業』。

堀口　智之（ほりぐち　ともゆき）〈コラム7，14担当〉
　和から株式会社代表取締役
大人のための数学教室「和」（なごみ）を渋谷・新橋・大阪などで展開する和から株式会社代表取締役。「日経新聞」「女性自身」「NHK」から取材など。2010年に「もっとおもしろい数学を伝えたい。」として起業。現在では，数学が苦手な大人から数学の業務・研究応用を目的としているマーケター，経営者，大学教授など月間400名（2016年3月現在）以上の方に算数，数学，統計学などの授業を日々提供している。企業における数字力アップ研修やデータセンス研修，統計学，データ分析研修も実施。ロマンティック数学ナイトなどの新しい数学プラットフォームの試みなども行う。
専門分野：数学，教育，データセンス，統計学
主著：『データセンスの磨き方（仮）』ベレ出版（2018年7月予定）

森元　憲介（もりもと　けんすけ）〈Ⅲ「体」の章1**3**担当〉
　東京証券取引所・大阪取引所
　金融リテラシーサポート部・課長（JPXアカデミー講師）
1971年生・北海道出身，1995年中央大法卒。都市銀行や金融ジャーナリストを経て2002年からJASDAQにて証券市場の企画・運営業務に従事。新興市場やデリバティブ，FXなど多くの金融商品市場の企画立案に携わる。2013年日本取引所グループ（JPX）CSR推進部課長を経て2016年4月から現職。
専門分野：起業教育（アントレプレナーシップ），新興（ベンチャー）市場。
主著：『ファンドマネジメントの新しい展開』東京書籍（共著），『アジア証券市場とグローバル金融危機』金融財政事情研究会（共著）など。

（検印省略）

起業に向けての「心」「技」「体」
イノベーティブな生き方へのステップ

2018年7月20日　　初版第1刷発行

編　　者　　**嶋根政充・清水敏行**

発 行 者　　**大坪　克行**

発 行 所　　株式会社　**泉　文　堂**

　　　　　　〒161−0033　東京都新宿区下落合1−2−16
　　　　　　電話 03(3951)9610　FAX 03(3951)6830

印 刷 所　　**税経印刷株式会社**

製 本 所　　**牧製本印刷株式会社**

© 嶋根政充・清水敏行　2018　　　　　　　Printed in Japan

ISBN 978−4−7930−0398−1　C3034